Letramento

princípios e processos

EDITORA
intersaberes

Luiz Antonio Gomes Senna (Org.)

princípios e processos

mento

EDITORA
intersaberes

Rua Clara Vendramin nº 58,
Mossunguê . CEP 81200-170
Curitiba . Paraná . Brasil
Fone [41] 2106-4170
www.intersaberes.com
editora@editoraintersaberes.com.br

Editor-chefe
Lindsay Azambuja

Editor-assistente
Ariadne Nunes Wenger

Análise de informação
Jerusa Piccolo

Revisão de texto
Schirley Horácio de Gois Hartmann

Capa
Denis Kaio Tanaami

Projeto gráfico
Raphael Bernadelli

Diagramação
Katiane de Oliveira Cabral
Mauro Alessandro Bruno Pinto

1ª edição, 2012
Foi feito o depósito legal.

Dados Internacionais de Catalogação na Publicação (CIP)
(Câmara Brasileira do Livro, SP, Brasil)

Senna, Luiz Antonio Gomes
Letramento: princípios e processos / Luiz Antonio Gomes Senna. - 1. ed. - Curitiba: InterSaberes, 2012.

Bibliografia.
ISBN 978-85-8212-269-3

1. Educação - Brasil 2. Leitura - Brasil 3. Letramento - Brasil I. Título.

12-08842 CDD-379.240981

Índice para catálogo sistemático:
1. Brasil: Letramento: Política educacional 379.240981

Sumário

A Darci Ribeiro,
o brasileiro,
à luz do povo por ele,
finalmente, revelado.

Agradecimento especial à Secretaria Municipal de Educação do Rio de Janeiro, suas dez coordenadorias regionais e suas mais de mil unidades escolares, cuja experiência vai além de seu próprio tempo e é fonte constante do saber para a inclusão – este livro produziu-se com destino àqueles que se espelham em seu exemplo de ousadia e responsabilidade social.

Apresentação

Os estudos sobre o letramento surgiram, particularmente no Brasil, em muito como resposta à necessidade de enfrentamento dos desafios relacionados ao cotidiano da escola pública construtivista desde a última década do século passado. Dos primeiros aportes teóricos que promoveram revoluções as mais significativas no conceito específico de **alfabetização**, até os dias atuais, observou-se que o tratamento do fenômeno particular da construção da escrita como um objeto isolado dos demais fenômenos que dão sustentação às outras instâncias da educação formal redundaria nas mesmas práticas e nos mesmos problemas conceituais que se buscavam superar na histórica relação da escola com os mecanismos de exclusão social. À medida que se derivava a consciência de que o estudo da alfabetização em si mesma não seria capaz de responder às necessidades da escola, a academia brasileira iniciou um paulatino processo de elaboração de um novo modelo de investigação científica, no interior do qual situou um objeto singular e, ao mesmo tempo, hipercomplexo a que se denominaria **letramento**. Mais do que nunca, a linguística, a psicologia e a educação, tendo esta última como núcleo, reunir-se-iam em um projeto conjunto de mútua cooperação, na busca por soluções para a aparente endemia de fracasso escolar vivida no Brasil desde o último terço do século XX. Empenho nada fácil, é preciso ressaltar, já que o movimento acadêmico em favor do desenvolvimento do conceito de letramento traria consigo a exigência de uma outra revolução, esta de base epistemológica, desde a qual se travou o esforço mais significativo de todos: a transformação do modelo científico de sujeito cognoscente, a fim de que a este se pudesse confrontar, objetiva e realisticamente, o povo do Brasil.

Princípios e processos de letramento pode ser considerada a primeira macroárea de conhecimento acadêmico instituída no século XXI no campo das humanidades, cujas fronteiras fazem derrubar os mitos da antiga concepção paradigmática com que o pensamento científico vinha organizando-se no passado já não tão recente. Uma ousadia, sem dúvida, porém trilhada com bases consistentes e ortodoxamente orientada para fundamentar uma inortodoxia cartesiana, para desconstruir um mundo teórico em que as ideias possam preponderar sobre a essência humana. Caracterizar essa macroárea de conhecimento consiste em revelar o complexo leque de fatores que, sob inúmeros pontos de vista, referenciam o fenômeno escolar contemporâneo numa perspectiva unificadora, tendo como motivação primeira sua dimensão humana, incondicionalmente inclusiva e intercultural. A esta altura, é preciso conferir à área da educação um crédito especial pela origem da macroárea do letramento, não apenas pelo caráter eminentemente transdisciplinar, que é uma das características mais centrais da educação, mas, sobretudo, pelo papel que exerceu no processo de gestão desse conceito, enquanto *locus* e motivação social, bem como pela generosidade com que acolheu seus pares advindos de outras áreas.

Este livro sintetiza os princípios, gerais e específicos, que nos permitiram derivar o conceito acadêmico de letramento e que, ao mesmo tempo, nos conduziram ao aclaramento dos aspectos que, coordenados, o definem como uma especialidade acadêmica dentro da área de educação. Cada um de seus treze capítulos aborda uma das questões fenomenológicas que, quando reunidas, delimitam o letramento como objeto da pesquisa científica. Tenhamos em conta - e a leitura dos capítulos assim o comprova - que é possível circunscrever domínios fenomenológicos na macroárea do letramento, mas não é possível tomá-los como objeto de análise isoladamente uns dos outros. Da escola à teoria do conhecimento, da alfabetização alfabética ou matemática às teorias dos modelos e dos sistemas cognitivos, do conceito de leitor à teoria da complexidade, todos se interpenetram no fenômeno do letramento, especialmente porque se agregam em torno de uma única questão comum: **o desenvolvimento do sujeito social**. Por isso, preferimos compreender este livro como, mais do que um conjunto de artigos, um projeto de formação de agentes de educação, particularmente os professores.

A primeira ordem que se estabelece no corpo do livro consiste na distribuição dos capítulos entre duas seções, expediente que suscitou por si próprio um dilema: seções, partes ou, simplesmente, nenhuma ordenação desse tipo? Na decisão final, pesou o interesse didático da obra. Fato é que o letramento tem duas dimensões irrecorrivelmente dicotômicas - a de seus princípios e a de seus processos, esta na perspectiva das aplicações às dinâmicas do ensino formal - cujas naturezas, ainda que complementares, são significativamente distintas em cada caso. Os princípios do letramento, por exemplo, distribuem-se entre, de um lado, os mais vinculados ao seu sentido no desenvolvimento humano e ao modelo de abordagem teórico-conceitual do sujeito objeto de suas práticas; de outro lado, dependentes dos anteriores, há os princípios teóricos mais especificamente relacionados às problemáticas do processo de letramento, ora tomadas desde os esforços descritivos acerca do funcionamento de certa engenharia mental que explica os estados de letramento, ora tomadas desde os esforços para definir práticas particularmente destinadas às diversas alfabetizações, à formação de leitores e à superação de todo o imenso custo resultante do malfazejo mito do fracasso escolar. Optamos, então, por dividir os capítulos em dois grupos, mas restou o dilema quanto a como fazê-lo sem incorrer no risco de dar a sugerir ao leitor que constituíssem dois campos que pudessem ser tratados independentemente. Duas partes ou duas seções? A solução nos veio por um breve exercício de retórica: partes se podem tomar como unidades dentro do todo e, por esse motivo, se podem anunciar como objetos analisáveis em si mesmos, materialmente capazes de existir dissociados uns dos outros; seções já não se dissociam umas das outras com a mesma naturalidade, pois em sua concepção sugere-se implícita a intuição de haver entre si tanto uma certa anterioridade, quanto certa continuidade; a intuição de resultar uma carência incômoda quando segmentadas. Pesou, então, na escolha, o implícito intuitivo, daí apresentarmos aqui um livro em duas seções, a primeira intitulada **Processos educacionais e cultura do letramento** e a segunda, **O conceito e o processo de letramento.**

Outra preocupação na elaboração do livro foi a de assegurar, ao longo de todas as discussões teóricas e teórico-aplicadas, a lembrança vívida e concreta do cotidiano escolar, do *locus* desde o qual e para o qual tudo o que é aqui apresentado se destina propriamente. Por esse motivo, dos treze capítulos, dois são vozes vindas diretamente da sala de aula - não como relatos de experiências, mas, sim, como retratos da consciência social da escola revelada pela ótica de seus professores frente a seus alunos. Trata-se de dois estudos críticos sobre o sujeito escolar. Um deles centra-se na figura da criança nos anos iniciais do ensino fundamental e do estigma de ser tratada como alijada, *a priori*, da faculdade de inteligência. Elaborado por Vera Lucia Brito e alocado na seção 1, constitui-se como num alerta à necessidade de que se analise criticamente e se desmistifique a cultura que cultivou e segregou o aluno do tipo "Ninguém merece...". O outro deles, elaborado por Maria do Socorro Martins Calháu, aborda o sujeito jovem e adulto nos anos iniciais do ensino fundamental, os "Ninguém merece..." que cresceram, banidos da escola, mas a ela retornam em busca de um sonho de emancipação que não se perdeu. Tal capítulo encontra-se na seção 2, lá estrategicamente colocado para reiterar a urgência de práticas de letramento verdadeiramente emancipatórias, suficientemente consistentes para atenderem às demandas deste povo que ajudamos a segregar, ora pela arrogância, ora pela ausência de rigor acadêmico em seu atendimento. Esses dois capítulos expressam a natureza de toda a motivação dos estudos aqui apresentados, resultado de um pacto, assumido pelos membros associados ao Grupo de Pesquisa Linguagem, Cognição Humana e Educação Inclusiva, responsável pelas pesquisas em favor do resgate de um lugar para o professor e do lugar do aluno brasileiro.

A questão da cultura do letramento, objeto da seção 1, reúne outros cinco capítulos que nos transportam, primeiramente, numa viagem histórica sobre as bases sociais da educação, sua natureza no interior do conceito de processo educacional, sua condição na sociedade contemporânea frente às transformações no conceito público de sujeito e sua relação com estudos teóricos que, particularmente desde Piaget e Vygotsky, vêm buscando dar explicações para modelos mentais que dão embasamento às práticas escolares, reunindo, além de nossas contribuições, as de, respectivamente, Walcea Barreto Alves e Selma Cotta Chouvet Coelho. Em seguida, na mesma seção, discute-se a pregnância da cultura científica sobre a educação e os custos dessa relação extra escolar para o atendimento ao sujeito da contemporaneidade, envolvendo questões de ordem particularmente epistemológica, com nossas considerações e as de João Carlos Bernardo Machado.

Na seção 2, que focaliza mais particularmente o conceito e as questões referentes ao processo de letramento, analisam-se aspectos ainda tensos na descrição teórica da psicogênese da língua escrita e a dimensão descritiva de estados proximais por meio de modelos mentais de base metafórica, ambos capítulos eminentemente teóricos com bases específicas para o fenômeno da construção da escrita, assinados por nós e por Luiza Alves Ferreira Portes. Em sequência à questão da escrita, a seção segue com outros três capítulos em que se discutem a formação de leitores e a problemática da interação comunicativa em contextos científico-abstratos e hipertextuais, tensionados pelos modos narrativo e científico do pensamento humano, respectivamente assinados por Vera Lucia Costa, por nós e por Andrea de Farias Castro.

Encerrando a seção 2 e o livro, convida-se o leitor a refletir sobre o conceito de fracasso escolar, a partir da desconstrução do modo como a educação e as ciências biomédicas têm buscado enfrentá-lo. O último capítulo, de autoria de Viviam Kazue Ando Vianna Secin, problematiza a trilogia "clínica", "cultura" e "fracasso escolar" a partir do princípio de que a natureza biológica humana é sensível à cultura e que o princípio do letramento deva, consequentemente, orientar as práticas de todos os agentes de educação, dentro e fora da escola.

A última questão que se apresentou ao final da organização do livro foi, então, relativa a como lhe prover algum instrumento que trouxesse ao leitor o detalhamento dos assuntos e dos conceitos aqui tratados, de modo que pudéssemos orientar-lhe num processo de leitura intertextual. De início, pensamos na possibilidade de o fazer por meio de um índice remissivo, mas isso logo se mostrou inconveniente, uma vez que de pronto colidiria com a plurissignificação de termos como, por exemplo, "desenvolvimento", "leitura", "pensamento", entre tantos outros que, nos vários capítulos, são empregados segundo orientações que definitivamente não os tornam sinônimos. Assim, optamos por um índice temático, algo como um índice analítico estendido e ampliado em detalhes os mais específicos e sob referências cruzadas quando possível. Lá, o leitor tem ao seu dispor um painel de todos os princípios teóricos e conceitos dos quais nos valemos aqui para abordar a complexidade do letramento, auxiliando-o, portanto, a apropriar-se desta obra como um programa de estudos.

Adotamos, também por fins didáticos, o expediente de consolidar em uma só listagem as bibliografias de todos os capítulos, a fim de que o leitor em formação tenha ao seu dispor um painel completo do referencial teórico dos estudos sobre letramento. Ainda com a mesma finalidade, elaboramos um índice onomástico, contendo a listagem completa dos autores citados ao longo do livro devidamente acompanhados das páginas em que figuram. Índices onomásticos são particularmente úteis aos pesquisadores em níveis mais avançados de formação, na medida em que lhes permitem localizar com mais facilidade indicadores, referentes ou estudos críticos sobre autores cujas obras se desejem resenhar.

Naturalmente, nem de longe imaginemos possível dar por esgotado aqui o problema acadêmico do letramento, seja como objeto, seja como processo. Todavia, esperamos, com este livro, trazer uma contribuição substantiva à sua caracterização e aos estudos futuros.

Luiz Antonio Gomes Senna

Organizador e coordenador
do Grupo de Pesquisa

senna@senna.pro.br

Processos educacionais e cultura do letramento

1

Processos educacionais

os lugares da educação na sociedade contemporânea

Luiz Antonio Gomes Senna

sociedades dedicam-se à educação de seus pares, especialmente à de suas crianças e jovens, atendendo a uma orientação de caráter tão intuitivo quanto a que provoca o desenvolvimento da fala. Contudo, a educação e a fala sustentam-se sobre bases significativamente distintas: no desenvolvimento da fala, atuam fatores absolutamente alheios à consciência, não sujeitos a condicionamentos externos à própria mente, permitindo que crianças de

Todas as sociedades dedicam-se à educação de seus pares, especialmente à de suas crianças e jovens, atendendo a uma orientação de caráter tão intuitivo quanto a que provoca o desenvolvimento da fala. Contudo, a educação e a fala sustentam-se sobre bases significativamente distintas: no desenvolvimento da fala, atuam fatores absolutamente alheios à consciência, não sujeitos a condicionamentos externos à própria mente, permitindo que crianças de todo o planeta se habilitem à comunicação verbal em idade muito precoce; já a educação, embora parta de orientações universais, segue, ao mesmo tempo, fatores universais e individuais, quase sempre a partir de ações conscientes e direcionadas a fins determinados. Não se pode, portanto, definir *a priori* a forma como as várias sociedades educam, ou devam educar, seus membros, pois cada uma delas tem uma compreensão particular - e única - acerca das intenções e dos fins subjacentes às ações educativas, fato que assegura ao homem uma pluralidade ímpar entre as demais espécies da natureza.

O mundo moderno, todavia, introduziu nos últimos seiscentos anos um conceito que viria a transformar de modo *sui generis* a relação do homem com a pluralidade, qual seja, o de **urbanidade civilizada,** esta na qual todas as nações buscam introduzir-se e que é parâmetro mundial para a avaliação da qualidade de vida humana. Mesmo que as nações do planeta ainda se diferenciem muitíssimo quanto ao nível de aproximação a este parâmetro de urbanidade civilizada, todas, sem exceção, esforçam-se para, de algum modo, conformar-se a ele. O sentido geral da educação nessas sociedades está diretamente ligado à intenção coletiva de assegurar a inclusão crescente de todos os homens ao modelo urbano compreendido como fonte e condição ideal de conforto, felicidade e prosperidade.

A educação, assim vinculada ao conceito de **urbanidade civilizada**, agrega valores bem mais amplos do que a mera adaptação ao meio para fins de superação de dificuldades imediatas de sobrevivência. Educar passa a ser, antes de tudo, crer na possibilidade de vir a ser feliz no contexto de um mundo civilizado à luz da cultura moderna. Isso, por conseguinte, vincula-se a um projeto de ordem social, e não a uma ação centrada em sujeitos individuais, com objetivos particulares e dissolvidos pela imediata satisfação de desejos pessoais. Ocorre que, no interior dessa concepção de uma educação civilizatória, a escola - ou a educação escolar, ou ainda a educação formal - institui-se como instrumento gerador de homens civilizados. O sentido e a razão de ser da escola, no entanto, não se constroem dentro dela própria, vindo, isto sim, de fora para dentro, de uma relação de coerência que se estabelece entre o desejo coletivo de construir uma sociedade civilizada e as práticas sociais que incorporam homens civilizados. A educação escolar é não mais do que uma extensão do modelo de educação adotado pela sociedade em todas as suas esferas e modos de ação.

Cabe, então, problematizar o conceito social que se tem da escola contemporânea, perguntando-se a quem cabe propriamente a educação das crianças e dos jovens: à escola ou à sociedade? Essa questão toma vulto neste início de século, à medida que se torna crescente a pressão de todos os segmentos da sociedade sobre a escola, exigindo desta uma posição firme e objetiva na superação de um aparente despreparo do povo para dar continuidade ao projeto da urbanidade civilizada. Crescentemente, a escola vem passando a ser compreendida como o depositário social da ordem pública, do qual se podem extrair a paz e a felicidade para todos, induzindo-se as pessoas a crerem que a educação seja uma responsabilidade escolar, e não mais da sociedade como um todo. Todavia, a percepção das crianças e dos jovens acerca do papel que a escola exerce em suas vidas é cada vez mais opaca, limitando-se na maioria das vezes à satisfação de um rito social que habilita ao mercado de trabalho ou, em algumas camadas sociais, aos exames vestibulares. E a culpa disso segue imputando-se ao professor, que, conforme se diz, não vem cumprindo seu papel de "educar" os cidadãos e, sobretudo, não vem encontrando a necessária sintonia entre sua atividade docente e a formação para o exercício da cidadania, expressão que já se tornou um clichê na educação contemporânea.

Educar para a cidadania implica atribuir às ações praticadas em direção ao outro uma clara objetividade com relação àquilo que se compreende – em cada sociedade – como padrão de bem-estar. Desse modo, ao se determinar à escola o papel de "preparar" as crianças e os jovens para o exercício da cidadania, compreende-se que o entorno social dessas crianças e jovens não mais reúne evidências que permitam à coletividade compartilhar desse processo de preparação. É claro que o exercício da cidadania não se resume à aplicação daquilo que se constrói na educação formal; consequentemente, é igualmente claro que a escola não é capaz de cumprir tal missão inclusiva que lhe vem sendo imputada, quando a própria sociedade como um todo exime-se de assumir seu verdadeiro papel como educadora, não assinalando a orientação geral do que vem, de fato, a ser um cidadão integrado à cidadania. O lugar da educação na sociedade contemporânea tornou-se profundamente ambíguo, ao passo que o lugar da escola foi mistificado, ora como alegoria da construção humana, ora como último reduto de um ideal de sociedade que se perdeu na história recente da humanidade.

Em consequência disso, a imensa maioria das escolas tornou-se o lugar da frustração, no qual professores e alunos amargam dia a dia uma profunda sensação de fracasso, que melhor se traduziria como **perplexidade** perante as antagônicas vozes que os julgam do lado de fora da escola. Se lhes faltam os conteúdos programáticos tradicionalmente arrolados na cultura escolar, são apenados por nada saberem. Se lhes abundam os tais conteúdos, são igualmente apenados por não saberem o que deles fazer na vida em sociedade. Se adotam os valores sociais arrolados no convívio escolar, são destroçados pela selvagem trama de valores que vigora nas ruas. Se não os adotam, são chamados de selvagens, anticivilizados. Tamanha perplexidade não há de se resolver na escola, a partir de um movimento solitário de professores, pois que a problemática da educação formal não é causa e, sim, consequência de fatores extraescolares, oriundos da desordem provocada pelas transformações ocorridas na sociedade ao longo dos últimos vinte anos.

Não se vá compreender aqui "desordem" como sinônimo de desorganização, numa interpretação que reduziria a solução do problema a uma mera questão de restabelecimento da ordem que mantivera o passado, aparentemente, organizado. A desordem social que vivemos hoje é um processo muito mais complexo, de base revolucionária e irreversível, cuja incidência dá-se sobre as próprias bases da sociedade moderna, em decorrência de três fatores: o primeiro, mais eloquente, embora mais frágil, relativo à perda de confiança no modelo social instaurado pela cultura científica na Idade Moderna - trata-se de um fator relativamente frágil, à medida que superável por meio de novas ideologias que mascarem os bolsões de excluídos sociais que ainda acolhem a grande maioria da população mundial, a exemplo do que se deu ao longo da maior parte do século passado; outro fator, este sim de caráter imperativo no processo de desorganização social, constitui-se com as tecnologias hipertextuais de informação, cuja estrutura autorizou o ingresso das massas não escolarizadas na cultura científica, bem como de todas as sociedades de cultura preponderantemente oral, dando-lhes visibilidade e autoconfiança; o terceiro - decorrente do anterior - consiste na dramática transformação nos meios de produção, alterando, radicalmente, não apenas a relação da humanidade com o trabalho, mas, especialmente, o enquadramento social das pessoas - de uma hora para outra, a escola não mais era apontada como sede da formação para o trabalho. Dessacralizavam-se, desse modo, ao mesmo tempo, os princípios morais e éticos de todo um modelo de sociedade, provocando-se a perda dos parâmetros com os quais se viria a definir o sentido da educação.

Os processos que até então se aplicavam - ora consciente, ora inconscientemente - na formação das crianças e dos jovens perderam o sentido de legitimidade social, demonstrando-se, até mesmo para as crianças mais jovens, desnecessários ou incoerentes. Em países como o Brasil – em que o aparente fracasso escolar contrasta com a destreza com que seus jovens se apropriam das tecnologias hipertextuais –, a desordem provocada pela Pós-Modernidade traz à tona uma questão há muito calada em seu povo: há inteligência além dos muros das sociedades cartesianas. A histórica tradição brasileira de amorenar, parafraseando Darcy Ribeiro (1995), as práticas e as instituições sociais bem refletem a vocação de nossa sociedade por uma relação anárquica com a estrutura social fundada no modelo europeu. O componente anárquico da sociedade brasileira, uma de suas mais intrínsecas propriedades culturais, é, todavia, fonte de grande incoerência, já que, por força do papel que é assumido pelo povo perante suas pseudomatrizes culturais na Europa, tende a ser desprezado e ridicularizado como um bem enviesado, sem valor. Apesar disso, porém, é no interior dos processos sociais produzidos nesta cultura anárquica que o povo brasileiro se forma e é neles que este identifica a legitimidade de uma formação para a cidadania. Curiosamente, entretanto, os mais legítimos processos educacionais vigentes na sociedade brasileira não são arrolados como tal pelo próprio povo, que tende a transferir a função "educativa" para a escola (nesse caso, com papel meramente aculturante com relação a uma suposta cultura superior), na expectativa de que esta cuide de formar os cidadãos civilizados do futuro.

Discutir a questão da educação nos países, à beira ou ao fundo, do Terceiro Mundo implica analisar em profundidade as intenções e os efeitos dos processos educacionais que, efetivamente, concorrem para a formação do povo e que, por conseguinte, concorrem para defini-lo como sujeito social singular, com perspectivas próprias de cidadania. Em que pese tratar-se de uma tarefa para todas as esferas da sociedade, um bom começo de discussão já se pode dar por meio da reunião dos agentes que mais imediatamente concorrem na formação das crianças e dos jovens: a **família**, a **escola** e os **agentes de integração comunitária**. Um primeiro movimento nesse sentido consiste na superação dos sentimentos de fracasso que cada um desses segmentos tem procurado justificar pela ação dos demais, objetivando-se até onde cada um deles pode (e deve) ir, bem como o lugar que exercem na educação das crianças e dos jovens, individualmente e em conjunto. A integração desses três agentes de formação no entorno dos processos educacionais resulta na base com que se edifica o projeto político-pedagógico da educação, não restrito à escola, mas, sim, coordenado pela intenção coletiva de promover a educação no outro - alunos, seus responsáveis, professores ou agentes sociais.

O lugar da educação na sociedade contemporânea

As discussões acerca da finalidade e dos efeitos da educação sobre as crianças e os jovens devem, antes de mais nada, buscar superar as fronteiras da instituição escolar, a fim de que se compreendam os fatores que incidem, direta ou indiretamente, nas práticas escolares. A bem da verdade, perante a sociedade, a escola tem uma autonomia bastante discutível para dispor sobre os objetos do ensino e os modos como se praticam as aulas, tendo em vista que, como qualquer outra instituição social, está irremediavelmente atrelada a um conjunto de valores - ditos ou implícitos - que atuam como balizadores das condições de satisfação dos desejos e das perspectivas do povo. Na relação entre a prática de ensino e os valores aplicados em sua avaliação pública, interferem, todavia, os mais variados fatores, os quais, quando não dialogando coerentemente entre si, tendem a resultar, não apenas na perda de credibilidade com relação à formação escolar, mas, sobretudo, na perda de credibilidade em alguma educação.

Expressões como "condições de satisfação" e "credibilidade" não se definem em seu sentido mais profundo, sem que se leve em consideração o lugar ocupado pela educação no projeto de construção do modelo de sociedade em que o povo deseja inserir-se. O caso brasileiro de educação tem características muito singulares, especialmente no que concerne a uma profunda ambiguidade no entendimento coletivo acerca das condições de satisfação, da qual derivam dois sentidos distintos de credibilidade: um diretamente associado à voz da cultura dominante, vinculada a um padrão de comportamento intelectualizado, reconhecido como civilizado, e outro, corrente no cotidiano social, relacionado aos fazeres históricos da sociedade tipicamente brasileira, ainda não totalmente legitimados no sentimento de autoestima expresso pelo povo.

O modelo da matriz cultural

A matriz cultural europeia ocupa um papel determinante no sentido da educação mundial, não apenas reproduzida na conformação do espaço escolar, mas, sobretudo, enfronhada nos parâmetros gerais de conduta social. Naturalmente, a força dessa matriz não seria justificável tão somente com base em sua tradição histórica, tampouco nos mecanismos de dominação político-econômica imputados aos novos povos introduzidos na história cultural da Idade Moderna, a partir da expansão ultramarina, desde os fins do século XV. Muito pelo contrário, já que a tradição colonizadora europeia associa-se a uma saga de barbáries em todo o planeta, cujo impacto deveria, sim, ter provocado justamente o inverso, na tentativa de superar a dominação e resgatar as culturas localmente invadidas. Todavia, apesar de tudo, o mundo absorveu o modelo europeu e, em um movimento de introjeção, adotou-o como parâmetro de bem-estar e segurança, o qual vingou e universalizou-se.

O poder dessa cultura que se tornou hegemônica ao redor do planeta, a despeito das práticas colonizadoras, explica-se unicamente pelos valores que a motivaram e justificaram todas as condutas como parte de um projeto de civilização da humanidade. A partir daí, tudo se justificaria em favor do homem.

Deu-se, quando da perda de credibilidade no modelo de sociedade medieval - já durante o século XIV -, que uma nova ordem pública começou a instalar-se na Europa, mobilizando uma burguesia emergente, não subordinada aos papéis até então exercidos pela vassalagem que servia à aristocracia feudal. Essa nova fração da sociedade viria a introduzir, paulatinamente, a crença no **trabalho** como fonte e sentido da vida, clamando para si o poder de intervir em seu próprio destino, algo até então exclusivamente circunscrito à esfera eclesiástica. Começava a surgir um povo que transferiria para a esfera do humano um poder de transformação e de controle sobre as forças da natureza nunca antes concebido, exceto a Deus.

A ciência, antes proscrita pela Igreja, ganharia a partir daí *status* de mais nobre dos trabalhos humanos, uma prática laboral dedicada ao homem e à sua prosperidade. Após vencer a forte resistência advinda do clero, formalmente instituída nos tribunais de inquisição, a ciência ganha espaço na sociedade e nela se instala, autorizada a "conceber", como Deus, a razão de tudo e a invenção de novas coisas. Daí se compreende o peso da descoberta do mundo novo, nas Américas, para a definitiva instalação do mundo moderno: que outro feito teria podido consagrar de forma mais decisiva a figura de um homem cuja ação sustentava-se nas descobertas da ciência? Nas caravelas transatlânticas seguiam mais do que simples valentes aventureiros - seguia uma nova geração de homens, trabalhadores, confiantes no poder dos instrumentos produzidos pelo saber científico, tal como os jovens soldados do século XXI, convictos de que toda a tecnologia que vestem da cabeça aos pés vá torná-los imunes à morte.

O fantasma da sociedade medieval, todavia, assombrou - e ainda assombra - o homem da ciência. Para além de suas caravelas ou suas armaduras tecnológicas, havia a morte iminente, trazida pelas febres, pela barbárie dos não crentes na ciência, enfim, pelo estado de coisas que caracterizou a fragilidade humana ao longo da Idade Média. Essa presença eternamente ameaçadora do outro lado da humanidade parece perseguir o homem moderno desde sempre, levando-o a organizar-se de modo a banir de seu convívio os diferentes - ou seja, aqueles não evidentemente formados à luz da cultura científica - e conformá-los, a todo custo, àquele modelo cultural edificante. Nos primeiros planos de cidades modernas na Europa, isso já se observa nas fronteiras marginadas por muros e portões fortemente guardados, cuja função era manter do lado de dentro, com exclusividade, os incluídos culturalmente e, do lado de fora, todos os outros.

Nesse desenho de cidade moderna - quase um clube privativo –, encontra-se um primeiro modelo de educação que nos interessa ressaltar aqui. Uma educação não formal, baseada em condutas sociais, que levaria os cidadãos (os que estavam dentro, é claro) a se identificarem como pares de uma mesma ordem cultural e, consequentemente, a se destacarem de toda a gente que habitava do lado de fora dos muros. Trata-se de um conceito de educação que prima pelo esforço de inclusão no espaço da cidadania, embora marcado pelo contraponto de estar indissociado de um esforço igual no sentido de banir - excluir a todo custo - os não educados.

NoséculoXVI,ocomportamentocivilizadoestavafortemente associado a uma moral edificante, diretamente relacionada a um modelo humano delineado pela fé cristã. Esse fato viria a justificar o papel da Igreja na educação - especialmente dos povos colonizados - em muito decorrente da então pouca clareza acerca da origem da razão humana. O homem civilizado fundava-se na ciência, mas organizava-se em torno da moral cristã, convicta de que dela emanava o poder que autorizava ao homem agir como Deus na Terra, concebendo a criação e a compreensão do mundo. Esse fato asseveraria a natureza exclusiva da ordem social moderna, provocando o desprezo e a segregação de todos os povos cuja fé não se convertesse ao cristianismo.

O Iluminismo, no século seguinte, viria a transferir a moral para condutas estritamente humanas, centrando-se em um modelo de ética clarificado por René Descartes (1637) ao descrever sua própria experiência pessoal no desenvolvimento do método científico. Embora não se perca de vista a moral cristã, a Igreja cede lugar ao homem comum, investido de uma prática de investigação científica transferida para o cotidiano social, marcado pelo esforço metódico de enxergar à luz da razão, por meio de sua própria capacidade de conter a dispersão mental, a confusão oriunda da simultaneidade dos fatos dispostos no mundo. Funda-se com isso a era do idealismo moderno, na qual a realidade é substituída pela hipótese, e o homem, formado no interior de um ideal abstrato - um ser que se civiliza à medida que passa a enxergar o mundo de uma perspectiva externa e utópica, como se a pairar sobre ele, em busca de uma verdade que jamais retorna à realidade concreta, na qual as coisas não estão sujeitas à vontade de quem as analisa.

A sociedade iluminista passa a entender os não civilizados como sujeitos menores, cuja razão lhes fora surrupiada por uma mente "relaxada", alheia às condutas cartesianas que efetivamente construiriam um homem civilizado. E assim, convicta de que a humanidade se define pela razão, esta sociedade civilizada vê com naturalidade, por exemplo, a escravidão dos negros africanos, que, além de pretos, eram "preguiçosos", "mandingueiros" e sem qualquer inteligência que os fizesse homens.

Esta era, também, uma sociedade que precisava de escolas, mais do que de igrejas, já que no cotidiano do mundo dificilmente alguém poderia construir uma razão adestrada e capaz de enxergar o abstrato das coisas. Civilizar-se era mais do que se moralizar pela fé cristã - era ir além do real, abstrair-se do mundo real e construir-se um cidadão temente às regras de conduta social - a conduta da razão cartesiana: **individual** (pois que centrada em hipóteses ideais fundadas no entendimento que cada um elaborasse sobre o mundo), **exclusiva** (pois que as demais eram tidas como menores) e **laborais** (pois que a razão se funda no trabalho do homem, da mente para a realidade).

O homem iluminista não discute uma moral específica, na medida em que a vinculação do espírito humano a Deus somente viria a ser abalada no século XIX, quando da proposição da tese do evolucionismo. Aí sim, dá-se uma revolução no entendimento que o homem tem sobre si mesmo: as teses de Charles Darwin instalam uma dúvida no centro da crença em um vínculo *a priori* do homem com Deus, levando à desestabilização da moral pública da sociedade moderna. E assim, "amoral", a sociedade moderna preserva dos séculos anteriores apenas uma ciência vazia de sentido social, agregando sua credibilidade pública tão somente ao tecnicismo, uma engenharia de conforto e riqueza, servindo muito mais aos meios de produção do que à edificação humana.

A crença nesta sociedade regida pela tecnologia basear-se-ia, a partir de então, no conforto e na sensação de estabilidade que um mundo cada vez mais urbano provocaria sobre as pessoas, convidando todo o planeta a participar por iniciativa local, nos diversos Estados, de um mesmo projeto de desenvolvimento, movido pela expansão da industrialização e da tecnologia. Esse é o mundo e o modelo de sociedade que desenhou a escola tal como a conhecemos hoje.

O modelo da sociedade fundante

A experiência brasileira na Modernidade foi desde os primórdios bastante singular com relação à da Europa. Tomado como galpão de recursos pela matriz portuguesa, o Brasil formou-se como uma empresa, um negócio de risco, no qual a lucratividade estava acima de qualquer coisa, até mesmo da moral e da ética civilizadas na Europa. O branco português que chegara ao nosso lado do Atlântico nos trazia um perfil europeu bastante peculiar e, ainda que criado na crença em uma sociedade exclusiva, não se bastou na solidão e logo se pôs a fundar um povo único, meio cá, meio lá, já se misturando brancos e índios. Comerciantes por excelência, os colonizadores brasileiros sempre toleraram as diferenças culturais, tanto mais quanto estas não interferissem em seus negócios. E o novo povo, meio lá, meio cá, fundou-se numa cultura mesclada, autorizada a estar ao mesmo tempo lá e cá, intermediando uma relação aparentemente impossível nos moldes europeus.

E, de fato, esses homens um pouco de lá e um pouco de cá, que nada tinham de nobres, nada compreendiam da ciência que se desenvolvia na corte europeia e que nem um pouco "civilizados" pareciam ser, esses homens se estabeleceram e construíram para si um padrão de conforto e legitimidade social, que definitivamente prescindia de conformar-se à sociedade europeia.

A instituição social que possibilitou a formação do povo brasileiro foi o cunhadismo, velho uso indígena de incorporar estranhos à sua comunidade. Consistia em dar-lhes uma moça indígena como esposa. Assim que ele a assumisse, estabelecia, automaticamente, mil laços que o aparentavam com todos os membros do grupo (...) A importância era enorme e decorria de que aquele adventício passava a contar com uma multidão de parentes, que podia pôr a seu serviço, seja para seu conforto pessoal, seja para a produção de mercadorias. (...) Tinha o defeito, porém, de ser acessível a qualquer europeu desembarcado junto às aldeias indígenas. Isso efetivamente ocorreu, pondo em movimento um número crescente de navios e incorporando a indiada ao sistema mercantil de produção (...) Muitos gostaram tanto, que deixaram-se ficar na boa vida de índios, amistosos e úteis. Outros formaram unidades apartadas das aldeias, compostas por eles, sua múltiplas mulheres índias, seus numerosos filhos, sempre em contato com a incontável parentela delas. (Ribeiro, 1995, p. 81-86)

Por mais sangrenta e temerária que viesse a ser a relação de brancos e índios na história da colonização brasileira - e de fato o foi –, a sociedade fundante do povo do Brasil estabeleceu-se pela fusão de culturas, tendo, de um lado, índios que logo não mais abriam mão daquilo que os brancos lhes traziam e, de outro, brancos que não abririam mão da liberdade de existir que a cultura indígena lhes proporcionava, em confronto com os rígidos padrões de comportamento determinantes da cultura europeia. Sobretudo, formou-se um povo apátrida com relação a suas matrizes europeias, no qual todos cabiam e logo aos brasileiros se aparentavam, para desespero de Portugal, que tratou de institucionalizar aqui um Estado – em vão –, já que, com tantos parentes, logo o Estado nascente serviria a si mesmo, burlando as leis impostas e ajudando a "nacionalizar" o Brasil.

O Iluminismo ajudaria ainda mais a formar o Brasil singular, fazendo chegar aqui os negros escravos.

> *Conscritos nos guetos de escravidão é que os negros brasileiros participam e fazem o Brasil participar da civilização de seu tempo. Não nas formas que a chamada civilização ocidental assume nos núcleos cêntricos, mas como uma socidade subalterna. Por mais que se forçasse um modelo ideal de europeidade, jamais se alcançou, nem mesmo se aproximou dele, porque pela natureza das coisas, ele é inaplicável para feitorias ultramarinas destinadas a produzir gêneros exóticos de exportação e de valores pecuniários aqui auridos. Seu ser normal nem se regia por uma lei interna do desenvolvimento de suas potencialidades, uma vez que só vivia para os outros e era dirigida por vontades e motivações externas, que o queriam degradar moralmente e desgastar fisicamente para usar seus membros homens como bestas de carga e as mulheres como fêmeas animais. As diferenças entre os dois modelos, não sendo degradações nem enfermidades, não podiam jamais ser reestruturadas ou curadas. De fato, era o Brasil que se construía a si mesmo como corresponde à sua base ecológica, o projeto colonial, a monocultura e o escravismo do que resulta uma sociedade totalmente nova.*(Ribeiro, 1995, p. 177-178)

Apesar disso, a sociedade brasileira vinga e o país se instala numa posição de destaque no cenário internacional, copiando-se, a exemplo das cidades urbanas europeias, o estilo ímpar de segregar: nos núcleos das cidades, concentrações brancas formadas por representantes da coroa, clérigos, militares e grandes comerciantes, todos a serviço do rei e, supostamente, europeus; fora delas, em tudo mais no restante do país, brasileiros rurais, formados à brasileira, com uma cultura que, ainda no século XVIII, não incorporara totalmente o português como língua nativa. Esses dois brasis ainda perduram no Brasil contemporâneo, ainda que com fronteiras e padrões mais específicos de nossos dias, e o entrelugar ocupado pelo povo, desde sempre, foi marcado pelo sentimento de exclusão:

> *É bem provável que o brasileiro comece a surgir e a reconhecer-se a si próprio mais pela percepção de estranheza que provoca no lusitano, do que por sua identificação como membro das comunidades socioculturais novas, porventura também porque desejoso de remarcar sua diferença e superioridade frente aos indígenas (...) Naquela busca de sua própria identidade, talvez até se desgostasse da ideia de não ser europeu, por considerar, ele também, como subalterno tudo que era nativo ou negro. Mesmo o filho de pais brancos nascido no Brasil, mazombo, ocupando em sua própria sociedade uma posição inferior aos que vinham da metrópole, se vexava muito de sua condição de filho da terra, recusando o tratamento de nativo e discriminando o brasileiro mameluco ao considerá-lo índio.*(Ribeiro, 1995, p. 127-128)

A vergonha que marcaria a identidade do homem branco brasileiro (ou quase branco, dada a dificuldade que temos por aqui de comensurar a alvura de quem se declara branco), de certo modo, contrastaria com a situação cultural dos não tão brancos, ou não tão índios, ou não tão negros, nascidos e formados pela miscigenação cultural, estes, portanto, que foram invenção tipicamente brasileira. Para encerrar a série de citações que trago aqui – uma homenagem a Darcy Ribeiro, que como ninguém resumiu a alma do povo brasileiro –, destaco o seguinte trecho:

> *O brasilíndio como o afro-brasileiro existiam num terra de ninguém, etnicamente falando, e é partir dessa carência essencial, para livrar-se da ninguendade de não índios, não europeus e não negros, que eles se veem forçados a criar a sua*

própria identidade étnica: a brasileira (...) O surgimento de uma etnia brasileira, inclusiva, que possa envolver e acolher a gente variada que aqui se juntou, passa tanto pela anulação das identificações étnicas de índios, africanos e europeus, como pela indiferenciação entre as várias formas de mestiçagem, como os mulatos (negros com brancos), caboclos (brancos com índios), ou curibocas (negros com índios). Só por esse caminho, todos eles chegam a ser uma gente só, que se reconhece como igual em alguma coisa tão substancial que anula suas diferenças e os opõe a todas as outras gentes. Dentro do novo agrupamento, cada membro, como pessoa, permanece inconfundível, mas passa a incluir sua pertença a certa identidade coletiva. (Ribeiro, 1995, p. 131-133)

À margem da submissão cultural, formou-se uma cultura brasileira, marginalizada pela fração branca da sociedade brasileira, mas não à sua sombra, tendo em vista que fundada no sentimento de agregação e de uma identidade *sui generis*, distintiva, de modo algum reduzida à vergonha com que os demais se percebiam frente às matrizes europeias.

A educação no Brasil - bem como nos demais países da América Latina - não viria a ocupar o mesmo espaço no imaginário público que na Europa. Mais do que uma instituição em favor da civilização científica dos cidadãos, a educação brasileira buscava sobretudo mascarar o imascarável: a brasilidade que transbordava dos trópicos para todos os que aqui viviam. Para o povo brasileiro com identidade étnica brasileira, a escolarização era incabível, não apenas por encontrar as portas da escola fechadas aos não ditos brancos, como por julgá-la um despropósito, dado o contraste entre suas concepções sobre o coletivo e o sentido do trabalho - tão divergentes das que norteavam a formação europeia, centradas no individualismo e na sacralização do trabalho.

A ambiguidade conceitual da escola no Brasil

Entre brancos e brasileiros - ou entre brasileiros envergonhados e brasileiros convictos -, o Brasil chega ao século XX, oficialmente independente da Europa e banhado pelos ideais liberais, na expectativa de construir uma sociedade urbana que se introduzisse à nova ordem pública, no sentido da ordem e do progresso industrial. A escolarização, até então uma opção para os mais afortunados, passa a ser determinante para a integração no mundo do trabalho. Paulatinamente, a escola vai se abrindo ao povo, reservando-se à função de introduzi-lo no mundo urbano civilizado, ainda que isso se consubstancializasse inicialmente por meio de uma educação acadêmica para os mais afortunados e de uma educação profissionalizante para os mais resistentes - a nova "vassalagem" operária, que substituiria os negros no mundo da indústria.

À medida que o povo chega à escola brasileira, começa a se dar o contato de dois mundos distintos: um, europeu, determinado pela crença em todo o projeto social que formaria o cidadão civilizado para um mundo em que os valores ideais deveriam prevalecer sobre os desígnios naturais; o outro, tipicamente brasileiro, ciente de que seus valores eram os mais legítimos para prosseguir, à brasileira, vida afora. Daí resulta que o aluno brasileiro permite-se, isto sim, preparar-se para o trabalho, incorporando o mínimo possível da educação que a escola lhe impunha. Assim foi que o brasileiro tornou-se um leitor da escrita, mas não formou uma sociedade leitora de textos escritos, o que significa dizer que dominou a tecnologia da escrita, mas não a transferiu para suas práticas sociais, nas quais a oralidade ainda prevalece como uma forma de resistência à interferência da cultura europeia na "alma" do povo.

Entretanto, aliado a essa resistência, persiste no brasileiro a herança de que sua identidade cultural ocupa uma posição inferior perante o Primeiro Mundo e, na escola, ainda se busca mascarar o estigma de ser um povo subalterno. Assim, ocorre que a escola permanece, ela própria, preenchendo um espaço ambíguo na sociedade, no mesmo entrelugar em que o povo brasileiro sempre esteve desde o século XVI, formando imitações de homens civilizados, que não querem jamais perder seus traços de homens civilizados à brasileira. Parecer ser um homem urbano preparado para o trabalho sempre foi mais importante para o brasileiro comum do que ser um homem urbano que vive e pensa na vida como um **labor**. Parecer ser um homem que opera com o mundo abstrato dos conceitos científicos - normalmente nas provas e nos exames escolares - sempre foi mais relevante do que incorporar o modelo científico de pensamento para planejar e estruturar seu futuro, porque, no Brasil, como bem sabemos, "no futuro, dá-se um jeito - E se não houver um futuro? Mais um motivo para vivermos intensamente o presente".

Abordando a questão dessa forma, observamos que é impossível analisar a educação como um fenômeno universal, que possa ser arrolado a partir de um mesmo conceito ou um mesmo arcabouço teórico. A educação brasileira é única e tem de ser vista como tal, sob pena de jamais podermos levar em consideração os seus sujeitos, inventados dentro do Brasil e que a ela dão seu verdadeiro significado. Em nenhum outro lugar, a ambiguidade aqui arrolada no sentido público da educação faz sentido, porque de certo, em nenhum outro lugar, algum impulso inconsciente faz o povo entrar em delírio quando ouve e sente uma orquestra de ritmistas tocando, seja na escola de samba, seja no reisado, seja nas festas do boi, seja em qualquer esquina - o mesmo impulso que levou os brancos às índias e todos às festas nas senzalas, de onde, aliás, surgiu esse povo tão rico em músicas.

Embora ambígua, durante grande parte do século XX, a escola brasileira e as condições gerais da educação não formal mantiveram-se estáveis em relação às condições de satisfação dos desejos públicos - mesmo que longe da meta de atingir a todos em igualdade de condições. Nos primeiros dois terços do século, muito pouco se conseguiu em termos de melhoria nas condições de vida dos brasileiros da banda excluída, mas a crença aparentemente imperturbável em uma sociedade urbana industrializada, capaz de assegurar o progresso e o bem-estar aos poucos que a ela acedessem, contribuiu para que a ambiguidade no entorno da educação se preservasse não questionada. O mito de formar um homem europeu para o Brasil persistiu como padrão no desejo de todos, alguns em busca de continuar escondendo sua brasilidade, outros, de adentrar a esfera da cidadania por meio de um emprego reconhecido e legitimado socialmente.

Isso, entretanto, viria a mudar no final daquele século.

A desmodelização pós-moderna

Já no século XIX, prenunciava-se na Europa um movimento de renúncia aos valores éticos disseminados no Iluminismo, especialmente a partir da Arte Moderna e da organização sindical, ambas preocupadas, a seu próprio modo, em clamar pela inclusão das massas excluídas. No Brasil, dá-se o mesmo, mas a partir do século XX, observando-se a peculiaridade de tratar-se de um movimento de inclusão dos brasileiros na esfera pública. Nesse sentido, a arte brasileira deu um salto mais alto do que os movimentos sindicais, já que, enquanto estes tratavam de assegurar os direitos dos trabalhadores no interior da ordem social vigente, aquela usava da licença poética para dar visibilidade à cara acanhada do povo brasileiro, do homem comum, seus costumes e seus saberes. Desde os anti-heróis da literatura até a mais sofisticada estética plástica de Volpi – que punha em tela o cubismo geométrico estampado no prosaico das bandeirinhas e das pipas, a declarar solenemente que há uma razão matemática no cotidiano do povo –, a arte introduziria um processo gradual de resgate da autoestima nacional por meio da revelação de uma ética própria das ruas (com os malandros de Oswald de Andrade ou de Chico Buarque de Hollanda), de um caráter singular, ladino, esperto e sempre apaixonado (como Macunaíma, de Mário de Andrade, o qual, ainda que apresentado como o "herói sem nenhum caráter", define e sintetiza todo o caráter do povo brasileiro).

Saindo da clandestinidade, o homem brasileiro vai tomando corpo em sua própria história cotidiana e ganhando voz para se expressar, primeiramente no rádio e mais tarde na televisão. Paralelamente, trazidas da Europa e dos Estados Unidos, as rebeldes estripulias da contracultura permitiram-nos ver no exótico homem brasileiro um ideal de liberdade social, contribuindo, assim, para que o povo expusesse, com júbilo, toda a sua indianidade. Começavam a ruir os mitos da sociedade moderna, a iniciar pelo mito do homem urbano civilizado.

Já ameaçada no século XIX pela perda de um sentido moral, a sociedade urbana experimenta ao longo do século passado situações as mais desgastantes, como a falência do sistema econômico mundial nos anos 1920, duas grandes guerras mundiais, seguidas de quase quarenta anos de guerra fria, regimes de exceção, holocaustos, enfim, tudo aquilo que, teoricamente, se desejara deixar para trás na Idade Média, até mesmo coisas mais primárias, como a pobreza, a fome e as endemias incuráveis. Nenhuma ordem parecia ser suficientemente justa para atender ao homem. Aos incluídos restou tão somente a perplexidade. Aos excluídos, a ira. Em todos somente um sentimento comum: o medo, o desespero, por não mais saberem para que lado seguirem em busca de algum futuro.

Esse sentimento de perda de confiança no modelo social perseguido desde o Renascimento expressa-se no termo **pós-modernidade**, com o qual nos referimos ao tempo que vivemos hoje. Mais profundo do que qualquer dado visível, o sentimento de pós-modernidade fere de modo tremendo a educação, pois não mais se reconhecem parâmetros com os quais balizar seu nível de satisfação, quiçá sua utilidade para o povo.

No Brasil, a ambiguidade própria no sentido público da educação torna-se aguda. Tanto o mito do homem laboral quanto o do homem cartesiano civilizado caíram por terra, juntamente com a frágil ligação que mantinha o brasileiro confiante na escola: a necessidade de imitar os brancos para conseguir um lugar na esfera da cidadania. Então, "para que serve a escola?", perguntam-se todos. Por outro lado, quando a escola pára e se põe a questionar a si própria, logo a sociedade questiona: "para que presta esta escola, se nem de tornar-nos brancos é mais capaz? Que futuro haverá para o País, se todos parecem sair da escola tão burros?".

E a escola... bem, a escola, dizendo à brasileira, fica "num mato sem cachorro": se ficar, o bicho pega; se correr, o bicho come! Embora ninguém mais creia em um modelo de formação destinado à geração de novos iluministas, ainda parece ser mais confortante imputar à escola essa missão inglória do que encarar a realidade de que a sociedade está em franco processo de transição, ainda sem saber ao certo até onde este vai levá-la. A escola está só nessa missão, pois não conta mais com nenhum modelo social de homem, legítimo o suficiente para satisfazer à pluralidade de identidades culturais que afloraram individualmente na sociedade contemporânea. Nem de longe, a razão cartesiana – a única voz autorizada no contexto escolar convencional – é capaz de mostrar-se hegemônica e de dialogar com as razões múltiplas autorizadas a emergir do silêncio dos excluídos.

A educação não é uma responsabilidade da escola, e sim da sociedade que criou e justificou a escola no interior de um determinado projeto de desenvolvimento humano. Quando o projeto social sofre rupturas em seus princípios mais fundamentais, o conceito local de inclusão se altera e, consequentemente, de nada adianta esperar que a escola faça retroceder o tempo e resgate o conceito anterior. Num momento como este, toda a sociedade é responsável; a escola é apenas uma de suas frações, nada mais. Situar as esferas em que atuam e pelas quais se responsabilizam as pessoas e as instituições da sociedade é um passo fundamental para o entendimento acerca do sentido da educação na Pós-Modernidade brasileira.

Os processos educacionais

Por força da expectativa que a sociedade desde o século passado depositou sobre a escola, o conceito de processos educacionais formou-se agregado à figura do professor, o profissional do ensino. Na atual conjuntura pós-moderna, todavia, esse conceito público deve ser reelaborado, de modo que possamos resgatar outras figuras igualmente responsáveis pela educação fora do contexto escolar. Antes disso, porém, é preciso que se esclareça o que vêm a ser processos educacionais. A fim de ser compreendida a complexidade dos fatores que determinam esse conceito, nós os distribuímos aqui em quatro pequenas subseções.

Modos de educação

Apesar de seu uso corrente, o termo **educação** de certo evoca um número muito maior de conceitos do que possamos imaginar, uma vez que não é de todo claro o que vem a ser propriamente educação. Se formos ao dicionário, encontraremos até nove definições:

> **Educação –** *[Do lat. «educatione»] S. f.* **1.** *Ato ou efeito de educar(-se).* **2.** *Processo de desenvolvimento da capacidade física, intelectual e moral da criança e do ser humano em geral, visando à sua melhor integração individual e social (...).* **3.** *Os conhecimentos ou as aptidões resultantes de tal processo: preparo (...).* **4.** *O cabedal científico e os métodos empregados na obtenção de tais resultados; instrução, ensino (...).* **5.** *Nível ou tipo de ensino (...).* **6.** *Aperfeiçoamento integral de todas as faculdades humanas.* **7.** *Conhecimento e prática dos usos da sociedade; civilidade, polidez, cortesia (...).* **8.** *Arte de ensinar adestrar animais; adestramento (...).* **9.** *Arte de cultivar as plantas e de as fazer reproduzir nas melhores condições possíveis para se auferirem bons resultados.* (Ferreira, 1986, p. 618)

Deixemos os bichos e as plantinhas de lado no momento, destacando, porém, que em nossa cultura a educação não é tida como uma atividade estritamente relacionada ao homem. O senso comum compreende a educação, ao mesmo tempo, como **ação que educa** ("ato de", acepção 1, e "aperfeiçoamento", acepção 6), **transformação interna** ("processo de desenvolvimento", acepção 2), **resultado da ação que educa** ("efeito de", acepção 1), desse modo permitindo-nos perceber que tem plena consciência de que educar é uma **atividade** que recria o sujeito a partir de sua modificação, algo que, portanto, exerce uma interferência no seu desenvolvimento. Processos naturais, biológicos, de crescimento ou maturação, por exemplo, não seriam arrolados como processos educacionais, pois transcorrem sem a interveniência de qualquer outra atividade. Isso nos reporta, então, ainda na segunda acepção do termo **educação**, à expressão "visando à sua melhor integração individual e social", que acrescenta os sentidos de **intencionalidade** e de **socialização** às ações educativas, ambos regidos por um senso de **qualificação humana**, seja como expresso por meio da palavra "melhor", seja como formalmente definido na acepção 7: "conhecimento e prática dos usos da sociedade; civilidade, polidez, cortesia". O sentido de uma tal qualificação humana vem agregado ao desenvolvimento moral (acepção 2), reportando, assim, a educação de volta a um modelo social vigente.

Não obstante, em que pese a orientação geral analisada no parágrafo anterior - excluídos os bichos e as plantas, obviamente -, a maioria das acepções identifica a educação à escolarização, referendando a percepção do senso comum acerca do papel da escola na formação dos sujeitos. Nem mesmo na acepção 7 - que cuida de definir educação como polidez - fica clara a intervenção de outros agentes de educação que não os escolares, permitindo-se, assim, julgar que também caiba a estes promover essa transformação no aluno.

Na realidade, o argumento central na educação é a sociedade, cujos valores definem e qualificam tanto as ações educativas quanto os efeitos por ela provocados no sujeito. Por esse motivo, a primeira instância educativa é necessariamente a própria sociedade, suas práticas cotidianas e seus membros, com os quais os sujeitos educandos desejam interagir e para os quais dirigem a intencionalidade de sua própria educação. Escola e demais instâncias na sociedade necessitam convergir para um mesmo eixo de intenções educativas, sob pena de virmos a ter uma fragmentação dos sujeitos educandos entre aqueles que adentram a escola com a intenção de se permitirem educar por ela, por nela reconhecerem os sujeitos aos quais desejam integrar-se, e aqueles que adentram a escola sem nenhuma intenção de se permitirem educar, por não identificarem os verdadeiros sujeitos aos quais desejam integrar-se.

Mesmo considerando que a educação escolar tem especificidades com relação a outros tipos de ações educativas, precisamos identificar no espaço-escola dois modos distintos, ainda que complementares, de educação: o formal e o incidental. O primeiro evoca a figura do profissional, o professor, em sua função consagrada na sociedade moderna. O segundo, as pessoas, os sujeitos sociais que se colocam frente a frente na sala de aula, não como professores e alunos, mas, sim, como cidadãos de um mesmo tempo humano.

A educação incidental é a mais comum em todas as sociedades, não importa seu momento histórico, relacionando-se com a intuição que leva os sujeitos a se transformarem mutuamente para formarem um grupo social. Não está centrada na escola, embora também ocorra nela, assim como em todos os demais lugares. É um fato humano, universal e irrecorrível, regido por uma série de fatores psicossociais que regulam as relações entre as pessoas e sem os quais não haveria pessoas e, sim, indivíduos.

Qualquer pessoa educa o outro, em qualquer circunstância, seja isso resultante de uma atitude conscientemente planejada para esse fim ou não. Como cada sujeito social é responsável por si próprio e, consequentemente, pelo outro que o torna verdadeiramente uma pessoa, não cabe supor a existência de atos de educação informal inconscientes, pois cada ato que repercute sobre o outro é, incondicionalmente, resultado de uma atitude consciente. Formal e informal, portanto, não se diferenciam como modos de educação a partir do nível de consciência educativa que se lhes imprime. O mais sensato é tratar de sua discriminação a partir de diferenças nos níveis de planejamento: quanto mais planejado, mais formal; o inverso, quanto mais ocasional, mais incidental.

Ambos os modos de educação, formal e incidental, ocorrem dentro e fora da escola. São formais as ações que pais e outros adultos exercem na condução das crianças e dos jovens, quando intencionalmente planejadas para lhes introduzir no convívio social. São, também, formais as atitudes que tomamos para servir de modelo de comportamento para o outro, às quais nos referimos a partir de expressões como "é preciso dar o exemplo". Já na escola, são incidentais as ações que os professores, enquanto sujeitos sociais, praticam quando em sala de aula, como as condutas no trato com os alunos, as formas como se expressam, como manifestam seu conceito acerca das pessoas a quem estão ensinando etc.

Antes de tudo, educar é um ato de vida social e, desse modo, os atos formais de ensino são decorrência da vida social que se pretende para o outro. Mesmo a educação formal, quando não orientada em sintonia com as perspectivas de vida social manifestas quotidianamente nas ações de educação incidental, jamais logrará êxito, uma vez que se torna um processo artificial e esvaziado de alguma intencionalidade legítima.

Ensino-aprendizagem

O binômio ensino-aprendizagem é, normalmente, associado à educação formal, estando na área acadêmica da educação intimamente ligado à formação de professores. Dada a discussão anterior sobre os modos de educação, é preciso relocalizar os sujeitos e as ações que estão envolvidas, tanto no ensino quanto na aprendizagem.

A aprendizagem é centrada na figura do sujeito em processo de educação, o que nos permite tratar de seu conceito sem uma discussão aprofundada acerca de quem vem a ser o seu sujeito, o **aprendente**. Isso não significa, entretanto, que se possa deixar de lado uma discussão acerca de como definir esse sujeito aprendente, porque o seu perfil varia conforme a maneira como se compreende a aprendizagem.

No nível mais primário – e não se vá entender isso como elementar –, a aprendizagem pode ser definida como qualquer mudança de estado mental provocada por processos de ordem estritamente cognitiva, preconceituais. A partir desse ponto de vista, a aprendizagem é praticamente uma reação orgânica, produto de uma faculdade biológica de inteligência, nos moldes como definida por Jean Piaget. Algo que pode, sem sombra de dúvida, ser analisado como produto de um processo inconsciente de adaptação ao meio, uma reação mental acionada pelo impulso intuitivo de compreender a realidade externa e com ela interagir. Não existe aí nenhum sentido moral ou intenção de integração social, permitindo-se tratar da educação como um fenômeno individual e localizado exclusivamente nas faculdades mentais dos aprendentes. De certo modo, a educação no século XX passou por uma fase em que essa concepção de aprendizagem predominou, pois, ao se introduzir a crença de que a tecnologia, numa perspectiva amoral, encerrasse em si mesma a perspectiva de futuro da humanidade, aprender passou a ser de fato uma busca solitária pela razão lógico-abstrata, esta que, supostamente, na teoria de Piaget, seria um dom universal, invariante e regulador da interação com a experiência imediata de mundo.

Partindo-se para o extremo oposto, a aprendizagem pode ser tomada como resultado da imposição de padrões de comportamento, algo que não a diferenciaria muito do processo de adestramento de animais. Aqui aparecem com papel preponderante o sujeito que ensina e a própria sociedade, representada por meio dos padrões de comportamento ditos necessários ao convívio social. Não se trata propriamente de uma versão de aprendizagem que se insira numa concepção de educação vinculada à intenção de interação social, uma vez que ao aprendente não se concede nenhuma margem de interlocução. Educar, nesse caso, é uma intenção exclusiva de quem educa, pressupondo-se (na maioria das vezes de forma equivocada) que o outro, o aprendente, compartilhe da mesma intenção. Nos dias atuais, uma concepção de aprendizagem como esta é inconcebível, já que todas as intencionalidades subjacentes às práticas individuais e sociais clamam por reconhecimento e refletem determinadas identidades culturais que se legitimaram no interior das práticas pós-modernas.

A fim de que se torne coerente com o que definimos aqui como **modos da educação**, o conceito de **aprendizagem** deve, antes de tudo, incluir o princípio de que os sujeitos buscam transformar-se mutuamente para se integrarem e constituírem um grupo social. Nesse sentido, tanto uma concepção de aprendizagem exclusivamente centrada no indivíduo aprendente, quanto uma que se concentre no sujeito que ensina não atendem à educação contemporânea.

Assim foi que a cultura acadêmica fez resgatar os estudos de Lev Vygotsky como contribuição ao entendimento de um processo de aprendizagem socialmente motivado, centrado no mútuo reconhecimento dos sujeitos sociais envolvidos e inteiramente fundado no sentido de integração desses sujeitos entre si. Na realidade, o que diverge entre a aprendizagem segundo Vygotsky e o modelo análogo defendido por Piaget é justamente a ênfase que cada um concede ao elemento de ligação entre o aparato cognitivo dos sujeitos e sua conformação social: o **conceito**.

Definindo-se como o sentido, ou juízo, que se atribui a um determinado conhecimento, **conceito** alude, assim, a algo que está muito além de um mero juízo lógico-abstrato de caráter universal. Todo conceito reflete a maneira como o sujeito compreende deva interagir com a realidade ou consigo mesmo, dando ao conhecimento que produz de si, do outro e dos objetos a toda a volta um valor pragmático, concreto e significativo. Há outras definições de conceitos, aplicáveis a contextos diferentes, como, por exemplo, o de **conceitos matemáticos**, que se definem como as propriedades estritamente lógicas que determinam as condições de funcionamento das operações do código matemático. O conceito a que nos referimos aqui não é sinônimo deste. Ao contrário, é justamente a fonte da qual surgem questões como "para que eu aprendo estas operações matemáticas?", as quais refletem a necessidade manifesta pelo sujeito aprendente de atribuir um sentido pragmático ao que é de natureza estritamente lógica. É o que leva uma criança de dez anos, quando diante de uma definição lógica como "quadrado é quadrilátero cujos lados são iguais entre si e cujos ângulos são retas", a dizer: "Tá bom... isso se come?", ou seja, "como eu incorporo esta definição à minha vida? E você, como a usa?".

Considerar a aprendizagem como processo de formação de conceitos traz profundas consequências para a educação, especialmente no âmbito escolar. Nenhuma outra verdade há por trás de um conceito expresso por alguém, exceto aquela que motivou o entendimento pragmático que o tornou utilizável em sua própria vida. Diante de um mesmo objeto, dez pessoas com histórias de vida distintas - independentemente de níveis sociais - a ele atribuirão dez conceitos distintos, cada qual agregado a um determinado "fazer a vida".

Normalmente os conceitos são produtos de experiências de educação incidental, formados a partir da mais legítima condição social humana, no interior da comunidade, desde seus pares mais imediatos. Quanto maior a esfera de relações sociais de um indivíduo, maior a quantidade de conceitos compartilhados. Ao se atribuir, na educação, uma ênfase maior aos conceitos do que aos conhecimentos lógicos, unilaterais e preconcebidos, exige-se uma tomada de posição diferente com relação ao que seja o **ensinar**.

O ensino tem sido irremediavelmente associado à função social do professor. No século XX, dada a premência de formação específica de habilidades laborais estritamente técnicas, inventou-se uma figura tida como de menor expressão social, o instrutor, igualmente dedicado ao ensino, mas destinado a contextos notadamente profissionalizantes. Nos dois casos, professores e instrutores ocupam um espaço preponderante no processo de aprendizagem, assumindo uma única voz que define o conceito do conhecimento a ser "transmitido".

É claro que ninguém transmite conhecimento para ninguém, ou melhor dizendo, ainda que o transmita, não há a menor garantia de que se torne conhecimento ou um conceito idêntico para o outro. Por mais planejado que venha a ser o processo de ensino, para os aprendentes trata-se de uma experiência de aprendizagem como outra qualquer, vivida segundo a forma como seus conceitos prévios lhes dão a compreender o mundo. Se um dia já se compreendeu o ensino como a "arte de transmitir conhecimentos", hoje isso não se compreende mais.

Ensinar é, isto sim, levar o outro a **viver** novos conceitos e a incorporá-los aos anteriores. Viver a experiência de ensino é condição imperativa, pois é tomando-a como ato de vida que esta ganha um sentido pragmático, sem o qual nenhum conceito se constitui forte o suficiente para agregar-se aos demais, construídos incidentalmente, por força da intenção de integrar-se à sociedade. Ensino e aprendizagem não mais se devem tomar como partes isoladas uma da outra em um binômio, mas, sim, como elementos indissociáveis de um processo de educação para a vida social.

Prontidão, conceitos e ensino

Houve um tempo em que a criança fora vista como uma miniatura de pessoa adulta e a ela se deviam imputar castigos sempre que agisse de maneira que contrariasse as regras que regem as ações adultas. Resultado: vivia apanhando e ainda por cima era tratada como débil mirim, sem juízo. Muito para isso contribuíram as teses do inatismo imanente, que asseguravam ter o homem todo o conhecimento de mundo já ao nascer, como um dom ontogenético. Mais tarde, Piaget revoluciona o inatismo, introduzindo a tese de que o conhecimento se desenvolve a partir de um potencial que não se apresenta totalmente pronto no ato do nascimento, evoluindo ao longo da infância e da juventude. Assim, a criança deixa de ser vista como miniadulto destrambelhado e passa a ser vista como um ser em estado de carência mental, a quem o entendimento era negado, não por conta de um comportamento displicente ou indisciplinado, e sim por abosoluta incapacidade mental. Por um lado, melhoraram as coisas para as crianças, já que deixaram de apanhar tanto, mas, por outro, as pobrezinhas passaram a ter sua vida planejada de maneira a só viverem aquilo que os adultos julgavam que fossem ser capazes de compreender.

A situação descrita acima, aparentemente meio absurda, é, na realidade, espelho do que se entendeu um dia sobre as práticas educacionais, especialmente em contextos formais, dentro e fora da escola: para crianças, experiências de aprendizagem de determinado tipo; para jovens, outro tipo; para adultos, outro. A concepção de escolarização baseada em projeção vertical - em séries e níveis de ensino - tem procurado atender ao que se supõe ser a melhor alternativa para cada etapa do desenvolvimento mental dos sujeitos.

O conceito por trás disso tudo é o de **prontidão**, ou seja, o estado mental adequado para o desenvolvimento da educação.

Do conceito, rapidamente, derivou-se a noção de "pronto para", com a qual se passou a designar os sujeitos conforme o tipo de comportamento que apresentavam diante de certas situações e com base no qual se atestava que se encontravam, ou não, prontos para vivenciar alguma experiência ou para aprender algum conteúdo ou habilidade escolar. Desde sempre se verificaram casos que francamente contrariavam o que se vinha entendendo por prontidão e por "pronto para", embora durante décadas ninguém os quisesse realmente enxergar. Sempre houve casos de crianças que lidavam com operações matemáticas em seu cotidiano social - especialmente no trato com o comércio - e, na escola, eram avaliadas como não prontas para aprender Matemática. Então, como estavam em idade de prontidão para o aprendizado da matemática e não estando aparentemente prontas para isso, eram avaliadas como "retardadas". Criou-se uma verdadeira multidão de "retardados", pendurados nas filas dos consultórios médicos, a buscarem uma cura para sua dita deficiência - gastaram-se quilômetros de tiras de papel com os exames de eletroencefalografia e, depois de um certo tempo, chegou-se à conclusão de que quase todos os brasileiros pobres tinham disritmia, explicando-se, assim, tanto a razão que os levava a não aprenderem matemática na escola, como a que os levava a permanecerem sempre tão pobrezinhos. Apesar disso, seguiram suas vidas, construindo suas próprias casas, fazendo suas contas, comprando, pagando, e, espantosamente, sem saberem a tal matemática escolar.

A prontidão nada tem a ver com o sentido que a educação formal evoca com o "pronto para", já que naquele conceito se aventou tão somente o fato de que cada um percebe e ajuíza o mundo de acordo com o estado de desenvolvimento cognitivo em que se encontra. "Pronto para", por sua vez, está relacionado a um tipo de equivalência que a própria escola estabeleceu entre os estados cognitivos e os conteúdos programáticos, cuja propriedade é absolutamente questionável. O pensamento matemático, por exemplo, não está necessariamente expresso no conteúdo escolar de Matemática, o que explica o antagonismo entre o desempenho do aluno em suas atividades cotidianas e o fracasso na escola.

Quando se traduzem os conteúdos escolares em conceitos, podemos compreender perfeitamente que o custo encontrado pelos alunos para se apropriarem deles está diretamente relacionado à incompreensão de seu sentido pragmático. Tanto mais no caso de crianças e pré-adolescentes, cuja forma de construir conhecimentos perpassa o emprego de suportes conceitualmente muito concretos em sua esfera de vida. Para estes, lidar com situações às quais não conseguem atribuir um conceito para si próprias é, mais do que uma violência simbólica, quase uma tortura.

Podemos trazer, ainda, à discussão acerca da prontidão para a aprendizagem o caso da interação com computadores. Para espanto de todos, tão logo o uso de computadores pessoais tornou-se comum em residências, crianças e jovens conseguiam interagir com eles de modo muito mais eficiente e natural do que os adultos recém-órfãos da cultura da lecto-escrita. O que se desfazia naquele momento era justamente o mito de que crianças e jovens necessitem de experiências de aprendizagem especificamente planejadas para sujeitos de sua faixa etária. Observava-se diante dos computadores que todos – não importando a faixa etária – eram capazes de fazer deles o uso que melhor atendia aos seus interesses pessoais.

Nem seria preciso ir ao computador para se perceber isso. Não há no mundo cidade que divida seus espaços públicos entre "espaços para crianças de 0 a 2 anos", "espaços para crianças de 3 a 6 anos", "espaços para crianças de 7 a 10 anos", "espaços para crianças de 11 a 14 anos", "espaços para jovens de 15 a 24 anos", "espaços para pessoas de 25 a 39 anos" e assim por diante. Os espaços estão lá para todos os que por eles passarem, e cada um os vive de acordo com seu próprio tempo, sua própria prontidão, a qual, como bem sabemos, se transforma durante todos os ciclos de vida, da infância à terceira idade.

Ao longo da vida, somos todos capazes de aprender e a cada novo estado de prontidão aprendemos a apreender de forma diferente o mesmo mundo que sempre vivemos, num processo de constante reelaboração de conceitos. Tanto mais quando o fazemos coletivamente, não entre iguais, mas, sim, entre plurais, com a tolerância que os mais idosos têm ao dizerem aos mais jovens, cuja prontidão é diferente da sua: "hoje você vê isso desse modo - um dia vai compreender o que eu estou vendo". Essa atitude dos idosos no trato com os mais jovens nos permite avançar um pouco mais na definição de ensino anteriormente elaborada: **ensinar** é, ao mesmo tempo, proporcionar oportunidades para formulação de conceitos pragmaticamente expressivos e provocar a expectativa de que estes possam ser continuamente reformulados, seja pela interação com o outro, seja pela interação com o mundo em momentos históricos diferentes.

Definindo processos educacionais

Uma definição de processos educacionais envolve a reunião de tudo o que abordamos nas subseções anteriores. Formais ou incidentais, dirigidos à formulação e ao intercâmbio de conceitos pragmáticos, os processos educacionais são propriamente as experiências que promovem a educação de um povo. Nessas experiências todos concorrem, ao mesmo tempo, como agentes de ensino e de aprendizagem, transformando-se mutuamente e tendo por motivação a integração, de si próprios com suas expectativas de vida e de si com o outro que reconhecem como par. Nos sujeitos, ações e fatos residuais – derivados de ações de alguém – que se oferecem no mundo como experiência, manifesta-se conscientemente uma intencionalidade, a qual determina sua efetiva participação nos processos educacionais de um grupo social, motivo pelo qual todos são compreendidos como agentes de ensino.

Não obstante, a fim de que possamos realmente encarar o conceito de prontidão sem convertê-lo em uma armadilha para reações preconceituosas e equivocadas, é necessário estender a noção de processos educacionais para o interior do sujeito, onde se processam os conceitos e onde atuam fatores, ao mesmo tempo, **universais**, ligados à natureza da cognição humana, e **locais**, estritamente históricos e regionais, dos quais emanam os sentidos pragmáticos de cada juízo construído. Assim, além da dimensão socioeducativa traçada na definição anteriormente proposta, é preciso tratar, também, de uma outra dimensão, interna e individual, na qual os processos educacionais se caracterizam como estados mentais que se transformam continuamente ao longo da vida e possibilitam o processo, em si, de construção de conhecimentos e conceitos.

Em síntese, os processos educacionais não mais do que refletem a essência do próprio homem, irrecorrivelmente individual e social ao mesmo tempo, avessa à estagnação e sempre em busca de um sentido de vida.

A família nos processos educacionais

A família tem um papel central na educação de qualquer pessoa, pois é a partir dela que se formam os valores mais significativos e estáveis nos sujeitos sociais. A sociedade contemporânea, fortemente marcada pela perda de referenciais – traço característico da Pós-Modernidade –, provocou uma severa desagregação no modelo clássico de família, junto com a qual decorreu, proporcionalmente, um desequilíbrio, ou, até mesmo, perda, em sua identidade como agente de processos educacionais. Esse fato é, talvez, o que melhor explique por que a escola tem sido cada vez mais compreendida como o único *locus* da educação. Por outro lado, explica, também, por que a escola tem tido cada vez menos espaço na transformação dos alunos.

Segmentos mais conservadores da sociedade começam a ter a compreensão de que a solução para o problema da educação nas sociedades contemporâneas passa necessariamente pela restituição à família de seu modelo clássico, atribuindo o estado de desordenação social à perda de vínculos familiares. Em certa medida, os vínculos familiares, sim, concorrem decisivamente na formação de um povo, mas uma solução que se concentre em clamar pelo restabelecimento de um conceito de família já superado na história do homem definitivamente não chegará a lugar algum. O conceito de família não se impõe sobre a ordem pública, já que nessa relação o movimento é justamente o inverso: é a ordem pública que assinala os traços definidores do conceito de família.

Neste nosso estudo sobre os lugares da educação na sociedade contemporânea, duas das questões que não podem deixar de ser consideradas são, justamente, o conceito de família e sua situação nos processos educacionais contemporâneos.

A família e a formação dos valores na infância

A infância é, sem sombra de dúvidas, o período da vida em que o homem mais aprende, em particular, nos primeiros dois anos de vida, quando praticamente todo o conhecimento essencial de mundo se desenvolve a partir da experiência sensório-motora. Odores, aromas, sabores, texturas, dimensões e proporções espaciais, enfim, de um tudo se aprende, o sabemos muito bem nós - os pais desesperados, comendo-se desde os mosquitos ao reboco da parede, subindo-se em todos os móveis, debruçando-se nas janelas, correndo-se de lá para cá para sentir os ventos e os cheiros que vêm com eles, enfim, sendo-se tipicamente crianças, com mãozinhas e pezinhos que nunca param. É claro que, para esse aprendizado de mundo, a criança não precisa de ninguém além de si mesma e é capaz de descobrir o mundo apesar de todo o batalhão de adultos que, à sua volta, tenta contê-la de todas as formas.

Apesar desse motor incansável, a criança mantém com seus pares adultos uma interação constante, cuja participação em sua experiência de aprendizagem é determinante. Mesmo na experiência sensório-motora, aparentemente resultante de iniciativa isolada da criança, a figura do adulto concorre como um fator de segurança que lhe autoriza a lançar-se no mundo, a experimentá-lo até as últimas consequências - afinal, como saber o que é um "choque", senão colocando o dedo na tomada? Em todo momento de descoberta, a criança, cujo instinto a compele a preservar sua própria vida, supera o medo e dá vazão à curiosidade, liberando um impulso que, por exemplo, a leva a testar uma tomada, mesmo tendo sido alertada de que poderia levar um choque.

Os adultos à volta da criança funcionam como referentes de segurança, em cuja autoridade buscam a autonomia para se apropriarem do mundo ao seu redor. Quando sós, ou distantes de seus referentes de segurança, as crianças se retraem, ameaçadas pelo risco que constantemente as assombra. A compreensão que a criança tem de tudo que vive diariamente é determinada pelo estado de prontidão de sua mente, de modo que praticamente tudo com que interage se converte em conceitos parciais, comparativamente aos conceitos dos adultos, tanto mais porque, além de se entenderem as coisas como coisas, é preciso entendê-las como fatos sociais, com valores que não se comem, não se veem ou tocam, totalmente abstratos, variáveis de pessoa a pessoa.

Todavia, como toda pessoa interage com o mundo e o compreende segundo seus estados mentais, a criança não se furta de experimentá-lo por não conseguir ter plena compreensão das coisas com que lida. Constrói para si um mundo mental em que tudo se explica pelo mágico, e não por causas lógicas ou sociais: é o mundo lúdico. O lúdico da criança não está propriamente nos brinquedos com que os adultos lhe presenteiam, e sim em tudo que faz, em todas as coisas. O diferencial que os adultos acrescentam no imaginário lúdico da criança não se resume aos brinquedos - aliás, para que tantos brinquedos? -, e sim na referência de segurança que estes lhes garantem na relação com as coisas. Quanto mais confiante na relação com o adulto, na qual prevaleça a crença na estima e no zelo, mais a criança se sente autorizada a mergulhar no lúdico e pôr-se em situação de aprendizagem.

Ainda no interior do mundo lúdico, a criança forma a sua identidade enquanto pessoa, talvez o conceito que mais se reconstrua ao longo de toda a vida. Por meio de mecanismos de transferência e substituição, o homem desenha sua personalidade e define para si mesmo suas expectativas de vida, suas opções de felicidade e satisfação. O núcleo de relações interpessoais iniciais atua sobre a pessoa de modo particularmente decisivo na formação de seus valores enquanto sujeito social. Ao chegar à escola ou mesmo à pré-escola, o sujeito já desenvolveu um corpo sociocultural, como resultado de todo o esforço prévio de constituir-se como sujeito para si e para os pares com quem compartilha a experiência essencial de vida.

> *A psicanálise mostrou que as atitudes emocionais dos indivíduos para com outras pessoas, que são de extrema importância*

para seu comportamento posterior, já estão estabelecidas numa idade surpreendentemente precoce. A natureza e qualidade das relações da criança com as pessoas já foram formadas nos primeiros anos de sua vida, diz Freud. Ela pode posteriormente desenvolvê-las e transformá-las em certas direções, mas não pode mais livrar-se delas. (...) Todos que vêm a conhecer mais tarde tornam-se figuras substitutas desses primeiros objetos de seus sentimentos. (...) Seus relacionamentos posteriores são assim obrigados a arcar com uma espécie de herança emocional (...), lembranças deixadas por esses primeiros protótipos. (Freud, citado por Couto, 2003)

Os fatos apresentados contrariam sobremaneira o entendimento atual de que possamos restringir à escola a responsabilidade sobre a formação de um povo. Na realidade, a escola já recebe o povo previamente instituído, a partir de seus vínculos familiares, legítimos e verdadeiramente instituintes das pessoas que vêm a tornar-se alunos. A predisponibilidade para a aprendizagem escolar, em todos os seus níveis, é determinada por fatores previamente desenvolvidos fora da escola, nas relações que cada criança estabelece com seus pares mais imediatos.

O conceito tradicional de família

Em nossa sociedade, o conceito tradicional de família funda-se com valores que vão muito além da mera reunião de pai, mãe e filhos. Pai e mãe são modelados como verdadeiras instituições sociais, assumindo papéis muito bem definidos no sistema orgânico daquela sociedade urbana civilizada idealizada ainda no século XVI. Com a relativa autonomia conferida aos cidadãos após a queda do sistema feudal, a família e as figuras do pai e da mãe, com papéis claramente definidos, passaram a ser celebradas como a unidade polo de toda a sociedade e, sobretudo, o núcleo de formação e perpetuação dos valores burgueses, no interior dos quais primavam a moral cartesiano-cristã e o princípio laboral regente do capitalismo, que se iniciava, então, a delinear.

Nesse núcleo, a figura masculina do "pai" assumia o papel de elo entre a sua unidade familiar e o espaço público, cabendo a ele não somente o direito de ir e vir, como o de prover o sustento de seu grupo por meio do trabalho. Cada lar passa a ser evocado como o "castelo de um pai", no qual este reinava absoluto, legitimado pelo senso de nobreza conferido àquele que trabalhasse para sustentar seu pequeno reino. A visibilidade que o pai detinha no domínio público, tendo em vista estar autorizado a circular livremente por todos os espaços, conferia-lhe, ainda, o poder de decidir pelo certo e pelo errado no cotidiano da família, tomando por parâmetro a preservação da moral vigente e, consequentemente, da honra dos seus perante a sociedade. Cabia-lhe, portanto, o poder de conceder aos seus o direito à cidadania, uma vez que, como único elemento autorizado a exercer a cidadania para além do espaço familiar, em caso de sua falta, nenhum de seus tutelados poderia sentir-se formalmente um membro da sociedade. No caso de sua morte – e seria este o único motivo justificável –, imediatamente o Estado assumiria esse papel, tutelando a seu modo os filhos e a viúva até que esta contraísse novo matrimônio.

A mãe, por sua vez, frágil e invisível à sociedade, dedicava-se à educação dos filhos e à manutenção da higiene do lar. Educar apenas os filhos não bastaria, é claro, porque, numa cultura em que o trabalho era índice de nobreza, sua realeza teria de se traduzir em labor material, no tanque, no fogão, na faxina, até a exaustão. Uma casa limpa e asseada não se compreendia apenas como um sítio saudável para a moradia de uma família, e sim como exemplo de uma mãe dedicada e trabalhadora. E seu exemplo se estendia aos filhos, como parte de sua educação, a eles demonstrando que o trabalho dignifica. Mãe de família que se prezasse não saía às ruas sem um motivo que se destinasse diretamente ao interesse de seus filhos ou de seu marido: ia sobretudo às compras. Apesar de ser a responsável direta pela educação dos filhos, sua responsabilidade reduzia-se a cumprir as regras que o pai determinava, à luz daquilo que ele - como pessoa pública - devia conhecer melhor do que ela - pessoa reclusa, tida como tola e incapaz de discernir o certo do errado.

Naturalmente, essa estrutura familiar cabia fundamentalmente aos nobres emergentes na burguesia cidadã, pois, para além dos muros das cidades, a fome, as elevadas taxas de mortalidade e a fragilidade com que se operavam os valores na cultura dominante sempre impuseram formatos diferentes de família, nos quais a mulher trabalhava no campo ou nos serviços domésticos em casas que lhes podiam pagar. Havia, também, as "apenadas", mulheres proscritas e banidas de suas famílias por seus pais, que passavam a ocupar as ruas, invisivelmente expostas como "mulheres da vida" a serviço da hipocrisia do homem moderno. Curioso é como as denominavam - da vida -, metaforicamente punindo-as com a liberdade, por macularem a honra de seus claustros familiares.

Os movimentos trabalhadores do século XIX introduziriam mudanças revolucionárias na estrutura orgânica da sociedade, não simplesmente a partir da organização das massas trabalhadoras, mas, sobretudo, pelo alerta aos grupos invisíveis, dentre os quais, o das mulheres. Assalariadas e empregadas como operárias, as mulheres passam a assumir uma voz pública até então inexistente na sociedade e vão, pouco a pouco, galgando espaços e saindo do obscurantismo provocado pelas figuras masculinas que as oprimiam. Já no século XX, viriam a assumir definitivamente uma imagem que as indiferenciaria dos homens no cenário público, passando a compartilhar com eles o direito de decidir pelo certo e pelo errado, em suas próprias vidas e na de seus filhos.

Caía por terra o mito daquela mãe operária do lar, submissa educadora de filhos cujo comportamento era determinado pelo pai. Como este, caía, também, a figura de poder incontinente exercida pelo homem, o que permitiria que o juízo no julgamento das ações dos filhos passasse mais pelo crivo do olhar da mãe do que pelo do pai. E se o pai não concordasse? Ora, que pegasse suas malas e fosse embora, porque a mãe daria conta dos dois papéis. Surgia, assim, um conceito de família que deslocaria para a mãe a sua centralidade, segundo o qual a mulher pode, por opção, ter filhos, e não maridos. Se estes tiverem sorte e souberem ser bons maridos, poderão ter o privilégio de ser pais. Caso contrário, serão apenas homens que tiveram filhos.

Tamanha revolução no conceito de família trouxe contribuições as mais numerosas para o mundo, sobretudo porque as relações entre pais e mães, e entre estes com seus filhos, passaram a dar-se de forma bem mais sincera e dialógica. Entretanto, trouxe, também, algumas complicações que a sociedade não se encontrava preparada para encarar. Com a perspectiva social da mulher apontando para sua formação e inserção no mercado de trabalho, sua atividade como "educadora de filhos" ficou muito comprometida, tendo em vista a menor quantidade de tempo a ela dedicada. Embora para a mulher tenha sido relativamente fácil assumir o papel de pai - em que pese toda a pressão social que tiveram de superar -, para o homem, assumir o papel de mãe ainda não é uma atitude corrente, talvez porque, no caso da mulher, tornar-se visível não interferisse em sua imagem de feminilidade, ao passo que, no caso do homem, condicionamentos sociais ainda atuem no sentido de associar a absorção dos papéis maternos à perda de masculinidade.

Em consequência disso, a sociedade vem institucionalizando espaços que passam a preencher o tempo de que as crianças não mais dispõem ao lado das figuras maternas, exercidas por mães ou pais. O problema, então, consiste no fato de que as creches e as escolas não se percebem necessariamente com esse papel na formação das crianças, o que, no caso da escola, muito bem se compreende, já que sua função na formação dos sujeitos sociais é outra, sob condições absolutamente diversas daquelas em que se dá a educação materna. A educação formal instituída no espaço escolar direciona-se a finalidades completamente distintas da educação formal promovida no espaço familiar, ainda que ambas priorizem o desenvolvimento das pessoas e sua integração social.

A solução para isso não está, obviamente, no restabelecimento do mito da mulher-mãe e da família tradicional, e sim no redimensionamento do conceito de família, adequando-o ao estado da sociedade atual, na qual aquele núcleo inicial não mais reflete a base de sua estrutura orgânica. Trata-se de uma questão imperativa, já que, como abordado na seção anterior, a perda da educação familiar – metaforicamente, a perda da "mãe" – provoca danos ao desenvolvimento das pessoas.

Uma família à luz da sociedade fundante

É preciso que tomemos muito cuidado ao discutirmos o papel da família no desenvolvimento das pessoas, sobretudo porque, na grande maioria dos casos, a literatura acadêmica que aborda a questão toma por referência a perspectiva de sociedades fundadas no modelo clássico de família, no qual mãe e pai são, ao mesmo tempo, papéis e sujeitos. Por isso, estamos assumindo aqui a opção de nos referirmos a uma "educação familiar", e não à influência concreta de pai e mãe nesse processo, ainda que isso não nos exima da responsabilidade de esclarecer que não estamos levando em consideração a discussão, igualmente relevante, sobre os papéis de homem e mulher – tomados como parâmetros de identidade sexual e orientação cultural.

A história do homem moderno, especialmente a nossa própria história de Brasil na Modernidade, confronta claramente dois modelos de família: um, tradicional, organizado à luz da ideologia social do homem burguês; outro, não convencional se comparado àquele, organizado de formas as mais diversas, ora mais, ora menos, orientado segundo os valores burgueses. A sociedade instituída no Brasil do século XVI, baseada nos princípios culturais das comunidades indígenas, não tinha absolutamente nada comparável à família europeia. Entre os nossos índios, ser parente já seria o bastante para se obter o reconhecimento como membro da comunidade, o que significa um modelo de família em que a coletividade prepondera sobre o sentido fechado da família europeia. Nesse modelo ampliado de família, os papéis são exercidos fundamentalmente a partir do gênero e da hierarquia na estrutura de poder, de modo que, na formação da criança, todos os homens adultos atuam como pais e todas as mulheres atuam como mães, indistintamente para com relação a quaisquer crianças. Desprovidos de um sentido de "privado" – que passou a imperar em nossa sociedade em função da exclusividade e da competitividade no mundo do trabalho –, nossos índios assumiam cooperativamente a educação da criança como um de seus papéis comuns.

A concepção de uma família ampliada à coletividade perdurou, no Brasil, durante toda a sua história, nos segmentos sociais que não vieram a ser incluídos na ordem urbana civilizada, desde os escravos – já nascidos como propriedade de alguém – até, mais tarde, as grandes coletividades marginalizadas que se aglomeravam nas favelas - propriedade assalariada de alguém -, todos desvalidos de pais e mães individuais, levados que eram de casa, pela necessidade de sobreviverem, no trabalho, nos fluxos migratórios, nos presídios. A criança pobre brasileira quase sempre foi criada, junto com as demais crianças suas vizinhas, pelas mães coletivas que as criavam durante todo o dia, ou por toda a vida, com o mesmo respeito e carinho que dedicariam a seus próprios filhos. Uma educação solidária, fundada em laços atados pela dureza da vida, mas nem por isso amarga.

Assim como no caso dos índios e dos brasileiros seus descendentes, nenhum modelo ampliado de família é prejudicial ao desenvolvimento de pessoas. Desde que as pessoas, todavia, se compreendam solidárias e responsáveis pelo papel de educar o outro, indistintamente.

Nas comunidades urbanas ditas civilizadas, o problema decorrente da transformação do conceito de família resultou, justamente, de ter isso se dado sem que a sociedade se desvinculasse do sentimento do "privado" na formação das pessoas. Quando as circunstâncias levaram à abertura de uma lacuna no espaço da formação familiar, ninguém o assumiu, por não haver um senso coletivo de responsabilidade sobre o filho do outro. Nas outras comunidades, as mudanças no conceito de família só vieram a acrescentar o sentimento de legitimidade àquilo que sempre se deu.

Entretanto, os efeitos perversos da Pós-Modernidade se instalariam no interior dos processos de formação educacional na esfera pública. Uma vez descortinado e trazido a público o vazio em que se sustentavam os valores morais da urbanidade moderna, a moral instituinte das relações estabelecidas nos espaços públicos e privados viria a dissolver-se paulatinamente. Consequentemente, aqueles todos cuja formação se dava no cotidiano da esfera pública, ricos ou pobres, logo perderam os parâmetros do certo e do errado, desenvolvendo um modelo de educação absolutamente aético, do qual a violência urbana e a corrupção são apenas alguns produtos.

Não haverá qualquer agente de educação capaz de resgatar plenamente o sentido dos processos educacionais, sem que a própria sociedade, antes de mais nada, compreenda-se como uma família ampliada, na qual todos se responsabilizem em coletivo pela formação do outro.

O professor e os processos educacionais

Historicamente, a figura do professor ocupa um espaço particular na educação, tanto do ponto de vista formal quanto do informal. Não obstante, o papel educativo que a pessoa do professor exerce sobre o aluno, do mesmo modo que qualquer outro membro da sociedade, a relação professor–aluno sempre teve, e continua tendo, funções específicas nos processos educacionais, não exatamente a partir de sua intencionalidade superficial (o ensino), mas, sim, a partir da expectativa referente ao desenvolvimento de determinados padrões de comportamento nos sujeitos sociais. Todavia, antes de mais nada, é preciso termos em conta o motivo que levou a sociedade a destacar entre seus membros um sujeito, em particular, para se ocupar do papel específico de "educar", tendo em vista que, sob condições normais, qualquer sociedade instituída teria, na totalidade de seus membros, agentes potenciais e bastantes para cumprirem essa função.

A justificativa social da figura institucionalizada do professor vincula-se à tese instituinte do pensamento científico moderno - consequentemente, da cultura científica que inspira e regula a sociedade moderna -, segundo a qual a razão humana não é capaz de acolher o mundo tal como este se apresenta *in natura*, na realidade imediata. O exercício da razão consistiria, assim, em enxergar, através do mundo, não aquilo que de imediato se apresente em forma vivente, e sim sua natureza ontogênica, a base abstrata com a qual se fundem as matérias primárias para se conceberem as coisas. Não podemos perder de vista o fato de que a Idade Moderna rompera drasticamente com séculos de tradicional convicção na prerrogativa de Deus sobre a concepção de todas as coisas e seres, seu futuro e seu julgamento, motivo pelo qual a razão evocada na e pela ciência, a partir do século XVI, teria por função estabelecer-se como depositária da mesma confiança que o homem até então somente confiara a Deus. A descoberta das matérias nucleares do mundo e das regras de suas combinatórias geradoras das coisas e dos seres – a meta primeira de toda a ciência – espelha a busca da razão divina no olhar do próprio homem, seu filho e imagem, segundo a fé religiosa.

Esse olhar divino, que explica perfeitamente o impacto e o apelo da cultura científica sobre o homem moderno, exige, entretanto, um exercício singular de percepção do mundo, extremadamente aplicado e determinado (fruto de uma ação laboral) para que se possa superar a frágil posição de uma razão não onisciente. A onisciência – uma razão sem fronteiras, espaciais e temporais – não é um traço humano, e sim divino. Superar tamanha deficiência e conseguir, ainda que sem ela, compreender a natureza instituinte das coisas que jamais deixam de se transformar, por ser esta a única certeza em seu futuro, exigiria do homem ir além daquilo que o exercício cotidiano de pensar lhe permitia ver. Seria preciso, portanto, redesenhar a postura de interação com todo o mundo e consigo mesmo por meio de um método – o método científico – capaz de edificar o homem comum e transformá-lo em um sujeito da razão, quase Deus, capaz de dominar a natureza das coisas e daí planejar o seu futuro, com segurança e bem-estar.

A escola e o professor que nela passou a reinar instituíram-se nessa sociedade científica, respectivamente, como espaço e agente de formação dos sujeitos da razão científica, tendo-lhes sido concedido um lugar sagrado no imaginário público: o lugar da divinização dos cidadãos, aquele, portanto, no qual os homens provariam ser dignos de ocupar um lugar no espaço urbano civilizado. No interior da escola, encontrava-se um mundo particular, protegido da confusão e da transitoriedade que controlam todo o seu entorno exterior, caótico, incompreensível. Nenhuma outra instituição, exceto a mãe, teria papel mais edificante na formação dos cidadãos do que a escola e seus professores.

Seu instrumento básico de intervenção sobre as pessoas seria a disseminação da tecnologia da escrita, entendida aqui como mais do que um mero código gráfico que tem por fim traduzir a fala corrente. A escrita encerra em si a própria natureza do modo de pensar do homem moderno, não somente por ser a única via então conhecida de registro e compartilhamento do saber científico, mas, sobretudo, por exigir de seus usuários que façam uso das mesmas posturas cognitivas que caracterizam a prática de produção de conhecimentos na cultura científica. A escrita exige concentração, centração em um objeto de cada vez, disposição dos objetos em uma sequência ordenada no tempo e devidamente categorizada em relação de coerência, enfim, tudo o que se prescreve nos procedimentos necessários à utilização do método científico. O professor e a escrita que este levava ao domínio dos alunos fundiam-se num só caráter, ambos coerentes entre si e motivados pela mesma crença em um modelo de pensamento a ser empregado no cotidiano social. A verdadeira cultura científica não está nos conteúdos específicos das diversas disciplinas pedagógicas. Está, isso sim, no conceito de um modelo exemplar de **pensamento científico**, que perpassa todas as disciplinas, todas as ações escolares, enfim, toda a edificação civilizante decorrente dos processos educacionais escolares. O sentido de educação formal na escola resulta, portanto, das práticas e das relações interpessoais que levam as pessoas a pensarem cientificamente o mundo, obtendo-se, com isso, sua legitimação como sujeitos sociais do mundo urbano civilizado.

À medida que se avançava na história do homem moderno e se verificava a perda de valor de um modelo de educação moral em função de uma educação preponderantemente tecnológica, perdia-se gradualmente o sentido edificante da escola, o que viria a provocar o entendimento cada vez maior de que sua função pudesse se reduzir ao ensino dos conteúdos formais das disciplinas acadêmicas. Ao mesmo tempo, a perda do sentido moral na sociedade científica começava a desenhar a Pós-Modernidade, marcada, especialmente, pelo ingresso de novas vozes no espaço urbano, até então invisíveis, que chegavam à escola muito mais interessadas em técnicas para o exercício do trabalho do que na edificação à cultura que não representava a sua identidade. A escola, entretanto, continuou aplicando aos novos sujeitos sociais as mesmas práticas, sob os mesmos princípios considerados no passado, tendo em vista que, formalmente, o seu papel institucional não se havia alterado.

Um pouco mais adiante no tempo, a própria ciência viria a desenvolver tecnologias que não tardaram a se mostrar capazes de substituir a ancestral tecnologia da escrita, provocando, a partir de seus próprios instrumentos, uma verdadeira revolução nos modos de construção do saber científico. Provou-se possível, então, realizar o que se julgava restrito a Deus: registrar, observar, analisar e compreender o mundo tal como este se apresentava na realidade corrente, *in natura, mutandis,* complexamente engendrado em relações simultâneas entre fatos os mais diversos. Provou-se, também, que o modelo de razão anteriormente adotado pela cultura científica provocara severos desequilíbrios nas relações entre os elementos estáveis do mundo, e que este corria o risco mais temido por todos: o fim. Fundava-se uma nova consciência sobre a natureza das coisas, a qual se denominou de várias formas, porém consagrou-se pelo termo **ecológica**.

As novas tecnologias que viriam a concorrer com a escrita não tardaram a espalhar-se entre os homens urbanos comuns, concedendo-lhes a mesma ferramenta que revolucionara pouco antes o pensamento científico. O que antes se lhes desvendava por meio do árido e solitário exercício de manipulação da escrita, sempre à luz do passado, num formato jamais similar ao de coisas reais, chegava-lhes agora em tempo real, em imagem, som, cor, escrita e fala, tudo ao mesmo tempo, com movimento e ação. E, quando os computadores chegaram, também, à sua casa, eles se apropriaram da nova tecnologia, passando a ser, eles menos, leitores e autores de sua própria visão de mundo, traduzida em textos que poderiam compartilhar com quem quisesse, com ou sem a autorização ou a legitimação do homem científico. Fundava-se, finalmente, no interior da sociedade urbana ecológica, uma nova era de urbanidade, não mais aprisionada no plano fechado de um texto que sempre traz a voz do outro, e sim liberta, lançada na simultaneidade do tempo por meio do **hipertexto** - este modelo de texto em que todos se significam, segundo o que querem fazer significar.

Ecologia e hipertexto concorrem mutuamente para redefinir todo o desenho estrutural da sociedade moderna, justificando, portanto, de fato a expressão **Pós-Modernidade** como um marco de ruptura na história do homem.

Inevitavelmente, a escola se dessacraliza e o professor perde o papel modelar que ocupara naquela sociedade contida pela escrita e pela razão cartesiana. Os sujeitos sociais professores - as pessoas quando não atuando como professores - também deixaram de crer em si mesmos como modelos daquela sociedade e, pouco mais tarde, deixaram, igualmente, de crer na utilidade de uma educação estritamente dedicada ao ensino técnico de conteúdos escolares, não apenas por terem sido postos à prova pela própria ciência, mas por estarem ao alcance de qualquer pessoa por meio dos hipertextos que lhes chegam em sua própria casa.

Contudo, a dessacralização do imaginário tradicional de escola não significa ruptura com o princípio conceitual da instituição escolar. O modelo social que se instalou hoje no mundo urbano, já não tão entendido como civilizado, ainda demanda - como qualquer outro - um espaço que proporcione às pessoas a experiência de pensar cientificamente o contexto hipertextual em que vivem. Não um pensar cartesiano e alheio à realidade concreta dos fatos, das coisas e dos seres, mas, sim, um pensar ecológico, complexo, multifocal. Não um pensar contido pelos saberes alheios, mas um pensar que se produz coletivamente pelos sujeitos, *in presencia*, dialogal e aberto a múltiplas verdades e conceitos pragmáticos. Um saber que toma do saber acadêmico como estratégia e ferramenta de construção de conceitos pessoais, subjetivos e plurais, do mesmo modo como se entendem as identidades no mundo contemporâneo.

O professor, que já foi um dia compreendido como o sujeito do silêncio dos livros, ocupa um outro lugar na educação. O modelo social que se espera dele é justamente o de leitor hipertextual de um mundo complexo, que não declina diante do que se julga saber dele, pois se organiza por princípios e conceitos próprios.

A remodelagem do conceito que o professor tem de si mesmo e na sociedade perpassa, especialmente, o entendimento acerca da fisionomia orgânica do novo sistema de valores, cuja marca é a perda de confiança no antigo modo de pensar cartesiano. Não se compreende mais uma sociedade que se organize em função das rígidas e exclusivas normas de ler o mundo e de com ele interagir, consequentemente, não mais se compreendendo a finalidade de um sujeito social cuja atuação ainda se dirija à formação de cidadãos para aquele modelo de cidade urbana civilizada. Trata-se, portanto, da construção de uma nova identidade profissional, orientada por um novo sentido público, no interior do qual se descortina um sujeito-aluno inédito na história do homem moderno, com uma subjetividade não previamente traçada na abstração de um modelo ideal de razão.

O lugar do profissional da educação – o profissional do ensino – polariza as práticas específicas de desenvolvimento de cidadãos capazes de interagir na sociedade e de cooperar em sua construção constante, por meio de uma razão ecológica, profundamente comprometida com a pluralidade e com o respeito à diversidade das culturas hoje amalgamadas e legitimadas no mesmo espaço urbano. Tal profissional necessita conhecer em profundidade as condições de produção desses cidadãos, o que implica a adição de novos saberes em sua própria formação, envolvendo não um punhado de orientações técnicas, mas, sim, bases substantivas com que se lhe deem a conhecer: a) a natureza epistemológica dos sujeitos sociais contemporâneos e b) a natureza que seu papel assume no interior da cultura social. Em síntese, tais saberes envolvem:

- o desenho estrutural do modelo de razão conformado à luz de uma concepção ecológica de ciência, bem como todas as ampliações por ele introduzidas no interior do conceito clássico da razão cartesiana;
- as condições de produção cognitiva de conhecimentos (em nível psicomotor, socioafetivo e cognitivo-processual) em contextos sociais ampliados, nos quais diferentes

eixos culturais provocam tamanha multiplicidade de experiências de aprendizagem e legitimam inúmeros modos de construção de conhecimentos;

- o sentido social de uma razão ecológica dirigida ao desenvolvimento humano, agregado a uma perspectiva de planejamento de futuro e centrado em um ideal de comunidade inclusiva e tolerante com relação às diferenças e aos desejos individuais, sem perda do vínculo agregador da coletividade humana.

O professor, desde a escola, portanto, ocupa um lugar a ser privilegiado na sociedade contemporânea, desde o qual tem muito a contribuir para a formação do homem moral do século XXI.

A escola pública brasileira e seus professores

Concluindo esta série de ensaios sobre os lugares da educação, gostaria de situar a escola pública e seus professores, analisando sua participação nos processos educacionais do povo do Brasil. Desde o último terço do século passado, a escola pública de nível básico foi uma das instituições sociais que mais avançaram no sentido de assegurar espaço para as comunidades marginalizadas, antecipando para si mesma a realidade pós-moderna que somente se tornaria evidente para o público, e para si própria, muito tempo após suas primeiras iniciativas revolucionárias.

Caminhando na direção contrária da orientação privatizante do mundo tecnológico consagrado no século passado, a escola pública manteve-se firmemente orientada por suas bases públicas, coerente com o seu sentido primeiro e mais fundamental, arraigado na memória sempre presente de uma instituição que fora pensada para edificar o sujeito social. Sua determinação em preservar a integridade de seu conceito custou-lhe um preço altíssimo: as fontes de recursos financeiros foram paulatinamente desviadas para outros setores, e os segmentos com poder de voz deflagraram um pesado processo de desmoralização, buscando desautorizar o espaço escolar e o professor enquanto conceitos sociais.

Entre todos os incômodos provocados pela escola pública brasileira aos segmentos tradicionais da sociedade urbana civilizada, o mais execrado, sem sombra de dúvida, foi a incorporação dos sujeitos marginalizados ao contexto da educação formal. Inicialmente impingida a abrir suas portas às classes populares pela legislação nacional de educação, a qual formalizara, nos anos setenta do século passado, a obrigatoriedade escolar para todo brasileiro dos sete aos quatorze anos, a escola pública e seus professores já na década seguinte passaram a encarar de frente o desafio de acolher a pluralidade contextual de um sem número de "brasis", ocultos na marginalidade dos guetos, no silêncio dos grupos cuja voz fora secularmente calada e desprezada pela estrutura social hegemônica.

Resgatava-se, pela mão da escola, uma dívida instalada no território brasileiro desde as primeiras incursões do branco europeu em suas terras, dando-se a saber ao povo brasileiro - o verdadeiro, criado e fundido em solo tupi - que a ele também se deveriam clamar uma cidadania e uma identidade, legítimas frente ao espaço público. Por meio da escola pública, o obscuro mundo das comunidades brasileiras invisíveis tornava-se conhecido, lentamente, derrubando os muros e os portões da cidade urbana. O professor, o mais legítimo dos "fazedores de cidadania", cruzaria, então, a fronteira de seu mundo protegido e ideal, para pisar o solo profano da pobreza, no qual o Estado jamais entrara, sem esgoto, sem saúde, sem perspectiva de futuro, sem urbanidade - o resto do mundo civilizado, onde a maioria dos homens estava.

Obviamente, ao adentrar um mundo que fora esquecido, banido de tudo o que fora construído no interior da cultura científica, a escola pública obriga-se a subverter sua própria ordem interna, reconsiderando suas prioridades na formação daqueles seus sujeitos inusitados. E não haveria de ser de forma diferente, já que a nós mesmos, professores, parecia-nos deslocada a tarefa de edificar uma razão ideal junto a quem a realidade construíra de forma real, sob circunstâncias públicas as mais cruéis. Além disso, algo mais primeiro e fundamental se fazia necessário: construir um sentimento de autoridade com relação à forma como aquele povo, humilhado, compreendia sua própria situação frente à sociedade. Nenhuma educação formal se produz alienada de sintonia entre identidade cultural e identidade social. Na identidade social daquele homem banido da história do Brasil civilizado, a escola constituía um conceito estrangeiro, aplicável ao outro modelo brasileiro.

Se, hoje, **qualquer brasileiro** compreende que ocupar um assento na escola é parte de seus processos educacionais, isso se deve à ação daquela escola pública pioneira, que ajudou a construir e a incluir o homem brasileiro em seu próprio cenário cultural. Um tal legado não se produziu à base de ensino de conteúdos científicos. Fez-se pela aproximação, pela ajuda e pela miscigenação de duas culturas - bem à moda do Brasil inicial -, a científica e a brasileira. No entanto, tal como se deu na origem de nossa sociedade, a mestiçagem de culturas que inaugurou a formação escolar do povo brasileiro viu-se, de pronto, à frente do preconceito.

O preconceito manifesto nas vozes da sociedade aculturada aos moldes estrangeiros produz-se, exatamente, contra a ousadia desta escola que vem provocando a maturidade de todo um povo, antes servil e eternamente foragido. Uma reação mascarada na forma de avaliações as mais incoerentes se comparadas aos padrões utilizados pelas mesmas vozes hegemônicas ao caracterizarem o perfil de seu operário trabalhador. Enquanto que para o exercício do trabalho se exigem indivíduos com padrões de comportamento ecológico e hipertextual, da escola se cobram padrões de comportamento clássicos, centrados em conteúdos e provas, instrumentos de corte com que se diferenciam os sujeitos desejados dos indesejados, ou sujeitos urbanos civilizados de sujeito migrados, recém-chegados.

A avaliação da escola pública, para se dar sob critérios justos e dignos de seu papel na sociedade brasileira, deve pautar-se em escalas de **tempos** – tempos resgatados na história de exclusão de seu povo, ao longo de quinhentos anos de muros entre a sociedade e seus servos. Tempos de futuro, que a escola ajudou a planejar, ao transformar a perspectiva de vida de seus alunos, dos pais destes e de seus descendentes. Tempos de presente, repensados desde uma escola aberta à realidade, viva e transfigurante, que nos assusta, mais pela amoralidade do que pela violência contra a vida.

Indiscutivelmente, o lugar no qual a educação brasileira se desenvolve mais legítima é no interior da escola pública, onde o povo do Brasil se encontra e se redescobre como sujeito social. Nela, todos os processos educacionais se dão simultaneamente, formais e informais, todos os conceitos se fundem, todos os plurais se acentuam e mais fortemente se agregam àquela identidade mestiça que gerou a cultura tipicamente brasileira. Nela, e a partir dela, o Brasil pode, finalmente, se fazer Brasil.

2

Como a escola lida com o contexto da cultura de seus alunos?

o papel dos processos educacionais informais e o estudo da cultura no contexto escolar

Walcéa Barreto Alves

Educação é a autotransformação, a emancipação do indivíduo (ou seja, a sua liberdade). A constituição de um ser autônomo consiste no objetivo que a Educação persegue, mas é, ao mesmo tempo, o ponto do qual ela parte, pois cada ação educativa parte da criação e da liberdade de cada indivíduo que a compõe. Partindo deste princípio, podemos considerá-la como uma atividade prático-poiética conforme as considerações de CASTORIADIS (1987). Ou seja, uma atividade que busca uma

Walcéa Barreto Alves é psicóloga e doutora em Educação.

A busca da educação é a autotransformação, a emancipação do indivíduo (ou seja, a sua liberdade). A constituição de um ser autônomo consiste no objetivo que a educação persegue, mas é, ao mesmo tempo, o ponto do qual ela parte, pois cada ação educativa se origina da criação e da liberdade de cada indivíduo que a compõe. Partindo desse princípio, podemos considerá-la como uma atividade **prático-poiética** conforme as considerações de Castoriadis (1987). Isto é, busca uma finalidade que incide no seu próprio fazer. A educação é a atividade que faz com que o seu objeto se construa como tal, uma atividade de autocriação, que possibilita ao indivíduo a consciência do seu "poder ser".

A educação acontece dentro de um contexto que é constituído de muitas significações e valores referentes a determinado local e momento histórico. O sentido da educação é construído por quem a faz, por quem é constituinte da ação educativa. Numa definição de Geertz (1989, p. 15): "Acreditando, como Max Weber, que o homem é um animal amarrado a teias de significados que ele mesmo teceu, assumo a cultura como sendo essas teias e sua análise...". Podemos confirmar, desse modo, que a educação está intimamente ligada ao contexto, à cultura em que está inserida, não ocorrendo de forma isolada.

Ainda que com objetivos preestabelecidos, a educação não pode predefinir o modo por meio do qual esse processo vai ocorrer, sendo inviável a possibilidade de se prescrever um modelo a seguir, pois a criação humana - o cerne da atividade educativa - resulta sempre num **fim** imprevisível, que consistirá no que cada indivíduo se permitir criar.

E aí vem nosso questionamento quanto ao papel que os processos educacionais têm realizado nos dias de hoje, em nossa sociedade. Apesar de muito tempo já haver se passado, de estarmos já no período pós-industrial (Giddens; Beck; Lash, 1997), as nossas escolas continuam buscando construir um cidadão-modelo da sociedade do século XVI, baseadas em um modelo de ensino orientado por esquemas preestabelecidos e em práticas educacionais caracterizadas por representações positivistas de educação, que procuram um determinado modelo que resultaria sempre em determinado fim. No entanto, as relações que se estabelecem no interior da atividade educativa, na sala de aula, são instituídas por indivíduos únicos, cada um com vivências diversas. Cada sala de aula tem sua especificidade; cada dia, numa mesma sala de aula, é particular, composto de novas vivências. Diante disso, vemos que um modelo predefinido de prática educativa não soa coerente com a dinâmica desse espaço escolar, em especial nos dias de hoje.

Para Olson e Bruner (2000), a forma como lidamos com os processos educacionais está inteiramente ligada a um conjunto de crenças que temos sobre a mente do aprendiz – por exemplo, a concepção que um professor tem sobre o seu aluno vai reger totalmente as suas práticas de ensinar. De modo geral, isso não ocorre de maneira diferente no cotidiano da escola contemporânea, visto que o modo como ela emprega seus conceitos gerencia o currículo e a atitude de seus professores reflete um modo de pensamento sobre a mente de seus alunos – o que podem, o que e como devem aprender. O que vemos hoje é que muitas escolas se fixaram no modelo tradicional de ensino, que concebe o aluno como mero receptor de conteúdos, enquanto que o professor é o único possuidor do conhecimento que precisa ser transmitido.

É evidente, entretanto, que não nos devemos pautar em generalizações, já que inúmeros têm sido os movimentos em favor da reflexão sobre uma nova concepção do aluno. Olson e Bruner (2000), nos dão diversos exemplos de como as concepções sobre o aluno regem o modo como os processos educacionais são direcionados, destacando-se quatro modelos de mente em que são baseados quatro modelos distintos de ensino e aprendizagem:

- Crianças como agentes – a aprendizagem pela imitação: ao professor cabe a demonstração.
- Crianças como conhecedoras – o conhecimento prático: o que precisa ser aprendido pelo aluno está contido nas mentes dos professores e nos livros; ao aluno cabe a compreensão, enquanto que ao professor, a exposição dos conteúdos.
- Crianças como pensadoras – as crianças têm teorias sobre o mundo e sobre o funcionamento da mente, que precisam ser harmonizadas com as dos pais e professores por meio do discurso, da colaboração e da negociação; aluno: intérprete; professor: colaborador.

- Crianças como conhecedoras – o conhecimento objetivo: o aluno é o construtor do conhecimento; o professor, o gerente de informações.

A reflexão que nos vem neste momento é sobre que tipo de pensamento tem-se trabalhado na escola, quando nos deparamos com uma evasão tão grande e com o crescimento da marginalidade e do poder de um Estado paralelo que parece instalar-se caoticamente no interior das comunidades de risco das grandes cidades brasileiras. Que cidadãos a escola tem formado? A escola tem preparado seus alunos para que tipo de cidadania? Se temos dois Estados (o civil e o paralelo), somos cidadãos de qual afinal? E qual é a posição da escola diante desse quadro? Que papel tem assumido ou deve assumir?

Educação, cidadania e exclusão: o contexto da globalização

Contextualizando nossa realidade atual com a temática da modernização reflexiva (e seus componentes) discutida por Lash, deparamo-nos com o "problema da insegurança ontológica" (Giddens; Beck; Lash, citados por Lash, 1997, p. 135-206). Essa insegurança seria uma das consequências da reflexividade da modernidade, em que o indivíduo já não tem mais uma definição concreta de si mesmo – já que depende do outro para "se ver" e o "receio do outro" impede esse retorno. Além desses impasses, há ainda a falta de um referencial global; as pessoas não têm mais um modelo único de comportamento a seguir – tudo, na atualidade, é muito passageiro e instável. Nesse movimento em que a sociedade se encontra, presenciamos um programa forte de individualização, no qual os laços comunitários são substituídos pelo **eu**. Como consequência desse processo, deparamo-nos também com a falência das estruturas sociais. Dessa sociedade que valoriza a postura individualista surge um poder que toma o lugar do Estado, poder este que levanta a bandeira "Que vença o melhor!", sem respeitar qualquer limite, passando por cima de quem quer que seja, de que forma for.

A globalização, inerente a todo esse processo da modernidade, chega a nós de forma avassaladora, sendo que a velocidade da mudança nos pega, muitas vezes, desprevenidos. Vivenciamos um momento de volatilidade do conhecimento e da informação, havendo, em razão disso, demanda por uma **subjetividade flexível**, **flutuante**, que se adapte às constantes mudanças ocorridas. Paradoxalmente, entretanto, a impessoalidade nas relações sociais tornou-se ponto marcante em nosso dia a dia.

Em meio a todo esse movimento da modernidade reflexiva, deparamo-nos com o avanço da tecnologia, como, por exemplo, a internet, que possibilita uma comunicação instantânea entre pessoas que estejam a qualquer distância, em qualquer parte do planeta, podendo trocar informações com enorme velocidade, enviando e recebendo documentos virtualmente, quase que de forma instantânea. A televisão, da mesma forma, passa notícias em tempo real, colocando todo o planeta a par de qualquer situação que aconteça em qualquer espaço do globo terrestre. Tal fato torna o mundo uma "aldeia global", conectando, ao mesmo tempo, tudo e todos.

As nações do mundo hoje estão interligadas de modo que formam uma espécie de circuito - qualquer elemento que sofra alteração afeta todo o restante. Aquele que se mantém fora desse círculo (ou circuito) se torna como que uma ilha, contando unicamente com suas próprias estratégias de sobrevivência. No entanto, quem faz parte do mundo globalizado tem que abarcar a postura que ele exige - a postura de uma mudança constante e aceitação das "normas de convivência" impostas por ele.

Como reflexo de tudo isso, em nosso país, vivenciamos uma situação que atinge todos os setores da nossa sociedade. A globalização chega e envolve a economia, a política, a cultura, a educação, enfim. É um movimento que usa a informação como principal fonte de veiculação de ideias, determinação de normas e controle do andamento dos acontecimentos em cada parte do mundo.

Por sua vez, na educação, um tal contexto faz-se refletir no modo como se compreende a formação escolar, a qual passa a ser reduzida à categoria de **produto**, oferecida de forma aligeirada e continuada. A globalização vem trazer uma volatilidade da informação e, consequentemente, do conhecimento. A demanda pela abreviação do tempo de duração dos cursos, por exemplo, reflete o anseio por uma **instantaneidade** no processo de construção de conhecimento.

Há também a necessidade proeminente de uma formação profissional continuada, que permita uma constante atualização do conhecimento. Com a velocidade exigida por esse movimento da modernidade reflexiva - que supervaloriza as estruturas de informação e comunicação -, essa atitude se torna um imperativo para que não se percam colocações no mercado de trabalho. O indivíduo, diante dessa nova demanda, é inserido numa "área de risco" para a exclusão do mercado profissional, pois fica exposto a essa renovação constante que nem sempre consegue acompanhar.

Observando a realidade de nosso país, vemos que a maioria da população brasileira não tem instrumentos para lidar com essa situação tão emergencial. Sabendo-se que muitos nem ao menos têm contato com a escola por necessidade de trabalhar para "ajudar no sustento da família", como fica, então, a sua situação? Infelizmente nos deparamos com um número cada vez maior de excluídos - excluídos da sociedade, da escola, do trabalho.

O governo federal tem tomado iniciativas, como a distribuição da bolsa-escola, entre vários outros programas de bolsas de "atendimento à pobreza", mas se depara com um "Brasil sem nome nem sobrenome", nos termos de Cynthia Garda (2002) em matéria publicada no *Jornal do Brasil*. Como atender às pessoas que realmente necessitam dos programas do governo, se muitas nem ao menos possuem certidão de nascimento, identidade ou CPF? Tais indivíduos não podem receber qualquer auxílio, devido à falta ou ao comprometimento de sua documentação?

Esse é o reflexo da exclusão que assola nossa sociedade. Destacamos um trecho de Giddens, Beck e Lash, citados por Lash (1997), que pode ser um marco delineador de caracterização da sociedade atual, retratando toda a situação de exclusão de quem não entra no ritmo frenético dessa "modernidade reflexiva":

> *Se a classe média transformada trabalha nas estruturas de informação e comunicação, e a classe trabalhadora para e com essas estruturas, então há uma terceira classe paradigmática na modernidade reflexiva que está fundamentalmente excluída do acesso às estruturas da I&C. Se a classe média (...) e a classe trabalhadora (...) são os 'vencedores da reflexividade' da ordem capitalista informacionalizada atual, então esta terceira classe (...) são os 'perdedores da reflexividade', o terço inferior e em grande parte excluído da 'sociedade de dois terços' da nossa virada do século XXI. (1997, p. 158). Os direitos da cidadania (...) foram transformados nos direitos de acesso da modernidade reflexiva às estruturas de informação e comunicação. A nova classe baixa da modernidade reflexiva (...) está privada das obrigações e dos direitos do que hoje não é mais cidadania social, mas predominantemente cultural.* (p. 161)

Esse é um movimento que anula qualquer indivíduo que não acompanhe de modo participativo as mudanças frequentes que ocorrem na sociedade e as exigências dela provenientes. Ele passa a fazer parte de uma população esquecida, excluída totalmente dos movimentos sociais, sem acesso a hospitais, sem nenhum princípio higiênico de prevenção de doenças, entre tantos outros aspectos.

Um fator extremamente agravante de toda essa situação é a utilização dos setores de comunicação e informação na transmissão de ideais de uma cidadania baseada no poder de aquisição, propagando-se o consumismo desenfreado. Esse "ideal de cidadania" se reflete em todas a camadas da sociedade: vai desde um adolescente de uma comunidade carente que deseja possuir roupas de grife a um indivíduo que tenha adquirido um computador de última geração, mas que daqui a seis meses (se muito) já estará preocupado em adquirir um lançamento ainda mais recente, visto que a sua última aquisição já é tida como ultrapassada. Muito temos percebido nesse mesmo sentido, por meio de propagandas de automóveis, televisores, eletrodomésticos, enfim, de tudo aquilo que, contemporaneamente, se apresenta como índice de bem viver.

O investimento que se faz por meio das propagandas e de todo o processo de comunicação vende a imagem de uma identidade baseada no ter e não no ser, quando se coloca que "quanto mais você tem, mais você é".

Em paralelo a tudo isso, persiste no País a situação de uma série de brasileiros "escondidos" pelos recantos do Brasil, desconhecidos pelo governo federal - uma grande população miserável, sem emprego, sem meios de sustento e até mesmo sem documentos -, comunidades perdidas no tempo e no espaço, sem qualquer possibilidade real de acesso à informação. Se Lash (1997) defende que a cidadania da modernidade reflexiva se baseia "no direito de acesso às estruturas de informação e comunicação", como fica a questão da cidadania para essa população alienada de tudo e de todos?

A sociedade passa por uma onda de supervalorização da informação e do consumo que vem acercar nosso país e o mundo todo, de forma que não há resistência contra ela.

> *E à medida que a sociedade civil – a própria esfera pública – se torna cada vez mais presente nas estruturas de I&C [Informação e Comunicação], a exclusão em relação a elas transforma-se em exclusão da cidadania, na verdade a exclusão política e cultural da sociedade civil. Ou seja, se na modernidade simples as obrigações da cidadania eram especialmente em relação a Estado-nação; na modernidade reflexiva, em vez disso, estão relacionadas ao indivíduo, ao automonitoramento responsável.* (Lash, 1997, p. 161)

Qual seria o alvo do indivíduo hoje, em específico no Brasil, no que diz respeito à sua cidadania? Que tipo de cidadão o brasileiro deseja ser?

A escola tem como um dos seus papéis formar o indivíduo para o exercício da cidadania. Mas será que esse indivíduo – o aluno – está procurando o modelo de cidadania a que a escola aspira? Que valores entremeiam a formação desse indivíduo como cidadão?

Tomando o conceito de cultura nacional citado por Hall (2002), podemos identificar o modo como esta influencia a construção da identidade do cidadão. Em nossa sociedade, exemplo claro disso foi visto quando das preliminares, início e término da Copa do Mundo de 2002 e da posterior comemoração pela conquista do pentacampeonato pela seleção brasileira masculina de futebol. Cada jogador ganhou uma medalha de cidadão honorífico ao chegar à sua cidade natal; cada um recebeu homenagens, tornando-se ponto de referência de orgulho da nação. Curioso, para não dizer constrangedor, é o relato das trajetórias desses jogadores até o reconhecimento mundial: "Ele fugia da escola e ia pro campinho pra ficar jogando bola" – disse uma mãe orgulhosa em uma entrevista transmitida por uma emissora de televisão.

Deparamo-nos aí com uma identidade que é construída com base num parâmetro contraditório e antagônico à intenção que a escola busca imprimir na formação do cidadão – e esta passa a ser o ponto de desejo do indivíduo.

Diante disso, voltemo-nos à pergunta: qual o papel da escola diante da construção de uma cidadania cultural (Giddens; Beck; Lash, citados por Lash, 1997), uma cidadania que se baseia num "**automonitoramento responsável**"?

O modelo de cidadania que a escola impõe ainda se baseia nos moldes da concepção da "modernidade simples", numa cidadania que atenta para o Estado-Nação. No entanto, vemos que o desenrolar das discussões nos dias de hoje é totalmente outro, caracterizado, como já foi dito anteriormente, pela falência das estruturas sociais e o predomínio do **eu**.

As próprias iniciativas governamentais têm tido base no atendimento ao indivíduo como sujeito particular, não promovendo mudanças de cunho estrutural que proporcionem a possibilidade de independência na provisão de sustento próprio. Ao contrário, o que temos visto é que essas "benesses" do governo não têm atendido a uma grande parte da população que mais necessita delas – aqueles que vivem no anonimato em nosso país, sem documentação, sem qualquer reconhecimento por parte do governo, sem qualquer registro que os identifique como cidadãos; pessoas realmente necessitadas, esquecidas, escondidas, inexistentes.

Tais fatos vêm, de forma gritante, nos apontar o tamanho e a proporção da exclusão. Exclusão que mata de fome, de sede – exclusão que mata por meio do anonimato. "Na modernidade reflexiva, as oportunidades de vida são uma questão de acesso, não ao capital produtivo ou às estruturas da produção, mas, em vez disso, do acesso e do lugar nas novas estruturas de informação e comunicação" (Giddens; Beck; Lash, citados por Lash, 1997, p. 147).

Cabe a nós, educadores, procurar novos caminhos que se coadunam com a realidade atual que estamos enfrentando. A educação deve buscar alçar voos mais altos que possibilitem avanços na luta de combate à exclusão, sem deixar de lado, jamais, seu papel na constituição do sujeito autônomo, do cidadão crítico e consciente da sua responsabilidade diante da sociedade em que vive.

A reinvenção da cultura – uma saída para a escola?

Em Sacristán e Gómez (1996), vemos a importância da valorização da cultura na sala de aula, quando se apropria de um dos conceitos mais cêntricos na teoria de Vygotsky, que considera ser a mediatização de determinações culturais de singular importância no desenvolvimento da criança. Tudo o que a criança começa a experimentar está atravessado de significações que são próprias de sua cultura. E, para que isso ocorra, é necessária a presença de um mediador que instrua e transmita esses significados culturais. A linguagem tem papel fundamental nesse processo, visto que possibilita uma troca simbólica profícua na constituição do desenvolvimento autônomo da criança, possibilitando uma aprendizagem em colaboração.

A criança, então, chega à escola permeada por significados que foram aprendidos em contato com seus pais, parentes e até mesmo sua vizinhança. É aí que começa o "choque" entre a cultura que a escola deseja impor e a cultura que é vivenciada pelo aluno no seu dia a dia. Os conhecimentos oferecidos pela escola são transmitidos de forma completamente desconexa com o cotidiano dos alunos. O conhecimento destes, então, não é transformado, visto que o que apreendem em sala de aula serve unicamente para atender às demandas de avaliação da escola: "Aprende-se a cultura assim enlatada para servir e jogar fora, para esquecer depois do exame" (Sacristan; Gómez, 1996, p. 62).

É como se a escola representasse um outro universo completamente distante da realidade presencial. É como se os muros da escola fossem intransponíveis aos acontecimentos exteriores. O aluno, ao entrar na sala de aula, tem que deixar todas as suas situações experienciais do lado de fora da porta de entrada e se "preparar" para a aquisição de conteúdos desconectados com os que traz de sua cultura.

Na verdade, a sala de aula deve constituir-se num espaço de negociação de significados, de forma que os alunos possam relacionar seus conhecimentos e vivências anteriores às novas situações e conteúdos expostos em aula, para que haja, assim, um crescimento do potencial intelectual de cada indivíduo.

Reiterando a posição de Vygotsky quanto à importância da linguagem nos processos de aprendizagem, a sala de aula deve abrir espaço para o debate, no qual se possibilitem trocas de experiências e ideias e se explore a riqueza das diversidades que compõem o processo educativo.

É necessário, então, que, por meio dos processos educacionais, persigamos a reconstrução do pensamento do aluno – que ele possa partir de concepções suas e formular novas concepções baseadas nos conceitos que for adquirindo. Para tanto, é necessário que a escola leve em consideração o universo de saberes e valores conceituais que já vem com o aluno. É importante que o conhecimento seja construído conjuntamente. Para que isso ocorra efetivamente, cabe ao professor valorizar o aluno e considerá-lo como sujeito rico em conhecimentos que podem ser relacionados ao conteúdo escolar.

Diante da possibilidade de discussão, desperta-se no aluno sua potencialidade de reconstruir o conhecimento de forma crítica. Podemos concluir, então, que a reinvenção da cultura – a possibilidade de o aluno poder reconstruir suas próprias concepções, relacionando-as às visões e às colocações dos seus pares e díspares – pode ser apontada como um caminho profícuo para a mudança das relações na sala de aula, onde os processos educacionais sejam direcionados ao crescimento do aluno, mais do que a uma imposição cultural acadêmica.

É importante para o educador saber e construir, juntamente com seus alunos, dia a dia, paulatinamente, qual é o sentido de educar, pois é a partir dessa perspectiva que a ação educativa pode acontecer. No entanto, esse sentido deve ser construído por meio de práticas educativas que visem à autonomia, que respeitem a liberdade de criação de cada indivíduo.

A pesquisa etnográfica e a compreensão dos processos educacionais

Muitas vezes, no cotidiano escolar e educacional, os significados que motivam as ações e se produzem a partir delas tornam-se como que invisíveis à percepção de seus atores. Muitas atitudes – que levam a consequências positivas ou negativas – se tornam tão familiares que são praticadas automaticamente, sem qualquer discernimento crítico acerca de seus resultados. É quando, de repente, a escola se depara com uma situação que chegou a tal ponto que não se encontra mais o fio da meada; não se sabe onde tudo começou, e a escola se defronta com um emaranhado de problemas e situações com os quais não consegue lidar de maneira sadia ou satisfatória. A complexidade e a singularidade dos fenômenos educativos por muitas vezes exigem um terceiro olhar. Um olhar que possa ver além das aparências, além dos comportamentos observáveis, de forma que seja sensível aos elementos que constituem a prática educativa, tais como as trocas simbólicas e os significados que entremeiam a realidade escolar. Esse olhar para a escola requer todo um direcionamento que atenda à sua complexidade.

Os fenômenos educativos têm caráter subjetivo por serem compostos por sujeitos que têm particularidades e singularidades, fato este que confere à educação imprevisibilidade e espontaneidade, tornando-a, então, um campo de pesquisa extremamente singular. O modelo de investigação científica imposto à educação desde sempre, na cultura moderna, costuma se basear em princípios cartesianos, não raramente orientados por valores positivistas, que objetivam pesquisar os fenômenos educativos por meio de comportamentos observáveis, de forma que possam ser medidos, controlados e previstos. Porém, como sabemos, a educação lida com seres humanos livres, lida com a imprevisibilidade dos processos educacionais, apesar de um tal modelo de orientação metodológica de pesquisa não levar em conta o imprevisível e impor às experiências de sala de aula condições de tal ordem que as passa a tomar como eventos controláveis. Em contraponto a essa concepção de pesquisa, surge a perspectiva interpretativa de investigação educativa, segundo a qual se vai até a escola, observando-a em seu ambiente natural, considerando a dimensão semiótica do fenômeno educativo, assim como a dimensão criativa, autotransformadora, aberta à mudança intencional (Sacristan; Gómez, 1996).

Nesse emaranhado de acontecimentos, significações e processos, em que o ser humano, em sua liberdade, se constitui como ser criativo e autônomo, os métodos de investigação qualitativa (interpretativa) vêm auferindo grande proeminência na área da pesquisa em educação nas últimas décadas. A etnografia, concomitantemente a esse movimento, chega como metodologia de pesquisa que se exerce num movimento de "tornar o familiar estranho e o estranho familiar" (Mattos, 2001, p. 53-58), inserindo-se na realidade que se objetiva estudar, a ponto de poder estar próxima às significações e às relações que ocorrem no *locus* de estudo: "O *locus* do estudo não é o objeto do estudo. Os antropólogos não estudam as aldeias (...), eles estudam nas aldeias" (Geertz, 1989, p. 32).

Dessa forma, persegue-se a possibilidade de descrever determinado contexto em conformidade com as significações que ali realmente ocorrem entre os sujeitos.

A prática da etnografia, procurando estudar a realidade por meio dos significados que dela emergem, pode contribuir em muito para a investigação sobre a construção dos sentidos de educar em cada *locus* que se propuser a estudar: "Praticar a etnografia é estabelecer relações, selecionar informantes, transcrever textos, levantar genealogias, mapear campos, manter um diário, e assim por diante. Mas (...) o que [a] define é o tipo de esforço intelectual que [ela] representa: um risco elaborado para uma 'descrição densa..."(Geertz, 1989, p. 15).

A pesquisa social e educacional é ao mesmo tempo processo e produto, tal como o é a própria educação; nos termos de Mattos (2001), uma prática em que um informa ao outro. Todavia, o processo da pesquisa nesse campo, propriamente, tem recebido pouca atenção tanto dos pesquisadores quanto dos críticos de pesquisa. É preciso termos em conta que o estudo acerca do processo de pesquisa não pode ser esquecido ou menosprezado, visto que este necessariamente interfere na pesquisa como um todo, desde seu andamento até o resultado final.

Como ferramenta de investigação na área da educação, dentro da concepção da perspectiva interpretativa, a etnografia aparece como uma possibilidade de metodologia de pesquisa que se propõe a desvendar e apontar novos caminhos para a educação (ou, quem sabe, levantar ainda maiores questionamentos que levem os profissionais da educação a uma reflexão profícua sobre as questões que permeiam a construção da cidadania). Nessa perspectiva, a intencionalidade da investigação educativa consiste na transformação e no aperfeiçoamento da prática. A partir dessas reflexões, ressaltamos a importância da pesquisa de abordagem etnográfica como propiciadora de ferramentas de transformação da realidade vigente e a importância do pesquisador no campo como elemento de referência (ou não) para constatação e apontamento de dilemas, ou possíveis caminhos para uma profícua transformação do contexto.

A etnografia (do grego: *etn(o)* - "sociedade em particular"; *graf(o)* - "escrever sobre") é um modelo de pesquisa de abordagem qualitativa, desenvolvida por antropólogos para o estudo da cultura e da sociedade, mas que tem despertado crescente interesse por parte dos educadores, visando ao estudo de sala de aula e dos processos educativos como um todo.

Em André (1995), destaca-se que o pesquisador é o instrumento principal na coleta e na análise de dados. Sua preocupação maior está nos significados que entremeiam o *locus* de estudo. O importante é se inserir na realidade do campo de pesquisa, tomando como ponto de investigação a concepção dos sujeitos pesquisados, os significados de sua cultura - os elementos e os indivíduos que compõem o "cenário" observado.

A fase de coleta de dados (quando deve haver uma descrição feita de forma densa, com fidedignidade aos fatos) é tão importante quanto a fase de análise desses dados. Nossa reflexão, assim como nossos questionamentos, têm início neste ponto: pode o pesquisador se desvencilhar de suas próprias significações, assegurando-se de que o que encontra no campo seja mesmo integrante daquela realidade? É possível haver essa descentração de si mesmo para uma concentração no posicionamento do outro?

Remetendo-nos a Castoriadis e à sua discussão sobre a questão da reflexividade, podemos traçar um paralelo entre a atividade de criação de sentido do sujeito e o movimento do pesquisador nessa abordagem (e creio que em outras também). Castoriadis (1992, p. 201-238) coloca a informação como criação do sujeito, que é feita a seu modo. Não seria o papel do pesquisador buscar informações na coleta de dados? Ao registrar tais informações, estas passariam pela sua criação de sentido?

Ao refletirmos sobre as palavras de Castoriadis quanto à informação como uma **apresentação**, é possível afirmarmos que muito se pôde relacionar ao movimento do pesquisador etnógrafo, de modo que compreendemos que a etnografia passa pelo mesmo processo de criação de sentido quando da coleta e posterior análise de dados.

O autor destaca que a informação é uma "colocação em figura" que esta está intimamente ligada à "colocação em relação", visto que a figura não pode ser compreendida isoladamente, sendo composta de elementos que têm uma correlação entre si. A organização lógica dessa figura seria a "colocação em cena", que já contém sentido – a "colocação em sentido" não poderia ficar sem uma apresentação, ou seja, a colocação em cena.

Traçando um paralelo com o movimento da abordagem etnográfica, por meio de minhas reflexões, pude tecer uma relação entre a fase de **coleta de dados** e a **colocação em figura**, citada por Castoriadis, pois esse primeiro movimento na pesquisa é colocar em evidência os fatos tal como ocorrem, de forma isolada, sem nenhuma ligação. Mas o trabalho continua posteriormente, por meio de uma **colocação em relação**, que se dá na **análise de dados** – quando há o entrecruzamento destes –, momento em que começa a emergir o significado. Finalmente, trabalha-se com a **categorização dos dados** e sua consequente **interpretação**. A essa fase podemos relacionar a **colocação em cena**, já composta de todos os seus elementos, estando entremeada pela **colocação de sentido**. Cabe-nos questionar aqui: quem é o sujeito dessa criação de sentido? Esta pode ser atribuída ao pesquisador - que coleta, analisa e interpreta esses dados - ou ao sujeito pesquisado?

O principal objetivo da pesquisa etnográfica é investigar a realidade tal como ela é colocada pelos seus sujeitos, procurando evidenciá-la de forma fidedigna, podendo até mesmo vir a servir como ferramenta de transformação da realidade vigente. É de suma importância a reflexão sobre o papel do pesquisador frente a todo esse processo.

O trabalho é realizado acompanhando-se de perto o cotidiano escolar, havendo uma inserção do pesquisador no campo, de forma que se torna parte dele. Esse envolvimento é fator de suma importância para o rumo dos acontecimentos no processo de pesquisa. Penso que seja indispensável ao pesquisador lançar mão de sua reflexividade para realizar o movimento da pesquisa.

Como nos diz Castoriadis (1992), a reflexividade é a característica da subjetividade humana. Por meio dela, pode-se construir um sujeito autônomo. Minhas reflexões, no entanto, giram em torno da condição para a reflexividade, que é apontada por Castoriadis como a **imaginação**. Poderia ponderar que esta seria indispensável para o pesquisador, pois é necessário que este possa imaginar-se no lugar do outro, ter a possibilidade de desenvolver uma "labilidade dos investimentos", de forma que não fique preso à postura rígida de sua própria identidade, mas possa investir na figura do outro como lhe sendo própria.

É inegável que o pesquisador possa se envolver com o processo de pesquisa até mesmo de uma forma apaixonada, olhando a realidade com base em suas próprias convicções, indignando-se muitas vezes, sendo impulsionado a querer interferir nos acontecimentos observados. Daí a importância da reflexividade – a possibilidade de uma autorreflexão que permita que um posicionamento pessoal não interfira no objetivo final da pesquisa etnográfica: o retrato da realidade pesquisada.

Tomando posse de sua reflexividade, o pesquisador conseguiria, se não extinguir, ao menos afastar-se de uma criação de sentido que lhe seja própria no momento em que passa a olhar por meio do outro, no intuito de refleti-lo.

A pesquisa etnográfica procura evidenciar fatos que muitas vezes ficam escondidos e camuflados no cotidiano, tornando-se invisíveis. Quando o pesquisador e o sujeito pesquisado se deparam com os resultados da pesquisa, vemos que há um estranhamento da própria prática: o familiar torna-se estranho e o estranho, familiar. Muitas vezes, os indivíduos não se reconhecem ao se verem refletidos, pois que elementos dantes familiares, já invisíveis, tornam-se vívidos e evidentes. Esse fator, por si só, já provocaria uma mudança nos indivíduos envolvidos nesse processo.

Utilizando-nos das contribuições de Cassin (1990), podemos refletir sobre a identidade do pesquisador, que, no campo de pesquisa, precisa "catastrofar-se" para que se possa refletir o outro – cabe permitir-se "catastrofar" a própria identidade para ver o outro em seu reflexo.

Uma consideração muito relevante no que diz respeito às relações investigador-realidade encontra-se no excerto a seguir:

> *Para o enfoque interpretativo, todo o processo de investigação é, em si mesmo, um fenômeno social e, como tal, caracterizado pela interação. Dessa forma, inevitavelmente, a realidade investigada é relacionada em certa medida pela situação da investigação, pois reage ante o que investiga (...) De maneira similar, o experimentador é influenciado pelas reações da realidade estudada, pelo conhecimento que vai adquirindo, pelas relações que estabelece e pelos significados*

que compartilha. Se a influência de interação existe de qualquer maneira, sendo praticamente impossível neutralizá-la sem pôr em risco o próprio processo de investigação, o correto é reconhecê-la, compreender seu alcance e suas consequências (...) a contaminação mútua do investigador e da realidade é uma condição indispensável para alcançar a compreeensão da troca de significados. (Sacristan; Gómez, 1996, p. 103-104)

O papel do pesquisador no processo da pesquisa, sua postura, assim como sua relação com os dados e sua posterior análise são imprescindíveis para o andamento do processo de investigação. A influência mútua entre o pesquisador e o seu campo de pesquisa é natural e necessária, para que possa compreender todos os significados que estão presentes na realidade estudada. O movimento do pesquisador nesse processo se dá na constituição de seu papel como pesquisador/observador, mas também como sujeito constituinte da própria realidade que pesquisa/observa.

A investigação dos elementos que compõem a realidade educativa possibilita a construção de novas concepções, assim como de uma mudança da situação vigente, de forma que a pesquisa pode ser concebida como uma ferramenta de impacto. Pode contribuir para o seu campo de atuação, permitindo o mapeamento de situações interventivas, assim como para um delineamento de modificações em favor da mudança das estruturas que envolvem o ato educativo.

A partir dessas reflexões, podemos considerar a importância da pesquisa de abordagem etnográfica como propiciadora de ferramentas para a transformação da realidade vigente e a importância do pesquisador no campo como elemento de referência para constatação e apontamento de dilemas, bem como de possíveis caminhos para uma profícua transformação.

Na pesquisa de abordagem etnográfica, o pesquisador precisa lançar mão de alguns procedimentos metodológicos, tais como: observação participante - o pesquisador vai até o campo de pesquisa e observa as situações ocorridas, as falas dos sujeitos etc.; registro no caderno de anotações de campo - no qual anota todas as suas percepções obtidas no momento da observação; gravações em áudio e em vídeo; entrevistas com os sujeitos da pesquisa; triangulação, comparação plural de fontes - em que compara os dados coletados das diversas formas (anotações de campo, entrevistas e gravações).

Desse modo, o pesquisador procura se inteirar da realidade e, a partir dos dados coletados, analisa-a e interpreta-a. Quanto à credibilidade e à transferência dos dados - elementos exigidos no modelo positivista -, a replicabilidade não é nem sequer desejável ao enfoque interpretativo (Sacristan; Gómez, 1996, p. 113), visto que cada situação na educação é peculiar, não cabendo à investigação educativa basear-se em um modelo teórico ou criar um. A intenção nessa perspectiva não é a formulação de teorias, mas a aplicabilidade prática referente ao *locus* estudado.

No contexto em que vivemos hoje, vemos o quanto é imprescindível que procuremos uma saída para e por meio da educação. A valorização da informação tem vindo com uma força que subjuga a importância do conhecimento. Qual será o destino de nossas escolas? Qual é a perspectiva de futuro para as crianças e jovens de hoje? O que a educação tem feito diante do quadro atual? São perguntas sem respostas, ao menos neste momento. Mas são perguntas que precisam no mínimo ter alguma perspectiva positiva de resposta.

O que jamais podemos permitir que aconteça é o desvanecimento da luta contra a exclusão e a favor da sustentação da educação como força propulsora para uma sociedade mais justa e igualitária. E cabe a nós, educadores, investir num processo de conquista de emancipação do sujeito, na construção de uma cidadania autônoma que contribua para alcançarmos a sociedade que almejamos.

A busca de metodologias que estejam intimamente ligadas ao estudo dos significados, ao estudo da cultura - que papel esta desempenha na vida social, relacionando-a com o comportamento de indivíduos e grupos, constituindo-se como um sistema simbólico, permeado pelas significações e vivências dos indivíduos de determinada sociedade - pode ser um caminho que aponte para uma solução que possa abranger o estudo da educação em sua complexidade e singularidade.

3

Interação professor-aluno

ressignificando o conhecimento, criando sentidos

Selma Cotta Chauvet Coelho

mações na ciencia e na tecnologia tem produzido, ao longo do tempo, novas formas de organização social e enfraquecido os vínculos do aluno com a escola, com isto modificando as formas de construção do conhecimento dos alunos e o seu grau de interesse pela educação formal. Faz-se necessário, assim, investigar que papéis exercem hoje o professor e o aluno no contexto escolar, considerando-se novos modelos de aprendizagem em que as suas subjetividades sejam tomadas como meio da

Selma Cotta Chauvet Coelho é mestre em Educação e professora do Colégio de Aplicação da Universidade Federal do Rio de Janeiro.

Transformações na ciência e na tecnologia têm produzido, ao longo do tempo, novas formas de organização social e enfraquecido os vínculos do aluno com a escola, com isso modificando os modos de construção de conhecimento dos alunos e o seu grau de interesse pela educação formal. Faz-se necessário, assim, investigar que papéis exercem hoje o professor e o aluno no contexto escolar, considerando-se novos modelos de aprendizagem em que as suas subjetividades sejam tomadas como meio de criação e de transformação de sentidos conceituais; modelos, enfim, que possam contribuir coerentemente para que o aluno venha a reconstruir seus valores e se integrar efetivamente à sociedade com plenas chances de vir a exercer sua cidadania de modo ativo, solidário e crítico.

Este trabalho focaliza alguns aspectos relacionados ao impacto das subjetividades contemporâneas sobre as práticas escolares, especialmente no que concerne ao processo educativo subjacente às relações interpessoais entre seus atores. Desde um ponto de vista sociointeracionista, discutem-se a natureza e o papel da escuta do professor à fala e à atitude do aluno – tomadas como conceitos de mundo vinculados às suas experiências cotidianas em sociedade – no processo de aprendizagem escolar.

Mudanças nas visões acerca do conhecimento

A era moderna instaura mudanças as mais significativas no conceito público de racionalidade, determinadas, sobretudo, pela imposição de novas formas e limites aos saberes. Na cultura científica, nos termos de Lyotard, citado por Goergen (1996, p. 7), o conceito de saber legitimado faz deslocar o lugar das práticas narrativas, que dão ao homem comum um sentido de desenvolvimento cotidiano, de travessia, em favor de um saber focado nas verdades que a ciência legitima no interior de suas próprias concepções, universais e alienadas de contexto. "Apenas o saber que respeita as regras reconhecidas pela comunidade científica como legítimas é aceito como verdadeiro" (Goergen, 1996, p. 7)

O saber narrativo, que inclui vários outros saberes como a arte, os costumes e a ética, legitimava o homem pela participação na vida social. O saber científico, ao contrário, tornou-se cada vez mais um componente social não imediatamente partilhado pelos cidadãos comuns, necessitando de decodificadores para ser acessado, já que possui códigos linguísticos herméticos, inacessíveis, sem a adequada instrução.

O dissenso tornar-se-ia também uma das marcas do saber científico. Não há verdade única na qual o homem deve se pautar, pois a verdade é provisória, incomunicável entre si e com regras próprias que se alteram pela vontade do dissenso e não pela atração de uma utopia ordenadora do pensar e do agir. Logo, a sociedade moderna caracteriza-se por ser profundamente dividida e fragmentada, aberta a um futuro por se construir, e não ao presente da vida cotidiana. Para Hegel, citado por Lyotard,

> *o homem moderno, apoiado no princípio da subjetividade, abandona o passado exemplar e faz tarefa sua, consciente, o planejamento do futuro e a criação de uma normatividade para o pensar e o agir. Os novos paradigmas do pensar e agir corretos passam, portanto, a fazer parte da história. Não há mais princípios intocáveis e estáticos, cristalizados na tradição ou fundados na transcendência.* (1996, p. 17)

Na verdade, o homem moderno, ao lançar-se sobre uma nova forma de pensar o mundo, dita científica, passaria a desprezar todos os sistemas de crenças e valores narrativos, em lugar dos quais surgiria uma nova unidade de valores, baseada na confiança ilimitada na razão lógico-formal, centrada no sujeito cartesiano, de caráter individual e de todo contrastivo à figura do sujeito cognitivo do cotidiano do mundo social, impondo-se sobre a unidade racional da Modernidade por torná-la absoluta e desagregada de relações dialógicas. Para Habermas citado por Lyotard (1996, p. 19), "o sujeito aliena-se de si mesmo e monologicamente volta-se para si como objeto". Desse modo, o homem se separa, nas suas ações e pensamentos, da vida coletiva, para viver uma experiência de subjetividade movida e controlada pela racionalidade científica, em nada similar à experiência narrativa de mundo, na qual a própria relação dos participantes orienta e determina os critérios de verdade, justiça e coerência.

Ao assumir a razão lógica e a eficiência criadora do ato de pensamento como norma suprema de sua ação, o homem impôs-se relegar ao desprezo valores históricos e regionais, não tardando a reduzir o conceito de conhecimento a um conjunto de postulados anônimos e supostamente universais, cuja natureza remetesse à essencialidade material de todas as coisas e, tão somente como coisas, pairasse acima da moral e da ética. Para a educação, tal concepção de saber moderno traz várias consequências, entre as quais a separação entre **formação** e **informação** é das mais significativas. Valores éticos, responsabilidade social, o Estado, o sujeito coletivo e normas estáveis passam a não fazer parte das preocupações e dos cuidados das práticas de educação formal, à medida que a informação científica, o saber qualificado, passa a ocupar, na escola, o papel de edificar o homem, habilitando-o ao desempenho de funções no sistema social, preparando-o para o trabalho e, desse modo, substituindo todo e qualquer outro valor orientado à educação para a vida social, para a integração humana ou para a consciência pública. A educação passa a ter como encargos decodificar o saber e facilitar-lhe o acesso ao maior número possível de cidadãos, ainda que sob prejuízo de sua plena compreensão.

Mas será que a educação formal logrou alcançar o cidadão da cultura científica? Não, principalmente porque, para aprender, o ser humano necessita sair de si, socializar-se e realizar trocas com o mundo, características claramente negadas ao homem do conhecimento da Modernidade. Em consequência de uma sociedade cujos membros alienaram-se do outro em favor de sua própria individualidade, o que vemos no aluno, especialmente hoje, é a busca imediata do prazer, a incapacidade de criar coletivamente, de ouvir ou ver o outro sem usar apenas as próprias perspectivas, os próprios interesses. Há nessas ações uma clara crise de identidade, pois inexistem modelos que possam definir um novo perfil coletivo de aluno como sujeito escolar – cada um deles move-se em favor de si, num movimento não só de alienação do outro, como também de si mesmo, à medida que nega sua condição primária de ser social.

Todas essa modificações introduzidas pela Modernidade no conceito de conhecimento e de vida pública vão repercutir no imaginário de bem-estar e, consequentemente, na escola, então socialmente representada como instituição responsável por formar o homem imaginário da cultura científica.

Os imaginários da educação brasileira

A escola pública brasileira surgiu da necessidade da criação da nação e de seus cidadãos. A instituição da República no Brasil foi fruto da ação das elites dominantes que, por meio da escola, objetivavam garantir a socialização dos cidadãos por meio de uma civilização científica. Essa escola nasceu sustentada em valores e representações agregadas de uma elite política cuja escolarização, baseada em modelos europeus, forjou-lhe um grande distanciamento das práticas gerais da cultura nacional, tomada como ilegítima e vulgar, algo a ser substituído, "educado". Os valores das elites sociais brasileiras tornar-se-iam, então, a base da escola, não somente instaurando um conceito de educação formal aculturante, como tornando-os prepoderantes no imaginário coletivo nacional. Ser intelectualizado significaria rejeitar a cultura nacional e modelar-se por padrões de comportamento que a elite dominante oferecia.

Mascarados por um suposto consenso social, escondiam-se nas escolas diferentes visões de mundo, diferentes representações sociais de brasileiros não formados no cotidiano como sujeitos da cultura científica europeia. Daí resultaria um sentimento de autorrejeição que perseguiria professores e alunos no contexto escolar, ora frente à incapacidade de se ver nos alunos sujeitos verdadeiramente capazes de aceder com sinceridade àquele processo civilizatório, ora frente à incapacidade de verem a si mesmos refletidos nos conceitos e conteúdos escolares (na maioria das vezes esvaziados de conceitos).

A ideia de um **falso consenso** como criação coletiva do imaginário se traduz na questão lançada por Valle (1997):

> *Pode a realidade complexa de um povo se traduzir em uma imagem global que ele se dá a si mesmo, ou que lhe atribuímos? E: poderá este tipo de imagem jamais vir associado a um conhecimento objetivo, ou a um conjunto refletido de valores, ou somente testemunhará o empobrecimento radical, a alienação da vida social?*

O imaginário, assim posto, permanece aprisionado numa falsa realidade, afastando-o de sua essência, levando as pessoas a abdicarem de suas próprias ideias.

A descaracterização da cultura nacional trouxe, assim, para o interior da escola, um grande desprezo pelos traços culturais dos brasileiros. No século XIX, ao se reduzir o sentido da educação escolar à formação de mão de obra para os novos meios de produção na era industrial, a escola visava interferir na formação cultural do brasileiro, valorizando a cultura europeia em prejuízo dos traços sincréticos da população brasileira. Ressaltemos, todavia, que o processo de educação para o trabalho, no Brasil, não levou em conta a legitimidade dos diversos imaginários não reconhecidos pela cultura escolar, marcados por traços culturais africanos e indígenas e centralmente responsáveis pela formação do povo do Brasil. Como resultado disso, a relação do aluno brasileiro com a escola pública marcou-se desde sempre por um elevado grau de estranhamento à linguagem e aos valores das práticas escolares, levando-o a crer que à educação nada mais se poderia confiar exceto a expectativa de um trabalho ao final do processo de formação. Pouquíssima expectativa se produziu quanto ao uso da educação escolar como veículo de inserção social, na medida em que, para além dos muros escolares, os imaginários agregados às práticas sociais cotidianas em muito pouco dialogavam com os valores agregados ao imaginário cultural da escola. Produziu-se, assim, em todos os brasileiros (excluídos ou acolhidos pela escola) um sentimento de que a escola pouco significa com relação às suas expectativas de vida - nela não se identifica nenhum dos imaginários culturais existentes na sociedade, e sua intervenção junto ao povo, coerente com a cultura científica, aliena-o, centrada que é na mera adequação, no encaixe do aluno a um modelo que só se lhe faz relevante frente à possibilidade de obtenção de um emprego.

Diante dessa tensão entre o aluno que não se deixa encaixar e a escola que se mantém diante de suas próprias determinações, o que menos passou a importar para o aluno foi o seu processo de escolarização, ganhando relevância apenas a obtenção do certificado de conclusão de curso, com o qual se tornaria possível ingressar no mercado de trabalho.

A partir das primeiras iniciativas pela inclusão escolar em massa no Brasil, ainda nos anos 1970, iniciam-se processos de legitimação de autoidentidades, não só na escola, como também na própria sociedade, por meio da identificação e do reconhecimento dos imaginários implícitos nas culturas marginais.

A libertação dos imaginários subjacentes às representações nacionais não vinculadas à cultura branca europeia, no entanto, não tem promovido a síntese da população brasileira, e sim o aumento de rivalidades entre grupos hegemônicos, numericamente minoritários, e grupos socioeconomicamente dominados, numericamente majoritários. Imputa-se à escola, a partir de então, a necessidade de se neutralizarem as diferenças sociais, com base em um ideal de integração social formado desde um só sentimento de conquista da cidadania. Todavia, as recentes mudanças ocorridas no conceito público de conhecimento e nas representações construídas pelos sujeitos sociais contemporâneos têm provocado severa resistência ao mecanismo escolar de formação para a cidadania, para a aprendizagem de conteúdos programáticos, da escrita e dos conceitos próprios da cultura científica, como uma forma de resistência e de preservação do seu universo cultural fundado em bases tipicamente nacionais e pós-modernas, na mesma proporção em que os afasta, também, da possibilidade de construção de um sentido social de cidadania reconhecido em todas as esferas da sociedade.

O resgate da função social da escolarização em uma sociedade como a brasileira, em cujo cotidiano o imaginário público em torno do conceito de cidadania em muito pouco se identifica com os parâmetros idealizados pela cultura moderna, demanda que se tenha em conta nos processos de educação formal o espaço ocupado pelas subjetividades individuais (temporal e espacialmente determinadas) no desenvolvimento intelectual dos sujeitos. Tal demanda implica assumir uma visão para além do conceito clássico de sujeito cognoscente, que o descreve a partir de uma perspectiva estritamente biológica e centralmente vinculada à logicidade universalizante da cultura científica.

A aprendizagem e a formação do pensamento na criança, segundo a abordagem de Piaget*

Para Piaget, o conhecimento se constrói quando nascemos e termina na idade adulta, de modo similar ao que se sucede no crescimento orgânico. Tal concepção orgânica do conhecimento baseia-se em princípios do evolucionismo darwiniano, segundo os quais o homem encontra-se em constante processo de equilibração para se ajustar ao meio, uma equilibração progressiva e determinada por condições neurofisiológicas, uma passagem contínua de um estado de menor equilíbrio para um estado de equilíbrio superior. É isso que se vem a compreender por **desenvolvimento** na teoria de Piaget.

Segundo ele, o desenvolvimento caracteriza-se por apresentar certos estágios em escala etária, cada qual com características específicas, embora mantenham funções comuns e constantes em todas as idades. Nas condutas manifestas pelos sujeitos cognitivos, sempre concorre uma **ação**, a qual, por sua vez, é desencadeada por **necessidades** fisiológicas, afetivas ou intelectuais (nesse caso, apresentando-se sob a forma de uma pergunta ou um problema).

Tais necessidades se originam a partir da manifestação de um desequilíbrio no organismo físico ou mental frente a um reajustamento de conduta em função de alguma mudança no meio. Um novo conhecimento se produz no sujeito cognoscente, à medida que encontre solução de ajustamento ao meio que satisfaça as necessidades de interação, assim retornando ao estado de equilíbrio. Considera-se, também, o fato de que as mudanças internas no aparato cognitivo do sujeito, ao longo

---

* As informações acerca da teoria piagetiana aqui reunidas foram extraídas, em grande parte, da obra: WADSWORTH, B. J. **Inteligência e afetividade da criança na teoria de Piaget**. São Paulo: Pioneira, 1997.

de seu desenvolvimento, provocam novas formas de experiência de mundo, assim contribuindo, elas próprias, para o surgimento de novos estados de desequilíbrio e suscitando a construção de novos conhecimentos. Esse movimento contínuo e perpétuo de equilíbrio e desequilíbrio marca a ação humana na teoria de Piaget.

Piaget descreve dois movimentos característicos do processo de equilibração: a assimilação e a acomodação. A **assimilação** é a operação básica do modelo de mente descrito em sua teoria e por meio da qual o sujeito cognoscente estabelece estratégias de interação com o meio a partir dos recursos cognitivos de que já dispõe no ato em que se apresenta a experiência. À medida que a experiência apresente ao sujeito um dado com o qual não é capaz de interagir satisfatoriamente com base nos recursos cognitivos de que dispõe - portanto, um dado que não possa ser assimilado pela mente -, caracteriza-se o estado de desequilíbrio e, a partir dele, a necessidade de se construírem novos conhecimentos. Todo o processo de construção de um novo conhecimento é arrolado na teoria de Piaget como produto da operação de **acomodação**. É nessa perspectiva que se compreende o papel ativo do sujeito cognoscente na construção do conhecimento, portanto, não necessariamente como um traço inerente à interação do sujeito com a experiência, mas, sim, como um traço da estrutura operacional da própria mente, cuja motivação está, *a priori*, no impulso de adaptação.

A mente, para Piaget, é um corpo simbolicamente invariante, de natureza universal e inato, para o qual a experiência se apresenta apenas como dado desencadeador de estados de desequilíbrio, não capaz, portanto, de provocar conhecimentos não previstos por um corpo essencial de categorias universais. Estruturalmente tomada como universal invariante, a mente é apresentada, contudo, como um organismo cuja funcionalidade obedece a um processo de maturação, ao longo do qual diferentes modos de operação caracterizam diferentes tipos de sujeitos cognoscentes, variáveis segundo o nível de seu desenvolvimento motor, intelectual, afetivo e social. Tais modos operacionais são arrolados como seis estágios denominados *estágio dos reflexos ou mecanismos hereditários; estágio dos primeiros hábitos motores; estágio da inteligência sensório-motora ou prática; estágio da inteligência intuitiva; estágio das operações intelectuais concretas; estágio das operações abstratas.*

Cada um dos estágios possui construções essenciais que permanecem no sujeito como subestruturas, sobre as quais novas características se edificam sem alterá-las, assumindo-se nisso um processo que conduz o sujeito a equilibrações sempre mais completas e adequadas do que as anteriores.

A primeira infância (de dois a sete anos)

Com o aparecimento da linguagem, dá-se o início do pensamento, que torna possíveis a interiorização da ação e a construção da representação. A troca e a comunicação entre os indivíduos são as consequências mais evidentes do aparecimento da linguagem. Com ela, há a socialização da vida interior, que se constrói conscientemente, na medida em que pode ser comunicada.

No entanto, neste período as conversações entre as crianças são rudimentares e ligadas à ação material propriamente dita. Há uma espécie de monólogo coletivo, no qual acreditam que, ao falarem cada uma por si, possam estar se escutando e se compreendendo umas as outras. Além disso, a criança fala a si própria, sem cessar, em monólogos variados, que acompanham seus jogos e sua atividade.

Neste estágio, o **jogo simbólico** se constitui como um jogo de exercícios que prepara o pensamento para a aprendizagem, ativando movimentos e percepções. São várias as formas simbólicas de pensamento: o **jogo simbólico** ou **jogo de imaginação, de imitação** (jogo de bonecas, brincar de comidinha), cuja função consiste em satisfazer o **eu** por meio de uma transformação do real em função dos desejos: a criança que brinca de boneca refaz sua própria vida, corrigindo-a à sua maneira, e revive todos os prazeres ou conflitos, resolvendo-os, compensando-os; a **imitação diferida** (adiada), que consiste na imitação produzida na ausência do modelo; a **imagem mental**, uma forma de imitação interiorizada, também envolvendo símbolos.

O pensamento intuitivo

Apesar do uso da representação do pensamento, no período pré-operatório a criança ainda apoia o seu conhecimento sobre os dados perceptuais – aquilo que, concretamente, se apresenta a ela no ato da experiência. Segundo Piaget, a criança no pensamento intuitivo não sabe definir os conceitos que emprega e designa os objetos definindo-os pelo uso, devido às dificuldades de justificação.

Falta às intuições a capacidade de prolongar a ação já experienciada pelo sujeito, de modo a torná-las móveis e reversíveis. Isso se dá porque a mente que opera por intuição não é capaz de compreender a estrutura lógica das operações que pratica em cada ação e, por esse motivo, também não é capaz de transferir tal estrutura para assimilar novas situações (o que se entende por mobilidade), tampouco de desfazer a ação praticada (o que se entende por reversibilidade). Além da imobilidade e da irreversibilidade, o pensamento intuitivo apresenta outras três características: **animismo**, tendência a conceber as coisas como vivas e dotadas de intenção; **finalismo**, indiferenciação entre fins e causas; **artificialismo**, crença de que as coisas foram construídas pelo homem ou por alguma entidade operando por ele. Todas essas características do pensamento pré-lógico explicam o modo como a realidade é compreendida pela criança por meio de uma assimilação cujos parâmetros se determinam não por propriedades lógico-causais, mas, sim, por propriedades que ela própria, a criança, determina com base no seu imaginário lúdico. A natureza lúdica dos juízos produzidos pela mente da criança, com consequente prejuízo de compreensão lógico-causal, explica o que se entende por **egocentrismo** na teoria de Piaget.

Gradativamente, no entanto, dá-se uma articulação do pensamento intuitivo, que fica mais móvel, permitindo construções parciais que já apresentam relações lógicas dentro de um certo domínio.

A infância de sete a doze anos

Segundo Piaget (1995, p. 98), a criança no período de 7 a 12 anos começa a libertar-se do egocentrismo intelectual e social, sendo capaz de analisar e relacionar várias experiências entre si, desse modo habilitando-se a realizar verdadeiras operações mentais, orientadas por parâmetros lógicos e não mais estritamente imaginários. Para o estudioso (1995), **operações mentais** são ações interiorizadas, reversíveis e coordenadas a outras ações, de acordo com uma estrutura de conjunto, o que lhes permite sejam aplicados princípios e propriedades, tais como: a) **identidade**, uma das formas mais simples de causa e efeito, decorrente da capacidade mental de isolar um determinado elemento de um todo que contém a este e a inúmeros outros elementos; a identidade obtém-se por meio da discriminação de um elemento específico em comparação aos demais – por exemplo, para a criança, o sol e a lua poderiam ser explicados como saídos das nuvens, pedacinhos incandescentes de nuvem; b) **composição**, que consiste em explicar o todo a partir da análise da estrutura que compõe as partes, assim envolvendo vários tipos de operações mentais, como segmentação, concentração e conservação, ainda que, neste estágio do desenvolvimento mental, sejam para a criança propriedades da experiência vivida, e não operações propriamente cognitivas; c) ao perceber "invariâncias", ou seja, propriedades que acompanham o objeto independentemente de sua situação na experiência, a criança passa a ter a noção de **permanência do objeto**, que marca o desenvolvimento do pensamento reversível. No entanto, nesse período, a criança ainda necessita operar com o suporte da experiência concreta a fim de chegar a conclusões e estabelecer relações ou comparações. Portanto, obtém-se um passo decisivo na superação da lógica intuitiva que marca o estágio anterior, no qual o pensamento da criança sustenta-se tão somente nos objetos que percebe a cada experiência imediata de mundo, percepções momentâneas, extremamente variáveis caso a caso. Contudo, apenas no estágio posterior, o **período das operações formais**, o sujeito alcançará a lógica combinatória, proposicional, plenamente abstrata, pela qual será capaz de raciocinar sem se deportar à experiência concreta de mundo, racionar sobre todas as possíveis combinações de variáveis no âmbito de um problema, raciocinar a partir do particular no sentido de formular conclusões gerais e raciocinar partindo de premissas gerais até identificar características particulares.

A teoria de Piaget não é de todo clara no que concerne à explicação de como se dá o desenvolvimento do período das operações formais após os doze anos. É certo, entretanto, que este se dá de forma gradual e que o sujeito jovem em idade escolar – não raramente também nos primeiros anos de cursos superiores – ainda não tem pleno domínio do pensamento abstrato sem o suporte de operações, ora mais, ora menos concretas.

Desenvolvimento, experiência e sujeitos escolares

A concepção de Piaget acerca do desenvolvimento cognitivo viria a provocar um sem número de transtornos ao cotidiano escolar brasileiro. Fortemente agregado a uma concepção biológica, tanto do desenvolvimento quanto do conhecimento, seu modelo teórico toma como pressuposto que a experiência de mundo possa ser arrolada tão somente como um fenômeno de natureza lógico-causal, à luz da fenomenologia científica. Assim é que cada coisa é tão somente uma coisa, alijada de conceito social, e cada sistema de coisas é tão somente um sistema de relações lógico-formais, sem qualquer interferência de fatores culturais.

Fato é que uma tal concepção de desenvolvimento teve necessariamente de se associar à crença de que os arranjos e as coisas provocados pelo homem, sua vontade e sua vida social, sejam igualmente condicionados por valores definidos, antes de tudo, pela cultura científica. Desse modo, a partir de um espaço público que ofereça ao sujeito experiências de mundo cientificamente orientadas – como, por exemplo, a esfera pública da urbanidade moderna –, pode-se explicar como todas as mentes, embasadas por operações e parâmetros universais, tornam-se capazes de manifestar um único ciclo de desenvolvimento cognitivo independente de quaisquer especificidades contextualmente condicionadas. Há por trás disso a crença em uma suposta condição de normalidade entre aqueles que reagem mentalmente segundo as expectativas da teoria de Piaget, ao passo que, consequentemente, há também a crença em uma suposta anormalidade entre aqueles que, por quaisquer motivos, não reajam mentalmente segundo as expectativas dessa teoria.

É, todavia, também fato que as diversas culturas ordenam o espaço público de formas as mais variadas, tanto mais diferenciadas para com relação à cultura científica, tanto menor a influência desta sobre seu cotidiano. As diversas formas de ordenação do espaço público provocam, naturalmente, diferentes formas de interação da mente com a experiência, daí não raramente decorrendo comportamentos mentais não explicáveis pela teoria de Piaget, exceto pela condição de anormalidade. E assim foi que sociedades fortemente marcadas pela interculturalidade e pela grande influência de traços de culturas orais, como é o caso no Brasil, vieram a sofrer estigmatização pela crença em algum tipo de incapacidade intelectual inata.

A crença na incapacidade intelectual da maioria dos brasileiros asseverar-se-ia justamente a partir do processo de escolarização no qual – equivocadamente – aplicou-se a teoria de Piaget como base para explicar um modelo de mente que construiria, com certa normalidade biologicamente motivada, os conteúdos escolares tomados como verdades essenciais da experiência de mundo. Deu-se, então, que o alunado mergulhou no fracasso escolar, tanto por não compreender o que de essencial haveria na estrutura lógica dos conteúdos escolares (de natureza muito mais cultural do que essencial), quanto por não compreenderem as intenções formais subjacentes às experiências que lhes eram oferecidas (de natureza estritamente laboratorial, artificial frente às experiências concretas vividas em seu mundo social).

O núcleo central da teoria de Piaget – que explica o funcionamento e o desenvolvimento da mente – não é responsável por seu mau uso pela educação formal. Na realidade, foi sua vinculação aos pressupostos sociais da cultura científica que viria a provocar os inúmeros transtornos de aprendizagem no cotidiano escolar. De sua teoria, interessa à educação reconhecer que os sujeitos escolares operam de modos diferentes, conforme seus diferentes estágios de desenvolvimento cognitivo.

Isso independe do tipo de experiência por eles vivida, já que em todos os casos, universalmente, o que se verifica em seu comportamento são variações de custo frente às operações do pensamento formal abstrato. Não importa o tipo de experiência, crianças de oito anos terão o mesmo tipo de comportamento cognitivo, e as possíveis diferenças de desempenho estarão necessariamente associadas a um maior ou menor custo de interação com o tipo de experiência vivenciada. Portanto, o custo referente à interação de crianças de cultura oral com a experiência escolar não resulta propriamente de anormalidades cognitivas, mas, sim, de um estranhamento a um tipo de experiência cuja organização interna em muito difere daquelas que costumam assimilar em seu contexto de mundo extraescolar.

A teoria sociointeracionista de Vygotsky*

Vygotsky distingue, dentro do processo geral de desenvolvimento, dois tipos de fatores determinantes, qualitativamente diferentes: os **processos elementares**, que são de natureza biológica, e as **funções psicológicas superiores**, que têm natureza sociocultural.

Vygotsky considera que as capacidades intelectuais sofrem determinações oriundas das práticas culturais e dos sistemas de ideias que dão corpo às verdades essenciais das comunidades particulares nas quais os indivíduos estão inseridos. Acredita, assim, que a criança se desenvolve por meio de um grupo de matrizes que são formadas por dois elementos-chave,

* As informações acerca da teoria sociointeracionista de Vygotsky aqui reunidas baseiam-se na obra: VYGOTSKY, L. **Pensamento e linguagem**. São Paulo: Martins Fontes, 1993.

os **sistemas de relações sociais** e os **sistemas simbólico e conceitual**, elaborados coletivamente e herdados socialmente. Na cultura, estão não somente as fontes de informação, mas as formas de organização das estruturas cognitivas, superando-se, assim, a tese de que esta pudesse ser descrita em termos universais e inatos. Desenvolvimento, para Vygotsky, não é um processo linear, pois incorpora tanto alterações evolutivas (como as descritas por Piaget) como mudanças revolucionárias (que interferem no sistema interno do sujeito, segundo orientações afetivas ou externas). Em seus estudos, usou uma metodologia que permitiu observar o desenvolvimento por meio de rupturas, entre as quais a primeira dá-se quando o homem inventa as primeiras ferramentas, seguidas do símbolo e da fala. Desse modo, compreende-se que a estrutura mental do homem se organiza também sob influência dos instrumentos por ele empregados na interação com o mundo e em sua transformação, de modo que se torna indesejável tratá-la segundo bases universais, na medida em que os instrumentos empregados pelos homens não são universais, porém, regional e temporalmente específicos de grupos de homens.

São três os princípios que formam o núcleo central do pensamento na teoria de Vygotsky, a saber: I. as funções psicológicas têm um suporte biológico, pois são produto da atividade cerebral; II. o funcionamento psicológico fundamenta-se nas relações sociais entre o indivíduo e o mundo exterior, os quais se desenvolvem num processo histórico; III. a relação homem/mundo é uma relação mediada por sistemas simbólicos, seja pela relação direta entre pessoas, seja pela relação imanente de uma pessoa com os instrumentos que sua cultura representa e usa com certos valores culturais em particular.

Com relação ao primeiro princípio, Vygotsky mostra que o cérebro humano é o substrato orgânico do comportamento, mas, sendo um sistema funcional complexo e aberto, tem grande plasticidade; sua estrutura e funcionamento moldam-se ao longo da história da espécie e do desenvolvimento individual. A seguir, defende a orientação sócio-histórica de seu modelo de mente explicando que a evolução do pensamento se faz a partir de um organismo vivo, ativo, em interação com um ambiente que é histórico e, em essência, social. Podemos daí concluir que diferentes culturas produzem modos de funcionamento psicológico diversos.

O terceiro aspecto básico na teoria vygotskyana refere-se à mediação, um conceito que caracteriza a relação do homem com o mundo. O homem processa seu desenvolvimento por meio de uma interação com o mundo, que não é direta, pelo contrário, é uma relação fundamentalmente mediada, pois exige a intervenção de um elemento intermediário, qual seja, outro sujeito social ou o conceito social que se traduz na forma como cada cultura organiza o seu espaço e nele distribui as coisas, numa relação cujo sentido somente se compreende quando a partir dos parâmetros da própria cultura, e não dos objetos por si mesmos.

A mediação pode ser feita por dois tipos de mediadores: os instrumentos e os signos. Os instrumentos adquirem valor, pois, sendo elementos externos ao homem, têm a função de modificar a natureza. Os signos surgem de representação mental dos instrumentos; estes são marcas externas que gradativamente se internalizam e se tornam instrumentos da atividade psicológica, com base nas quais se realizam processos internos de mediação. Signos internos (ou **representações mentais**) passam a substituir elementos do mundo real; a relação com o meio, antes mediada por instrumentos, passa a ser feita por meio das representações mentais, ou seja, mediada por signos.

Vygotsky explica a origem social das funções psicológicas superiores afirmando que, pelas trocas sociais, surgem os instrumentos e os signos. No percurso da história da humanidade, representações mentais se organizam em estruturas complexas chamadas **sistemas simbólicos**, que compreendem os signos compartilhados por membros de um mesmo grupo social, o que permite uma melhor comunicação, interação e integração. Esses sistemas simbólicos construídos socialmente são adquiridos pelo sujeito por meio de sua interação ativa com o meio social. O grupo em que o sujeito está inserido lhe transmite as formas de perceber o real e lhe permite adquirir signos que vão fazer a mediação entre o sujeito e o mundo. Com os instrumentos, o ser humano controla o ambiente; com os símbolos, controla seu próprio comportamento, planeja sua ação, transmite sua experiência.

A criança aprende e se desenvolve num contexto social que inclui as crianças mais velhas e os adultos, os quais lhes transmitem a herança cultural por meio da linguagem, da comunicação e de outros meios, como documentos escritos ou outras representações simbólicas, físicas ou mecânicas.

Vygotsky atribui papel importante à fala, sistema destinado à interação social, enquanto fator para o desenvolvimento do comportamento adaptativo da criança, afirmando que essa atividade simbólica tem função organizadora específica sobre o uso de instrumentos. A fala transforma a atividade prática, organizando-a.

Tomando por base seus trabalhos experimentais, observa que, na criança, o desenvolvimento da inteligência e da fala não derivam da mesma raiz. No início, a fala é não intelectual e o pensamento é não verbal. Quando a criança descobre que cada coisa tem seu nome e começa a perguntar como se chama cada objeto, a fala torna-se racional e o pensamento, verbal. Antes desse momento, em torno dos dezoito meses, a criança usa a palavra como uma propriedade do objeto. A partir de então, gradativamente, a criança "descobre" a função simbólica da fala.

A fala do adulto é importante para guiar o comportamento infantil, constituindo-se de sinais externos que servem para destacar algo que a criança deve perceber. Desse modo, a linguagem intervém no processo de desenvolvimento intelectual praticamente desde o nascimento. Por meio da fala, a criança planeja soluções de problemas, diminui sua impulsividade e controla seu próprio comportamento. A fala inicialmente é interpessoal, socializada, usada para a criança apelar ao adulto. Depois, a criança usa a fala de modo intrapessoal, internalizando-a, para organizar-se e guiar a si mesma; adquire, assim, função planejadora, além da função de representar o mundo externo.

Um outro conceito central na teoria de desenvolvimento cognitivo de Vygotsky é o de **zona de desenvolvimento proximal**, o qual se define como o estado mental resultante do contato com uma situação cujo sentido não é passível de compreensão como nas representações previamente disponíveis na mente. É a partir desse conceito, portanto a partir do estranhamento quando da interação social com algum evento ou objeto, que a teoria de Vygotsky sustenta a noção de desenvolvimento e, no interior desta, a noção de construção de conhecimentos. A zona de desenvolvimento proximal se processa no interior das práticas de interação social e da estrutura cultural, envolvendo, ao mesmo tempo, tanto a instrução quanto a participação em atividades conjuntas. Vygotsky defende a posição de que a instrução é útil somente quando vinculada ao processo de superação de determinado estado de desenvolvimento proximal, pois esse é o fator que determina sua legitimidade para o sujeito instruinte.

Para Vygotsky, a zona de desenvolvimento proximal engloba, também, as funções mentais que ainda não amadureceram, que estão em processo de maturação, por amadurecerem no transcurso do desenvolvimento orgânico do sujeito. Ao mesmo tempo, o binômio **contexto social + interação**, constante e necessário para que se caracterize a zona de desenvolvimento proximal, explica como os sujeitos são capazes de interagir entre si, mesmo que conscientes de não estarem, ainda, compartilhando dos mesmos conceitos quando em certas experiências de mundo.

É nesse ponto que podemos ressaltar a maior contribuição dos estudos de Vygotsky para o professor e a educação formal. Ao descrever, da forma como o faz, o curso interno do desenvolvimento do pensamento na esfera de uma zona de desenvolvimento proximal, permite ao professor superar o imenso custo de buscar no comportamento do aluno o saber cientificamente concebido, para, em seu lugar, buscar aquilo que o aluno é capaz de realizar segundo suas histórias de vida pessoal, no mesmo percurso que, segundo Vygotsky, a criança percorre quando em interação com as pessoas em seu contexto de mundo e quando em cooperação com seus companheiros. Segundo ele, a aprendizagem, assim embasada, cria-se a partir da zona de desenvolvimento proximal, pois é no contato e na cooperação com os parceiros que a criança efetivamente ativa os processos internos de desenvolvimento.

Em virtude disso, a figura do professor que leva ao aluno o conteúdo escolar, ou a experiência de ensino que tem em si o conteúdo, cede lugar à figura de um professor que se coloca no centro das tensões provocadas no contato do aluno e suas histórias de vida com o conteúdo da educação formal e toda a cultura científica por ele representado. Esse profissional assume o lugar do mediador, aquele que suscita e conduz o processo de aproximação do aluno à cultura científica, tal como no caso da construção da escrita. De um lado, percebe, por meio das soluções, perguntas, gestos e falas do aluno, os movimentos que ele faz para aprender, arrolando-os como dados, pistas, que orientam o estabelecimento de estratégias que conduzam ao curso do desenvolvimento do aluno. Por outro lado, insere-se ele próprio na rede de interações que se estabelece na sala de aula, o lugar em que o conhecimento pode ser operado, em que há trocas de experiências e pontos de vista, em que há companheirismo, onde se revela o inédito com o qual, muitas vezes, vem o medo do desconhecido, evidente quando os alunos dizem uns para os outros: "Você é burro, só fala besteira, não sabe nada". É nesse espaço de interação que o professor pode atuar junto ao aluno, compreendendo o imaginário que dá corpo as suas representações de mundo e entrando em parceria constante com ele em sua zona de desenvolvimento proximal, num espaço de trocas mútuas, em que as relações não se finalizam no aluno, mas devem circular entre este e o professor. Dessa forma, o conhecimento e o desejo de ambos se entrecruzam, formando pontes de acesso a novos significados e ativando processos internos que facilitam a ocorrência de aprendizagem.

A interação professor-aluno e a aprendizagem

Ao pensarmos em processos educacionais nos dias de hoje, processos que efetivamente repercutam em benefícios para todos os envolvidos com a aprendizagem, percebemos o quanto discussões estritamente relacionadas ao emprego de métodos e técnicas de ensino mostram-se frágeis, tendo em vista todas as modificações apontadas até aqui na concepção de conhecimento e no imaginário do aluno sobre a educação formal.

Cole (1998) discute duas perspectivas teóricas da psicologia cultural: a cultura como um empreendimento coletivo e a pessoa individual na cultura. Na primeira perspectiva, o foco é a aprendizagem socializada no próprio grupo e, na segunda, o olhar recai sobre a criança, individualmente na cultura em que nasceu. Em ambas, preexiste uma estrutura cultural internalizada pelas crianças sob a forma de jogos, intuições, rituais, modelos e atividades comuns. Na aprendizagem cultural, socializada, discute-se a disposição interna dos sujeitos envolvidos para aprenderem não só as ações dos adultos, mas as intenções e as perspectivas presentes na ação.

Já Kruger e Tomasello (2000) identificam três tipos de aprendizagem cultural: aprendizagem imitativa, relacionada aos hábitos, às atitudes e aos modos de ver o mundo que a criança assimila sem que haja uma intenção de ensinar; aprendizagem instituída, relacionada aos valores e às atitudes próprias de um grupo e aprendizagem cooperativa, própria de práticas aprendidas por meio de participação em grupo. Todas essas práticas são também denominadas **instruções intencionais**, embora em algumas culturas essa instrução se faça em contextos escassos e restritos. Na instrução intencional, o valor maior se refere à intenção em ensinar algo que ainda não havia sido aprendido, proporcionando autonomia e competência na realização.

Há aprendizagens que os adultos esperam que as crianças desenvolvam por conta própria, naturalmente; há outras que elas necessitam desenvolver com o auxílio do adulto, devido ao domínio de certas habilidades; e há, ainda, aprendizagens em que a criança deve realizar um esforço maior, necessitando-se para isso de métodos motivadores e persuasivos, aplicados de forma sistemática.

O mesmo ocorre nas sociedades orais, nas quais se nota uma grande atuação dos adultos nas tarefas relacionadas ao ensino, sendo a sua experiência muito importante para a criança. Os adultos estruturam as tarefas de aprendizagem ajustando-as às possibilidades das crianças. Nessas sociedades, as aprendizagens por instrução direta e intencional relacionam-se, em geral, às regras da sociedade, quando os adultos atuam como figuras exemplares, já que os pais veem a si mesmos como responsáveis por garantirem que seus filhos sejam membros dignos da sociedade.

Em todas as situações de aprendizagem aqui mencionadas, há uma intenção dos adultos quanto a interferir no desenvolvimento das crianças, um efetivo interesse de envolvimento no processo de aprendizagem por meio da oferta de impulsos a elas. Isso, transposto para a escola, deve levar o professor a integrar à sua intenção educativa uma representação quanto aos objetivos da instrução na formação do aluno e uma representação quanto aos entendimentos possíveis que se possam vir a processar na mente do aluno, a fim de que durante o processo de ensino se possam avaliar o efeito da instrução e a necessidade de reformulação das experiências de ensino.

Nessa perspectiva, as crianças e os adultos engajam-se mutuamente na busca pela representação de um modelo de mundo que lhes auxilie a interpretar o contexto em que vivem. A discussão e a colaboração nas trocas de modelos já previamente elaboradas flexibilizam o reconhecimento de outros pontos de vista, propiciando aos adultos e às crianças entrar em contato com os seus próprios pensamentos e corrigir suas ideias e noções. Há, nesse momento, **negociação** e o conhecimento resulta compartilhado dentro do discurso, com base nas evidências e nos argumentos, e não no que se faz imposto pela autoridade do verbo científico ou da imposição pedagógica.

Mais do que ensinar, monitorar ou criticar, o que importa numa relação de aprendizagem são as crenças, os objetivos e as intenções que circulam por todos os participantes do processo.

Algumas novas teorias sobre ensino e aprendizagem ampliam a nossa visão sobre o estritamente observável numa relação de ensino: a) a **intersubjetividade**, como a capacidade das crianças de lerem outras mentes, de saberem o que outros estão pensando ou sentindo, num encontro que se inicia no olhar do bebê para sua mãe e continua por meio de outras trocas socializadas ao longo de toda a vida; b) a **metacognição**, que estuda o que as crianças pensam sobre o que aprendem e como o fato de pensarem sobre a ação de aprender modifica seus procedimentos mentais; c) **aprendizagem cooperativa** e a resolução de problemas, que se relaciona ao estudo de como as crianças explicam e revisam suas crenças no contexto do discurso.

O que tudo tem como princípio subjacente é, de um lado, o fato de que a criança aprende a partir de sua experiência pessoal, suas hipóteses sobre o mundo e, do outro, o fato de que discrimina o que é conhecido e aceito pela cultura com que se identifica. Isso lhe permite efetivamente interagir com seus pares, seja por meio da aplicação de suas crenças na análise das evidências, seja por meio da sua utilização como ponto de partida para o estabelecimento de hipóteses, quando diante de evidências não imediatamente compreensíveis a partir de suas crenças.

Na realidade, o sistema de crenças da criança funciona como o arcabouço do qual o professor se utiliza para levá-la a reconhecer que sabe bem mais do que imaginara. O professor vai além do que o aprendiz sabe, em busca de objetivos mais remotos do que aqueles que a criança, como conhecedora, é capaz de vislumbrar sozinha (Donaldson, 1996, p. 33). Isso a ajuda a avaliar suas crenças e teorias por meio da reflexão, da colaboração e do registro. Só dessa forma ela começa a valorizar o conhecimento como algo em que deve realmente confiar, por lhe ser benéfico, como uma espécie de riqueza. Nessa relação de aprendizagem, não só a criança usa suas hipóteses e crenças como parte da experiência, mas também o professor as utiliza como meio de melhor organizar as experiências de aprendizagem.

Otte (1993, p. 33) define como fundamental na organização das experiências de aprendizagem a atuação do professor pelo que ele é, não pelo que ele faz. Sua atividade de ensino deve satisfazer, inicialmente, a ele mesmo, por acreditar na importância do que ensina, pelo significado desses conhecimentos para si. O professor tem um papel exemplar frente aos alunos, pois, por meio de seus conhecimentos, seus exemplos de vida e suas ações, tanto na escola quanto na vida privada, lega credibilidade à sua relação mediadora com o aluno. Aquilo que ele vive, acredita e experimenta é o que, efetivamente, transmite aos alunos.

O professor que vê sua função apenas como o lugar do método e da técnica e que separa totalmente a disciplina que ensina de sua vida e de seus valores pessoais, não pode ser considerado um professor exemplar, pois sua participação no processo social que se estabelece com o aluno durante a aula não será sincera. A ação de educar na escola exige do professor um ato de criação pessoal e subjetivo, algo que o torne sujeito do discurso e das ações que leva ao aluno e com os quais media a relação deste com a cultura científica.

A articulação do nível lógico e do nível simbólico do pensamento e o lugar do desejo e do prazer de aprender

Fernandez (1991, p. 67) define o pensamento como uma trama na qual a inteligência seria o fio horizontal e o desejo, o vertical. Em sua construção, acontecem, portanto, ao mesmo tempo, a significação simbólica e a capacidade de organização lógica.

No nível simbólico, há a organização da vida afetiva e a vida das significações. A linguagem, a ação e os afetos agem como significantes, por meio dos quais o sujeito pode comunicar como sente a si e ao seu mundo. O nível simbólico nos coloca em contato com nossos sonhos, nosso imaginário, nossas lembranças.

Ambos os processos, lógico e simbólico, se interpenetram, resultando nas ações. Nas situações de aprendizagem formal, dá-se o mesmo: intervém o nível cognitivo, das estruturas lógicas, e o nível simbólico, das representações e dos afetos. Não podemos separar os dois níveis. As ações elaboram-se por meio de processos objetivantes e subjetivantes.

No ato de aprender, há um eterno movimento lógico e simbólico que move a pessoa no sentido de se apropriar do objeto do conhecimento. A resolução de tal intento traz-lhe satisfação. Logo em seguida, estabelece-se a busca de um novo saber, um novo objeto, continuando, assim, o intento na consecução de novas satisfações. À medida que se apreende o objeto do conhecimento, constata-se um aumento do desconhecimento e, nesse momento, surgem novas perguntas que dão prosseguimento à construção de novos conhecimentos.

Poderíamos dizer que o ato de construção de conhecimento assemelha-se a um movimento circular, no qual a busca do objeto leva à satisfação e a novas perguntas, que desencadeiam, por sua vez, a necessidade de busca de novos objetos de aprendizagem. Esse movimento, sob condições normais de existência, não se esgota, desencadeando-se de forma constante, pois está a serviço do equilíbrio entre desejo, satisfação e assimilação-acomodação.

A aprendizagem e seus novos desafios

Todo o exposto até aqui evidencia a necessidade de mudanças na forma de condução dos processos pedagógicos. Mudanças nas formas de construção de saber desmistificaram a razão e a eficiência como os bens maiores das relações entre as pessoas, impondo-lhes o abandono de seus ideais e utopias modernas. Os valores éticos e o sentido coletivo de cidadão desaparecem, dando lugar à vivência da subjetividade.

Tal situação impõe a necessidade de mudanças no papel do professor como agente de educação formal, em favor de uma concepção de aprendizagem que a considere como impregnada de prerrogativas socioculturais, e não exclusivamente universais. Entendemos, então, ser relevante o conceito de **aprendizagem cultural**, resultante das ações, das intenções e das perspectivas presentes na ação das pessoas. Daí ser preciso reavaliar o lugar do sujeito ensinante nas práticas de ensino, pois, como fez registrar Otte (1993), o fundamental nas experiências de aprendizagem é a atuação do professor pelo que ele é, e não pelo que ele faz. Sua atuação deve satisfazer, inicialmente, a ele mesmo como pessoa, pois só dessa forma será capaz de diminuir as distâncias entre as hipóteses que os alunos constroem para si e o que é conhecido e aceito pela cultura científica.

A aprendizagem passa a ter significado e relevância para os sujeitos da escolarização, quando atinge mais facilmente o nível simbólico do aluno e do professor, no qual se localizam os significados e as representações, o desejo de aprender e de recriar representações anteriores.

A melhor referência que podemos ter dos movimentos internos que o ato de aprender provoca encontra-se estampada nas ações dos alunos, nos seus gestos e falas. A escuta do professor a esses aspectos do dia a dia pode funcionar como indicador e mediador das construções de conhecimento do aluno.

O professor, por meio de seu olhar, da modulação da voz, da veemência de seu gesto, canaliza a paixão e o interesse que o seu conhecimento significa para quem ele ensina. O desejo do aluno, a satisfação de aprender, deve se ancorar no prazer e no desejo que o professor sente ao realizar a sua tarefa.

Compartilho com Fernandez (1991, p. 52) a visão de educador exemplar: "não aprendemos de qualquer um, aprendemos daquele a quem outorgamos confiança e direito de ensinar". Há que se criarem sentidos na escola, quebrando as resistências que o aluno produz ao preservar as construções do seu imaginário que o levam à não aprendizagem. Nesse quadro, o professor pode desempenhar o papel de artífice do outro e de si mesmo, pois é ele que vai atuar sobre as representações construídas pelos alunos. Essa é uma tarefa da qual a escola não se pode isentar, sob pena de provocar um distanciamento ainda maior entre os interesses e os desejos do aluno e as expectativas da educação formal.

4

"Ninguém merece..."

relatos de uma professora

Vera Lucia Brito

questão multicultural, mas também a própria trajetória do fracasso escolar que hoje se denuncia, fazem-nos perceber a necessidade de repensarmos as concepções de Educação e de Cidadania que tendem a dar sentido a nossa prática pedagógica, no sentido de contribuirmos para o rompimento com a lógica excludente que tem, tradicionalmente, acompanhado a trajetória da Escola Pública brasileira. Particularmente acredito que esta trajetória – que via de regra culmina no

Vera Lucia Brito é professora da Rede Municipal de Educação Pública da cidade do Rio de Janeiro.

Não apenas a questão multicultural, mas também a própria história do fracasso escolar que hoje se denuncia, fazem-nos perceber a necessidade de repensar as concepções de **educação** e de **cidadania** que tendem a dar sentido a nossa prática pedagógica, a fim de contribuirmos para o rompimento com a lógica excludente que tem, tradicionalmente, acompanhado a trajetória da escola pública brasileira.

Particularmente, acredito que tal percurso - que via de regra culmina no fracasso escolar - deva ser compreendido como algo não relacionado apenas às posturas e aos valores do professor, tomado como uma figura social isolada. É necessário ter em conta o fato de que, não raras vezes, o próprio professor também tenha sido um sujeito da exclusão escolar quando aluno e tenha, por esse motivo, desenvolvido mecanismos afetivos para superar, ou suportar, todo o peso da relação com a escola. Portanto, embora o modo como atue como professor possa ser um fator determinante a asseverar os traços preconceituosos presentes na realidade de muitos centros educativos, este é em boa parte resultado de uma série de valores que atuam sobre o inconsciente do sujeito professor.

A trajetória excludente da escola pública pode ser melhor compreendida, isto sim, no momento em que nos propomos a analisar a seguinte questão: em quais bases teria se fundado, no imaginário do professor, o conceito de aluno que se limita a um único tipo de sujeito social e cognoscente, conceito este forte o suficiente para que lhe impeça de reconhecer outros modelos possíveis de sujeitos escolares e, ainda, lhe autorize a negar a possibilidade de inteligência entre pessoas que se apresentem à escola como sujeitos desses outros modelos?

O conceito de aluno sustenta-se em diversos outros conceitos vinculados à cultura moderna, entre ideais de sujeito social, de sociedade e de cidadania. Tais conceitos, que dão corpo à identidade do homem moderno, constituem, igualmente, a base de todo o sentido do ato de educar praticado pelos professores.

Integrante da Rede Municipal de Ensino da Prefeitura da Cidade do Rio de Janeiro como professora do ensino fundamental, tenho convivido com evidências da falência do modelo de escola pública vigente. Estas apresentam-se, entre outras formas, por meio de um choque de perspectivas de formação, que revelam o quão equivocadas são as concepções que professores e alunos têm construído um a respeito do outro. De um lado, o professor, movido pelo conceito escolar de aluno e pela crença na incapacidade intelectual dos demais alunos, reais, abdica de buscar desenvolver no cotidiano escolar as habilidades* necessárias ao desenvolvimento do seu potencial cognitivo em toda a sua plenitude. Quanto aos alunos, estes deixam de atribuir relevância à sua permanência nos centros de ensino, por não terem claras as dimensões e as possibilidades de futuro que buscam para si ou tampouco o lugar que a escola pode ocupar nesse futuro incerto.

Tal problema decorre de, pelo menos, dois fatores: o primeiro deles é a constatação da gradativa dificuldade de se atribuir a alguém o valor de **aluno**, compreendido historicamente como o sujeito apto a aprender; o segundo fator, imediatamente relacionado com o anterior, é o fato de que inúmeros professores deixam de conferir sentido à prática docente, julgando ser paradoxal ensinar a alguém que, a princípio, não irá aprender. Ambos os fatores concorrem para a perda gradativa de sentido da intervenção pedagógica na educação formal e contribuem para o estabelecimento de um preocupante hiato que passa a separar, cada vez mais evidentemente, o professor de seus alunos, contribuindo enormemente para com os problemas que caracterizam o fracasso escolar, tais como para repetência e evasão.

Ao longo de minha trajetória profissional, tenho, também, convivido com perspectivas pedagógicas que tendem a avaliar os alunos a partir de um profundo determinismo, que faz cessar, em alguns professores, o impulso pela busca de sentido nas representações espontaneamente manifestas pelos alunos.

Essas representações são marcadas, no caso específico a que me proponho refletir neste trabalho, por traços do modelo narrativo de base oral. Ao referido modelo pode ser associado conhecimento construído cotidianamente de maneira espontânea e não deliberada, regido por princípios não lineares,

* Compreendidas como ferramentas mentais que instrumentalizem o sujeito na construção do conhecimento.

de base hipertextual e metafórica (Senna, 2001b). É como se, por apresentar esse perfil, oriundo de uma cultura de base oral, o aluno estivesse inapto a participar dos processos educacionais formais, estando fadado ao fracasso escolar.

Tal preconcepção, que denota o aspecto preconceituoso que marca a prática de alguns professores e, consequentemente, da escola, nem sempre é por eles exercida de maneira deliberada. Reflexões acerca dos motivos que justificam essa postura, muitas vezes arrogante, remetem-nos a um perfil de sujeito escolar ideal, socialmente construído, que povoa o conjunto de referenciais responsáveis pela concepção de aluno e pelo modo como devem ser conduzidas as abordagens pedagógicas dos processos educacionais formais e pelo próprio modelo cognitivo que se apresenta desde então.

A construção dos centros públicos de ensino

Na expectativa de viabilizar uma compreensão mais coerente da escola pública contemporânea e de sua lógica excludente, proponho, neste momento, uma volta aos tempos de sua construção. Na sociedade europeia, muitas mudanças aconteciam ao longo do processo de desenvolvimento da cultura moderna. Essas mudanças remetiam à necessidade da criação de um cidadão "civilizado", um indivíduo letrado que se opusesse ao de base oral característico da era medieval. Esse ideal de sujeito carregava, também, um ideal de cidadania, compreendido como necessário àquele tempo histórico. Nesse mesmo contexto, as ideias de planejamento do futuro, de bem-estar social e de progresso associado ao empenho humano conferiam ao trabalho um caráter enobrecedor.

Com a incumbência de assegurar o estabelecimento da "boa sociedade", levando as pessoas a usufruírem do bem-estar coletivo, o positivismo constitui-se no modelo de administração pública cujos ideais erigiram-se no sentido de perpetuar os ideais burgueses. E a escola acabou por se constituir num instrumento de disseminação dos valores que se consagraram a partir da influência positivista sobre as perspectivas de bem-estar do povo.

A clientela inicial da escola pública de ensino básico não apenas se conformava com as medidas de controle, de continuidade e de conformidade com o modelo social vigente, como também, de certo modo, as exigia. Esse aspecto contribuía, em grande parte, para a exclusão automática de alguns alunos cujos perfis sociais e intelectuais encaixavam-se no que se vem a compreender hoje em dia com a expressão "**Ninguém merece**", estes que representavam a maioria da população mundial, oriundos de classes desfavorecidas e socialmente marginais.

Assim, classes homogêneas de alunos com os mesmos perfis intelectuais permitiam um nivelamento social que, por meio de avaliações meramente quantitativas, proporcionava a falsa sensação de controle e de aproveitamento cognitivo a professores e pais.

Todavia, num dado momento ao longo do tempo, por alguma razão, essa mesma clientela privilegiada esvaziou a escola pública rumo às instituições privadas de ensino. Logo, o espaço público passou a compreender a si mesmo como responsável pela instrução dos alunos das classes populares. Porém, as mesmas concepções filosóficas e ideológicas de educação e de cidadania que norteavam a intervenção pedagógica desde os tempos da criação da escola, quando esta dedicava-se quase exclusivamente ao atendimento da burguesia, eram, agora, utilizadas para instruir as grandes massas. Já há algum tempo, entretanto, essa instituição atentou (a partir da análise dos alarmantes índices de repetência) para a necessidade urgente de repensar suas práticas e suas marcas.

Nesse contexto, e sendo socialmente compreendida como a única instituição válida para legitimar a cidadania no sujeito, a escola passa a receber, também, um caráter formativo e "edificante" (de formar o cidadão). Seu aspecto compulsório justificava-se pelos ideais clássicos do Iluminismo, empenhado em banir a ignorância do povo por meio da transmissão de conhecimento, para, dessa forma, glorificar o futuro da nação. Nessa perspectiva, o **conhecimento** do povo limitava-se, basicamente, à alfabetização, de modo que a superação da ignorância coincidiria tão somente com o aumento do número de eleitores.

Manifestava-se, desde então, o caráter dualista da educação brasileira: enquanto aos alunos da classe operária eram reservados, apenas, os rudimentos da leitura e da escrita, as oligarquias eram instruídas a partir das perspectivas iluministas europeias. Todos esses agravantes contribuíram para o estabelecimento de um sentimento de imediata rejeição do aluno para com a escola, dada a completa ausência de relevância e de identidade com que esta se posiciona em relação a ele. A não ser por seu caráter edificante, o aluno não percebe nenhuma razão de pertinência ou funcionalidade, para si, na escola.

Das atribuições do conceito de inteligência e de ideal de sujeito escolar

A capacidade humana de pensar recebeu, desde a Antiguidade, diferentes concepções. Para Sócrates, a **ideia** que se tem da realidade é capaz, por si só, de representar toda a verdade nela existente. Opondo-se a ele, Aristóteles afirma que a ideia que se tem da realidade nem sempre é capaz de representar a própria realidade, desse modo compreendendo que o conhecimento é uma percepção subjetiva, um ajuizamento, portanto, produto da atividade individual de cada um e sem relação imediata e mimética com a realidade. A concepção aristotélica de conhecimento contribuiu para a percepção de que este se deve dar internamente, fruto de uma construção mental, de cunho representativo (Chauí, citada por Santos, 2001).

Alicerçada nas perspectivas aristotélicas, na Modernidade (desde Galileu), a Filosofia caracteriza-se por sua cognoscibilidade e praticidade, e a ciência (arrolada como o próprio conhecimento) representa o importante papel de dominar e aperfeiçoar a natureza. Nessa época, física e matemática buscam provar a verdade presente na realidade: eram as únicas possibilidades de verdade da **episteme** científica, por serem perfeitamente demonstráveis mediante um conjunto de operações práticas.

Entretanto, por considerar que apenas o cientificismo não seja capaz de dar conta de toda a verdade presente na realidade, Descartes propõe que a subjetividade presente na maneira de pensar o mundo e a verdade nele existente nos remetem à subjetividade do próprio mundo e de sua verdade. Propondo a dúvida como necessidade epistemológica e como base para o questionamento de toda a realidade presente na natureza, Descartes depara-se com a única certeza que, a seu ver, seria possível aceitar: a existência divina, capaz de revelar toda a verdade existente na natureza e convergente para a afirmação da existência do "eu".

Portanto, a capacidade humana de pensar passa a ser compreendida como presença do espírito divino no ser, e tudo o que apresenta clareza e distinção existe enquanto pensante. O **duvidar**, aqui compreendido como "pensar sobre", é a única possibilidade de certeza absoluta, no sentido de representar a verdade divina. O conhecimento agora passa a ser compreendido como algo externo ao indivíduo, presente na natureza. "[Existem] certas leis que Deus estabeleceu na natureza que, após uma reflexão suficiente, não podemos duvidar serem observadas em tudo o que acontece no mundo" (Descartes, citado por Dool Junior, 1997).

A reflexão requer certo nível de abstração e procedimentos metodológicos a fim de que seja descoberto o conhecimento (a verdade divina presente na natureza) para, assim, ordenar a realidade. Eram, ainda, necessários os conhecimentos matemáticos, por serem capazes de expressar a verdade primária das coisas. Porém, o conhecimento subjetivo, passivo de julgamento, era responsável pelas verdades secundárias, das quais a ciência não conseguia dar conta. Sendo assim, Descartes propõe seu *Método*, que influenciou todas as áreas do conhecimento, como história, filosofia, ciências e a própria educação, na busca pela precisão da inteligência reflexiva (Cossier, citado por Dool Junior, 1997, p. 27).

Identidade cultural, construção do conhecimento, contemporaneidade

À luz da história e da cultura brasileira, percebemos não apenas os conceitos modernos de sociedade e de aluno, mas da própria escola como inadequados e impertinentes, impessoais e irrelevantes. Entretanto, apesar de identificarmos a necessidade de repensar as práticas de educação formal e suas marcas, mudanças efetivas nesse sentido são, ainda, tímidas e encontram-se, não raras vezes, frente à resistência de alguns professores que, na prática ou no discurso, insistem em vincular o problema da não identidade do aluno perante o modelo de escola exercido na contemporaneidade a dificuldades de caráter cognitivo. É importante que a escola perceba que tem agora diante de si um aluno que não apenas deseja, mas **necessita** ser enxergado, percebido, respeitado e ouvido.

Enquanto as razões que justificam a postura pedagógica preconceituosa anteriormente descrita remetem-nos a um ideal de aluno construído ainda no Renascimento, derivado de um projeto de ordem civilizatória, as bases que sustentam a perspectiva do aluno não se orientam na mesma perspectiva. Elas partem, sobretudo, das motivações pessoais de uma figura a quem a educação formal foi historicamente negada, ainda que, nem por isso, não tenha deixado de existir como pessoa pensante e como cidadão economicamente ativo.

A exclusão vivenciada por seguidas gerações em virtude de pertencerem a segmentos socioculturais marginalizados ou por possuírem um modelo diferente de organização mental e, consequentemente, de inteligência, fez com que esse tipo específico de sujeito, tornado aluno somente a partir das últimas décadas do século passado, concluísse que a escola era de todo inadequada para interagir com sua inteligência, para legitimar sua cidadania e para prepará-lo para a vida adulta, tanto em seu próprio segmento social quanto nas esferas da cultura dominante. A essa questão de motivação pessoal unem-se, ainda, a própria condição pós-moderna e todas as questões que permeiam os conceitos de identidade neste contexto de mundo ainda em construção, cujo impacto se faz sentir diretamente sobre a motivação das pessoas quanto a se submeterem a parâmetros de comportamento determinados por regras sociais impositivas e arrogantes.

Almejando o resgate da relevância social da escola, há que percebermos a necessidade da substituição do modelo ideal de sujeito escolar por uma concepção mais aberta de sujeito cognoscente, construído mentalmente a partir da interação com o meio e com o outro, mediante a troca de realidades e de conceitos que compilam entre si, desse modo viabilizando o estabelecimento de uma relação eticamente justa com o aluno, seja ele quem for. É imprescindível que invistamos na redefinição do conceito de **verdade,** visando, assim, a que este se abra ao desenvolvimento, no ambiente escolar, do conceito de **tolerância** às verdades as mais plurais que resultam das representações humanas. Somente nessa ordem de coisas é possível dar corpo, de forma coerente, a todo o esforço de trazer o mundo da criança até a escola.

Diante dessa prerrogativa, os caminhos a serem percorridos pelos centros de ensino rumam necessariamente para o respeito à diversidade cultural, o qual se pode resumir como a valorização de todo o processo constituinte das representações dos alunos a partir de suas trajetórias pessoais, extraescolares. A valorização dos aspectos sócio-históricos no ambiente escolar permite ao aluno enxergar-se como ator de seu próprio processo de aprendizagem, relacionando-o a seu cotidiano cultural, junto ao qual faz significar aquilo que vivencia na escola, de forma democrática e coletiva.

Acreditamos que o meio mais adequado de corrigirmos a questão do preconceito com relação à capacidade mental deste aluno que é, muitas vezes, marginalizado, seja a disseminação de uma cultura de educação inclusiva, cuja sustentação prove-se tão eloquente perante a sociedade quanto o foi a cultura da exclusão, subjacente à sociedade científica da Modernidade. É nessa cultura inclusiva que se supõe deva estar ancorado o projeto político-pedagógico da educação – dentro e fora da escola –, assim verdadeiramente comprometido com a questão da escola democrática.

5

O problema epistemológico da educação formal

a educação inclusiva

Luiz Antonio Gomes Senna

brasileira é um fenômeno essencialmente caracterizado pelo contraste, presente não apenas na esfera das desigualdades sócio-econômicas, porém, de forma mais essencial, na esfera dos valores e das representações que determinam as suas gigantescas diferenças re-gionais e locais, não raro associadas à concepção de um país entrecortado por um sem número de "brasis". À luz de sua própria história frente à cultura moderna, a construção do Brasil como

A sociedade brasileira é um fenômeno essencialmente caracterizado pelo contraste, presente não apenas na esfera das desigualdades socioeconômicas, porém, de forma mais essencial, na esfera dos valores e das representações que determinam as suas gigantescas diferenças regionais e locais, não raro associadas à concepção de um país entrecortado por um sem número de "brasis". À luz de sua própria história frente à cultura moderna, a construção do Brasil como palco de contrastes costuma ser explicada a partir da confluência de três troncos culturais que viriam a mesclar-se já desde os primórdios, inaugurando-se uma sociedade sinteticamente orientada por traços da cultura moderna (imposta pela interferência europeia) e por traços de culturas orais, com origem afro-americana. Entretanto, ainda que formalmente responsável por traços comuns à sociedade brasileira e, de certo modo, pela desigualdade socioeconômica que ainda nos dias de hoje atinge de forma desproporcional os brancos e os demais sujeitos da população, é impossível explicar a complexidade do Brasil sem que se leve em conta a interferência dos diversos tempos de integralização de sua sociedade numa perspectiva histórica.

Ainda mais significativos do que a miscigenação, os diferentes estágios temporais do processo de construção da sociedade brasileira foram propriamente responsáveis pela formação de um país cujo povo aderiu de forma desigual à influência da cultura moderna e, consequentemente, desenvolveu conceitos e sentimentos os mais diversos sobre o sentido e as práticas de **inclusão social**, inserindo-se entre estas o processo de escolarização. A variação dos brasileiros quanto ao nível de identidade frente à cultura moderna geraria idêntica variação quanto ao nível de identidade frente às práticas de escolarização, já que, primitivamente, tais práticas vinculam-se diretamente a um pacto de interesse no que se refere à inclusão no mundo moderno, seus ritos, valores, modelos de pensamento etc. Formar-se-ia, ao longo dos séculos, um Brasil povoado de brasileiros alinhados à cultura moderna, sujeitos legítimos da formação escolar, e de brasileiros não alinhados à cultura moderna - com, ou sem, formação escolar - constrangidos pelo sentimento paradoxal de inferioridade perante os demais e de orgulho por não se identificarem com eles e com sua aparente dificuldade de ser felizes no cotidiano social brasileiro.

Fomentada pela própria natureza singularizante do homem moderno e, ao mesmo tempo, referendada pela fração autorreconhecida como inferior, a modernidade brasileira traçaria em torno de si os limites da cidadania nacional, deixando ao exílio a maior parte do País. O acesso à escrita - e, mais recentemente, o acesso à escolarização básica - ocuparia no Brasil da Modernidade o lugar da nacionalidade, o lugar do restabelecimento de vínculo entre a óbvia similaridade pública de todo o povo brasileiro e a legitimidade social. Todavia, elegeu-se um marco a ser superado ao longo do rito escolar de legitimação, qual seja, o **fracasso escolar**, este mito que até os nossos dias persiste em banir brasileiros do direito à legitimidade e em lhes negar o pleno direito à inclusão social.

O mito do fracasso escolar e a educação inclusiva

A trajetória do fracasso escolar já resulta longa, e também longa é a série de institutos acadêmico-científicos criados com a finalidade de referenciar suas causas e justificativas. O corpo teórico que lhe dá sustentação opera, sobretudo, a partir de um extenso aparato conceitual em que se defende a existência de um modelo naturalista de homem, idealizado e balizado à luz da imagem do sujeito cartesiano moderno, disso resultando que o peso do fracasso escolar incidiria não sobre o perfil social dos sujeitos-alunos, mas, sim, sobre sua natureza fisiológica. Dessa forma, o fracasso escolar, à medida que vinculado a traços biológicos e, por isso, transferido para o âmbito das ciências médicas, passa a funcionar como o mais determinante instrumento de banimento na sociedade brasileira, por meio do qual o Brasil moderno mantém apátridas os demais "brasis", vertidos em um abismo de doenças e de alienação mental.

Nos "brasis" exilados, irmanam-se até os dias de hoje os expatriados da cultura moderna, sujeitos a um profundo preconceito, centralmente agregado à crença em sua incapacidade de assumir um lugar junto aos expoentes da razão cartesiana. O Brasil torna-se, assim, a grande alegoria do mundo moderno, descrevendo a partir de sua própria conformação social o modelo de relações entre o Primeiro Mundo e os "brasis" ao redor de todo o Terceiro Mundo. E, assim como nas relações internacionais, o Brasil moderno assume o papel de tutor de seus irmãos débeis, liderando e prescrevendo modelos de desenvolvimento, ora à custa de força, ora à custa de uma sedução que lhes imputa o preço da identidade e da autoestima.

Educar e curar consagram-se como ações sinônimas na sociedade brasileira, compreendendo-se, então, a educação formal como a cura da debilidade social ou, indiferentemente, da debilidade mental. E aos incuráveis estranhos ao modelo de homem moderno legou-se a educação especial, tanto àqueles portadores de necessidades educativas específicas, como àqueles tantos outros que, simplesmente, opunham-se, consciente ou inconscientemente, a abrir mão de sua identidade social e a tornar-se sujeitos alfabetizados pela cultura moderna, todos suscetíveis ao estigma do fracasso escolar e devidamente interditados ao ingresso na esfera pública como cidadãos autônomos.

A cura pela educação consagrar-se-ia ao longo dos séculos como conceito básico dos processos colonizatórios promovidos pelo homem moderno e, no Brasil, deu-se o mesmo, primeiramente pela ação europeia e, mais tarde, pela ação do próprio Estado nacionalizado. Ao povo brasileiro, já banido *a priori* da Modernidade em razão de sua miscigenação e dos traços culturais que se lhe impuseram por influência dos trópicos, restou um conceito de escolarização ambiguamente situado, ora na esfera do não pertencimento, ora na de um pertencimento enviesado, estritamente vinculado à busca por instrumentos mínimos para a inserção no mercado de trabalho. Em princípio, os brasileiros aprenderam, a partir de suas experiências sociais, a distribuir a si próprios, ou na categoria dos poucos que pertenceriam à escola, ou na dos muitos - incuráveis - que a ela não pertenceriam. Influenciados pela ilusão do homem moderno, grande parte do povo do Brasil acostumar-se-ia a crer que seu não pertencimento à escola era sua condição natural, desse modo compreendendo como igualmente natural a imensa desigualdade de oportunidades com relação aos brasileiros escolarizados, a minoria da população, a qual, por sua vez, habituar-se-ia a ter, nos demais, seus servos de baixo custo financeiro.

De certo modo, o servilismo agregado ao conceito atribuído ao brasileiro comum tornou-se um marco na organização dos sistemas de educação formal, sobretudo no século XX, quando, apesar de todos os movimentos ocorridos no interior da sociedade, a escola manteve um valor constante, asseverado pela explosão dos índices de fracasso escolar. Se, por um lado, os direitos civis se ampliavam para assegurar condições de cidadania ao povo, por outro, a escola seguia utilizada como instrumento de exclusão e de alienação social. Dessa forma, excluídos sob a condição de fracassados escolares, caberia aos brasileiros submeterem-se à tutela do Estado construído e dirigido pelo homem moderno, dentro e para além das fronteiras do País, no coração dos interesses culturais e comerciais do Primeiro Mundo.

No último terço do século passado, mobilizado pelas dramáticas transformações nos processos de produção, a comunidade moderna - tendo à frente a Organização das Nações Unidas (ONU) - inaugura uma série de institutos políticos tendo por princípio a necessidade de provocar uma aceleração nos processos locais e internacionais em favor da inclusão dos povos marginados nas esferas produtivas. A exemplo disso, a *Conferência Mundial de Direitos Humanos*

> *reafirma a obrigação dos Estados quanto a zelar para que as pessoas pertencentes às minorias possam exercer plena e*

> *eficazmente todos os direitos humanos e as liberdades fundamentais, sem discriminação alguma e em condição de total igualdade ante a lei, em conformidade com a Declaração das Nações Unidas sobre os direitos das pessoas pertencentes a minorias nacionais ou étnicas, religiosas ou linguísticas (...) É fundamental prestar atenção à não discriminação e ao desfrute, em igualdade de condições, por parte dos deficientes, de todos os direitos humanos e as liberdades fundamentais, incluindo sua participação ativa em todos os aspectos da sociedade.* (ONU, 1993)

Adiante, em 1995, durante a 28ª Conferência Geral, a ONU define o conceito político de tolerância, o qual nortearia os princípios básicos para ações futuras nas áreas de políticas públicas de desenvolvimento econômico e social:

> *A tolerância consiste no respeito, a aceitação e o apreço à rica diversidade das culturas de nosso mundo, de nossas formas de expressão e meios de seres humanos. Fomentam-na o conhecimento, a atitude de abertura, a comunicação e a liberdade de pensamento, de consciência e de religião. A tolerância consiste na harmonia na diferença. Não somente é um dever moral, mas, sobretudo, uma exigência política e jurídica. A tolerância, a virtude que faz possível a paz, contribui para a substituição da cultura de guerra pela cultura de paz.* (ONU, 1996)

Nos assentamentos da 28ª Conferência da ONU, consta, ainda, objetiva referência ao princípio da tolerância como marco de um interesse político da comunidade internacional em relação à promoção de mudança no modelo colonizatório adotado pela cultura moderna sobre os povos marginalizados. A exemplo disso, destaca-se aqui o seguinte trecho:

Plano de Ação de Seguimento do Ano das Nações Unidas para a tolerância

Em sua 23ª sessão plenária, em 15 de Novembro de 1995, a Conferência Geral aprovou, com base no informe da Comissão V, o seguinte Plano de Ação de Seguimento do Ano das Nações Unidas para a tolerância.

Um esforço comum e sustentado

1. As causas e os fatores que contribuem para as manifestações de intolerância no mundo inteiro são complexas e não envolvem soluções simples ou fáceis. Entre as variáveis sociais, cabe mencionar a desconstrução progressiva das estruturas familiares, a migração para zonas urbanas já superpopulosas e com disfunções, a perda dos valores tradicionais, a marginalização e o espetáculo da violência nos meios de comunicação e na vida cotidiana. Acrescente-se a isto que em todas as sociedades reina de algum modo atual a diversidade, já que uma mobilidade individual sem precedentes nos séculos anteriores leva a cada ano milhares de indivíduos a novas regiões. Os jovens do mundo inteiro estão entrando hoje em dia em uma realidade multicultural, multiétnica e, cada vez mais, urbana, na qual tolerar a diversidade é algo necessário à sobrevivência e ao desenvolvimento humano de todos os membros da sociedade.
2. Entre os fatores políticos há de se mencionar a fragilidade das instituições democráticas, a falta de respeito pelos direitos humanos, o caráter explosivo dos nacionalismos e das rivalidades étnicas, e os conflitos que levam a desagregar ou deslocar milhões de indivíduos. Desde o ponto de vista econômico, o desemprego ou o subemprego, a extrema pobreza e a extrema pobreza em cada país (e as diferenças a respeito entre os países) e o subdesenvolvimento persistente contribuem para criar tensões sociais que se manifestam em forma de intolerância.
3. Frente a estes desafios, os seres humanos têm mostrado que são capazes de mudanças importantes, de crescerem e

> *de se adaptarem, tanto nos dias atuais, como através de sua história. Algumas vezes têm mostrado que são capazes de reconhecer sua unidade fundamental, suas esperanças e aspirações comuns, e a riqueza da diversidade humana.*
>
> *4. Se dispomos desses instrumentos essenciais, que são a educação, as capacidades ou possibilidades de diálogo e comunicação, a intervenção positiva das personalidades com influência na opinião pública, uma legislação apropriada ao respeito e à vontade de coexistir pacificamente como vizinhos uns dos outros, estes desafios não têm por que ser insuperáveis. O mandato das Nações Unidas e da Unesco nas áreas de prevenção de conflitos, a promoção dos direitos humanos, o entendimento mútuo e o desenvolvimento social e econômico, requer um esforço sustentado e em cooperação para fomentar os valores de tolerância e de paz entre todos os povos do mundo.* (ONU, 1996, p. 75)

Em que pese o firme propósito político da comunidade internacional no sentido de provocar ruptura nos processos de segregação cultural na esfera pública da Modernidade contemporânea, a própria escola tornou-se um dos maiores entraves para sua consecução. Ainda que mobilizada e substantivamente atingida por políticas sociais comprometidas com a geração de uma cultura de tolerância às diferenças, as instituições escolares – em especial as vinculadas aos sistemas públicos de educação básica – sofreriam desde então o duplo peso de duas forças devastadoras: a pressão social proveniente da opinião pública, fortemente aparelhada para desautorizar os sistemas de tolerância adotados e, desse modo, preservar os lugares sociais historicamente consagrados, e a pressão acadêmica, sustentada por séculos de cultura científica, orientada para reiterar o modelo cognoscente do sujeito moderno como parâmetro em todos os processos educacionais que dão corpo ao planejamento curricular e ao ensino de todas as áreas do conhecimento.

Todo o esforço político em favor da tolerância, presente até mesmo na orientação das políticas públicas de educação e no discurso do professorado, não foi bastante para superar a cultura do fracasso escolar, da educação pela cura e da tutela pelo Estado. Hoje, passada uma década desde os primeiros marcos pela tolerância às diferenças, eclode a cultura do fracasso sob o pretexto da "educação de qualidade"; sob o pretexto, portanto, da requalificação do sujeito moderno, em detrimento das múltiplas identidades, das vocações regionais e dos tempos que os até então banidos da esfera pública passam a adquirir na Modernidade contemporânea. Esse preocupante sinal de retrocesso dá-se sob inteira conivência da comunidade acadêmico-científica, cujo investimento deixou a esmo a pesquisa sobre o **sujeito escolar** da era da tolerância, pois, embora muito se tenha avançado no estudo e na descrição dos sujeitos sociais em aproximação à Modernidade, muito pouco se avançou, até o presente, no estudo sobre os sujeitos cognoscentes formados à margem da influência cultural do homem cartesiano.

Nas ideias do sociointeracionismo e do construtivismo a ele associado, por exemplo, encontra-se por núcleo o próprio ideal de homem moderno, vinculado à crença de que os estados formativos dos povos marginais derivem necessariamente os estados culturais reconhecidos pela sociedade escolarizada tradicional. Assim, à escola coube tão somente enlouquecer – a si, seus professores e alunos – diante da paradoxal missão de dar voz aos marginais e, ao mesmo tempo, calá-la frente à cultura científica hegemônica. À ciência, por seu turno, coube acusar a escola de não cumprir o seu papel, ora por não civilizar os bárbaros silvícolas brasileiros, ora por persistir banindo-os pelo fracasso escolar. Para além disso, entretanto, limitou-se a balizar o fracasso escolar aos seus próprios paradigmas, todos cientificamente determinados na ordem da ciência moderna.

Paralelamente ao fracasso da educação formal regular, a educação especial - mobilizada pelas orientações firmadas na *Declaração de Salamanca* (Unesco, 1994) - introduziria, já no final do século passado, o princípio da integração dos deficientes às escolas regulares, supostamente pondo em prática o que se intitularia **educação inclusiva**. Assim como no caso dos sujeitos das culturas marginais, os deficientes tornaram-se de pronto não exatamente sujeitos escolares incluídos, mas, sim, alunos invasores, indesejáveis e desqualificantes da instituição escolar. Possivelmente, em nenhum outro momento da história da humanidade, a pobreza, a diferença e a deficiência estiveram tão próximas entre si e tão distantes da legitimação pública.

A autoridade social dos sujeitos escolares oriundos de culturas marginais ou com necessidades educativas especiais ainda está por se definir e por se defender na esfera dos sujeitos modernos. Uma tal definição e sua defesa pública exigem uma nova tomada de posição pelos agentes da cultura científica, solidariamente agregados à educação. Nesse sentido, a desmistificação do fracasso escolar constitui uma meta primordial para o desenho de uma escola verdadeiramente capaz de dar sentido à era da tolerância. No lugar hoje ainda ocupado pelo conceito de fracasso, deve-se instaurar a categoria **diferença** e nela focar os estudos e as pesquisas. Trata-se de substituir a pesquisa sobre a deficiência do outro em comparação a algum ideal de sujeito cognoscente, indagando-se, em lugar disso, sobre o que há de singular no outro que o torna mais um sujeito cognoscente.

A fim de atender à demanda por uma escola tolerante com as diferenças, a comunidade científica deve impor-se os mais complexos desafios, entre os quais a redefinição dos limites entre o universal e o experiencial, sendo que o resgate das relações entre o desenvolvimento humano e os fins da educação formal torna-se centralmente essencial. Contudo, a coordenação de aspectos como estes, historicamente arrolados como antagônicos na cultura científica, há de exigir um esforço, ainda maior, pela construção de algum inédito conceito de **verdade** capaz de satisfazer as condições de produção de saberes que jamais se bastem em si mesmos e que se apliquem caso a caso, ainda que sob bases universais.

A pesquisa para a tolerância é, sobretudo, um conceito, ao mesmo tempo, socialmente motivado pelo interesse dos povos que a cultura científica ajudou a banir e academicamente orientado para a superação de todas as bases que, um dia, acolheram e disseminaram a cultura do fracasso escolar. É esse modelo de pesquisa que se chama aqui **educação inclusiva.**

A pesquisa e o saber em educação inclusiva

A educação inclusiva introduziu mudanças expressivas no interior da cultura da pesquisa sobre a deficiência escolar, particularmente devido à expectativa de integração e socialização do sujeito com necessidades especiais, antes não tratada como objeto central na área de educação especial, devido à ênfase sobre a perspectiva de estudo individual - laboratorial - do deficiente e da deficiência. A mudança na perspectiva do sujeito da educação especial, que passava de um indivíduo tomado em si mesmo para um indivíduo social, trouxe consigo um interesse particular no estado e nas condições do contexto social em que o deficiente constrói a sua vida pública, assim demandando um reaparelhamento da pesquisa na área, especialmente no que concerne ao delineamento do contorno dos sujeitos e dos fenômenos arrolados como objeto de investigação.

Apesar de se haver alargado o escopo dos sujeitos identificados como objeto da educação especial e, paralelamente, o escopo dos objetos de pesquisa na área, a centralidade das investigações ainda tende a concentrar-se na figura dos sujeitos com traços conceituais a que se possa atribuir algum caráter "especial" perante os demais sujeitos sociais. Tal centralidade é compreensível frente à urgente demanda de se assegurarem os direitos individuais daqueles que, uma vez considerados "especiais", permaneceram à margem dos processos públicos, banidos e alienados da cidadania. O princípio da inclusão trazia embutido em si o princípio de direito à integração, princípio este responsável pela nova ideologia subjacente às práticas de educação especial, vinculada à objetivação de uma meta comum de ruptura com as barreiras sociais segregadoras das comunidades marginalizadas (ONU, 2003).

O embasamento às práticas de educação inclusiva trouxe como contribuição, desde então, fundamentos para que os deficientes pudessem ser legitimados como sujeitos sociais portadores de direitos inalienáveis, cuja introdução às práticas sociais poderia dar-se mediante a adoção de medidas amparadas em políticas públicas de inclusão. Tais medidas, todavia, passaram a esbarrar no problema de que os demais sujeitos sociais não se compreenderam agentes ideológicos da ação inclusiva, daí resultando, não raramente, que os recém-incluídos passassem a ser vistos publicamente como estranhos invasores, deslocados de contexto e incapazes de compartilhar os mesmos espaços que os não "especiais". A experiência escolar de educação inclusiva é um exemplo disso. Surgiu no discurso da comunidade envolvida com a inclusão um vilão implacável instituído na figura do agente escolar, ou seja, o **professorado**, distribuído em três classes de bichos-papões:

os que não querem permitir a inclusão, os que não estão preparados para incluir e os que, ao mesmo tempo, não querem incluir ninguém nem estão preparados para isso. Fato é, entretanto, que a imagem negativa do professorado não é justa e reflete, antes de tudo, falhas no processo de implantação das práticas de inclusão escolar.

O tratamento dado à questão social da inclusão das comunidades marginais, incluídos os deficientes, levou em conta exclusivamente a adoção de medidas materiais e institucionais, restritas, portanto, à normatização e às condições de acessibilidade, ambas esferas determinantes, mas não bastantes para todos os casos. A inclusão escolar dos marginalizados sociais defronta-se com fatores de ordem **simbólica**, não tratáveis por meio de medidas regimentais ou pela simples adoção de medidas materiais. Ao contrário, introduzir na escola sujeitos não legitimados em seu conceito instituinte implica legar aos incluídos um espaço vazio, preenchido tão somente por sua presença física, tornando-os eternos estrangeiros. Consequentemente, uma vez como estrangeiros, restará aos incluídos o mesmo sentimento de exclusão que se desejara superar.

A materialidade social da escola – na forma como se concebe na Modernidade – funda-se sob princípios absolutamente antagônicos aos da educação inclusiva, instituída que fora para discriminar cidadãos civilizados de pessoas outras, culturalmente formadas à base da oralidade, predominante nas eras anteriores. A natureza civilizatória da instituição escolar passa rapidamente por uma fase de edificação por meio da moral religiosa, vindo a se consolidar no interior da cultura racionalista, já a partir do século XVII. Mais do que perpetuadora do saber científico, a escola passa a atuar como modeladora de uma moral pública sustentada na razão científica, cuja ética reger-se-ia no modelo de ação do sujeito da ciência:

o método científico. O princípio que orientaria a função social do professor e, consequentemente, do qual se extrairia seu conceito social, não residiria na prática de ensinar os conteúdos do saber acadêmico, mas, sim, na formação de modelos sociais de pessoas baseados em padrões de comportamento (intelectual, psicomotor e social) que forjassem sujeitos civilizados, aos quais caberia o direito de compartilhar do espaço urbano moderno.

Um tal princípio orientador, surgido como demanda dos anseios de uma era na história da humanidade, é, portanto, o que legitima as práticas exclusoras empregadas no cotidiano escolar desde sempre. O fracasso escolar tem um caráter muito mais claro na ordem social do que na ordem específica do ensino, já que fracassar na escola significa o mesmo que fracassar no processo de inclusão nas práticas sociais.

A identidade social do professor é forjada, ao longo de sua formação profissional e de sua experiência na própria sociedade, no sentido de instituí-lo como agente de uma longa tradição de práticas de controle sobre quem entra e quem não entra na esfera pública da urbanidade. A medida de avaliação adotada para auferir valor a sua função ordinária não é outra que não a própria razão, esta que, acima das ideologias, é imperativa do modo como os sujeitos modernos compreendem e praticam a cidadania. O estatuto científico da razão moderna determina, pois, o padrão de credibilidade da intervenção escolar sobre as pessoas em formação e, logo, determina, também, os traços que caracterizam o conceito social de **aluno**.

Por **aluno**, a instituição escolar não compreende qualquer sujeito em formação, universalmente legitimado pela ideologia de uma educação laica. Ao contrário, a tradição social imputa à escola um sujeito ideal, perfeito segundo o ponto de vista daquele cidadão desenhado como modelo para a cultura científica, capaz de perceber o mundo preponderantemente por meio da visão, conceituá-lo de forma abstrata e ideativa, sequer fronteiriça à realidade transitória e relativa dos fatos reais, manipulá-lo, também de forma abstrata, a partir de uma ordem de causalidade fundada na lógica cartesiana e registrá-lo de modo a condensar racionalmente o pensamento na linearidade da escrita. Qualquer sujeito que se oriente pelo mundo de modo diferente, seja por incapacidade, seja por preleção cultural, seja por ambas as acusas, não se identifica conceitualmente como aluno e está sujeito à exclusão, escolar e social.

A perplexidade do professorado diante dos sujeitos da educação inclusiva reflete exatamente sua incapacidade de os enquadrar no perfil conceitual de aluno. Tal perplexidade tende a resistir até mesmo quando o professor, por ideologia, reconhece nos sujeitos incluídos o direito de estarem compartilhando do espaço público escolar, bem como, em si próprio, um agente autorizado a promover e assegurar tal direito. Mesmo um professor assim intencionado esbarra no fato de que todo o sentido de sua profissão - tomada aqui como função com identidade própria no interior dos valores sociais - se fragiliza imensamente diante da impossibilidade de se empregarem os mecanismos civilizatórios que dão forma à sua identidade social durante as práticas de ensino.

É bem verdade que nos dias atuais o princípio civilizatório orientador das práticas de ensino parece profundamente anacrônico, para professores ou não. Todavia, nenhum outro princípio civilizatório a cultura científica derivou para legitimar as práticas inclusivas do professorado, deixando a escola - e seus agentes sociais - diante de um profundo abismo entre as pessoas, movidas pela ideologia da inclusão, e os conceitos de professor e aluno, instituídos e perpetuados pela ideologia da exclusão.

Observa-se, portanto, que as políticas e as práticas de educação inclusiva pecaram por se concentrarem sobre as pessoas, deixando de intervir nos conceitos que estas viriam a representar quando incluídas nos espaços escolares. O risco de haver indivíduos povoando as escolas hoje como sujeitos não autorizados a estarem lá não resulta de **preconceito** – ou melhor, não resulta de um preconceito consciente –, e sim da ausência de mecanismos que lhes assegurem a possibilidade de assumir uma identidade legítima enquanto alunos. Não basta se abrirem as escolas para os excluídos. É preciso lhes garantir um espaço na identidade coletiva dos alunos, de modo tal que, claramente, eles próprios, seus pares e seus professores possam reconhecer sujeitos em processo de desenvolvimento, da mesma ordem pela qual passam todos os demais.

A questão que se coloca para a ciência, então, é: qual a ordem do desenvolvimento escolar na Pós-Modernidade? Não se trata de conduta justa e coerente com a ideologia da inclusão imputar aos sujeitos marginais a mesma ordem aplicável ao sujeito aluno-ideal da Modernidade, já que este encontra-se além das capacidades e dos desejos dos novos incluídos na esfera pública. Uma outra ordem de desenvolvimento, contudo, demanda um outro sujeito aluno, um outro conceito, portanto, cujas bases não mais se encontram nos fundamentos científicos que forjaram a urbanidade moderna, à luz das condutas delineadas no método científico. Trata-se de uma ordem desestruturante de um dos princípios mais cêntricos da ciência moderna, o de modelo ideal, que anula a pluralidade que dá forma à realidade dos seres e das coisas. Uma ruptura, pois, no interior do conceito de razão, cujo efeito desestabiliza toda a cultura científica.

O efeito cataclísmico provocado pela ruptura na crença de uma razão universal e exclusiva é um dos efeitos da síndrome contemporânea da Pós-Modernidade, diretamente responsável pela fragmentação das identidades sociais. Todavia, é justamente no interior dessa crise que a humanidade urbana avança no sentido de sua pluralização, dando margem ao surgimento de ideologias inclusivas e de políticas como a educação inclusiva.

O lugar marginal ocupado pelos sujeitos incluídos no contexto escolar deverá ser superado à medida que a própria cultura científica venha a superar seu próprio conceito de idealidade, permitindo-se tratar da pluralidade social como traço fundamental e irrecorrível do modelo de sujeito da razão. Por esse motivo, a pesquisa em educação inclusiva deve não somente estar alerta para as contribuições contemporâneas que vêm buscando dar sentido a uma ciência sócio-histórica e hipertextual, como deve introduzir-se no interior das discussões, tratando das questões que diretamente dialogam com sua problemática específica, entre as quais se destacam o conceito de aluno, tomado como sujeito social autônomo com relação a protótipos vinculados a quaisquer vetores culturais predominantes, e o conceito de processos educacionais, tomado a partir de sentidos e condutas associadas ao currículo escolar numa perspectiva inclusiva.

A fim de que se possa superar o lugar de estranhamento que ocupa o sujeito da educação inclusiva no contexto escolar, as contribuições da pesquisa de base nessa área devem estar presentes desde a formação inicial de recursos humanos até as diversas modalidades de capacitação em serviço.

A perspectiva de uma abordagem da educação inclusiva a partir de sua dimensão conceitual no imaginário social permite que se possam alargar as possibilidades de diálogo com os pares da comunidade escolar no **processo** da educação, notadamente, os responsáveis, os gestores de políticas públicas e a sociedade civil, de modo a instalar-se a cultura da inclusão - dentro e fora da escola - como consequência de novas ideologias que dão sustentação a um projeto de sociedade em que o direito à diversidade não se compreenda como concessão episódica e restritiva, mas, sim, como direito, inalienável, de todo e qualquer ser humano. Desse modo - e somente assim -, as práticas de inclusão desenvolvidas no interior da escola serão legitimadas como um bem universal, permitindo-se vislumbrar um futuro em que o conceito público de aluno deixará de discriminar sujeitos incluídos de outro sujeitos, ditos normais, um conceito, portanto, no qual o sentido de agregação prepondere sobre o de exclusão.

O conteúdo central da pesquisa de base conceitual vinculada à implementação da educação inclusiva deverá ser orientado, preponderantemente, para os seguintes aspectos: (a) o desenho conceitual do aluno e (b) o desenho conceitual da base curricular da escola, assim respectivamente substantivados nos seguintes campos conceituais:

(a) Quanto ao **desenho conceitual do aluno**: objetivação de sujeitos portadores de potenciais, em substituição à noção de déficit que predomina no perfil de sujeitos estranhos ao modelo cartesiano; objetivação do espaço da autoestima frente à integração de plurais no espaço da cidadania na esfera pública; legitimação de múltiplos sistemas de crenças, modos de construção de saberes e de expressão; legitimação de identidades, mediante a quebra de um conceito unitário e exclusivo de verdade no interior do discurso, das práticas e dos valores da cultura científica; objetivação de modelos de subjetividade que deem sustentação a políticas de inclusão nas dinâmicas e nos valores da cidadania, sem prejuízo do direito à identidade sócio-histórica de cada um.

(b) Quanto ao **desenho conceitual da base curricular da escola:** objetivação do espaço e da materialidade ocupados pelo saber incidental, agregado nos múltiplos sistemas de crenças, no corpo de conteúdos de ensino; objetivação de alternativas de planejamento e avaliação do ensino que superem a geração de estados discriminatórios; enquadramento do conceito de currículo na busca pela construção de identidades frente ao coletivo, a partir da comunhão de vozes e desejos e no desenho de uma perspectiva comum de futuro; objetivação de um modelo de aproximação à cultura científica que dê voz e ação às diversidades; objetivação de modelos solidários de construção do conhecimento, de apropriação das tecnologias que substantivam a integração às práticas sociais e de construção de projetos de vida.

Em paralelo aos aspectos teóricos diretamente relacionados à conceituação do aluno e da base do currículo escolar, a pesquisa de base deverá, ainda, formar par com os grupos de discussão sobre a metodologia de construção do conhecimento científico, visando, especialmente, a contribuir para a **legitimação** e a **caracterização acadêmica** das práticas de pesquisa-ação no interior da cultura científica. A pesquisa- ação - um modelo essencial de ciência ecológica - nutre-se da ruptura com a concepção laboratorial e ideativa das práticas de pesquisa cartesiana, desse modo não somente privilegiando, mas, sobretudo, introduzindo no cenário da construção do saber a complexidade dos sistemas de valores e crenças que se agregam na realidade de mundo. Assim, tomados como agentes do saber que embasa sua própria prática, os recursos humanos da educação inclusiva tornam-se, eles próprios, agentes do desenvolvimento dos conceitos com que se promoverá a consolidação da cultura escolar inclusiva. Ao mesmo tempo, refletindo e intervindo sobre suas práticas de construção conceitual, estarão contribuindo para o desenho da cultura científica do homem pós-moderno, no interior da qual a educação inclusiva agregar-se-á a um projeto coletivo de futuro humano.

> “...E pôs a eternidade
> no coração do homem”
>
> (Eclesiastes 3:11)

João Carlos Bernardo Machado

que a contemporaneidade nos participa, percebe-se uma aproximação entre a ciência e a religião, entre o orgânico e a máquina, entre a tecnologia e a biologia. Isto porque, com os novos experimentos da física quântica, chega-se à idéia de que a máquina quântica sempre existiu, haja vista que a vida humana é um grande complexo eterno-temporal em momentos definidos ou não, o corpo experimenta o tempo, o espírito o transcende e a alma é o elo entre as várias formas esse progresso que a contemporaneidade nos participa, percebe-se uma aproximação entre a ciência e a religião, entre o orgânico e a máquina, entre a tecnologia e a biologia. Isto porque, com os novos experimentos da física quântica, chega-se a idéia de que a máquina quântica sempre existiu, haja vista que a vida humana é um grau de complexo eterno-temporal – em momentos definidos ou não, o corpo experimenta o tempo, o espírito o transcende e a alma é o elo entre as várias formas

João Carlos Bernardo Machado
é mestre em Educação.

Em meio a todo o progresso trazido pela contemporaneidade, percebe-se uma aproximação entre a ciência e a religião, entre o orgânico e a máquina, entre a tecnologia e a biologia. Isso porque, com os novos experimentos da física quântica, chega-se à ideia de que a **máquina quântica** sempre existiu, haja vista que a vida humana é um grande complexo eterno-temporal – em momentos definidos ou não, o *χρόνος* cede lugar ao *καιρός*. Assim, o corpo experimenta o tempo, o espírito o transcende, e a alma é o elo entre as várias formas de saberes da dimensão física, psicofísica e metafísica, que não podem ser medidas ou mesmo assumidas, pelo menos por enquanto, no mundo concreto. Assim, fomenta-se a ideia de não se determinar o saber numa relação *a priori* entre certo tipo de juízo e a experiência de leitura de mundo. Isso porque, se a personificação de um texto - sua apropriação pelo sujeito por meio de seu ato singular de leitura - satisfaz-se com alguma verdade hermeticamente fechada, tal como se nos revela a estrutura superficial de uma expressão do tipo 1+1=2, como explicar o infinito que se encontra subjacente ao intervalo entre o algarismo 1 e o algarismo 2 - em outros termos, o conceito derivado da adição de 1 a 1 -, caso se desprezem as energias sutis, as revelações epistemológicas, a que, com permissão, batizo como **significância ativa?** Que juízo propriamente orienta a relação que o leitor estabelece entre 1+1 e 2, caso não se dê à razão espaço para compreender o que de fato deriva 2 a partir de um conceito lógico como o de 1+1? Mais do que isso, resta indagar quanto aos outros resultados possíveis da operação 1+1 a que se pode chegar quando, a partir de uma significância ativa, outras variáveis se tomam em conta, diferentes daquelas que a cultura científica consagrou resultarem em **2**.

O modelo escolar de transmissão de conhecimentos consagrou-se centralmente pelas práticas de transmissão de saberes, negando ao aluno o direito ao ajuizamento, à produção do conhecimento em si, portanto, a intervir no saber por meio da significância ativa. Isso denuncia que o modelo escolar se organizou com base na crença em que a verdade instituída pela lógica do mundo científico pudesse ser tomada como dogma de fé, absolutamente consagrada no juízo do agente da cultura científica e, consequentemente, fechada em si mesma, protegida e alienada do juízo do outro. Pode-se dizer que essa concepção alienante de verdade contribuiu, de forma expressiva, para o desenvolvimento do conceito sentencial de aprendizagem, caracterizado não pela construção de conhecimentos, mas, sim, pela caracterização, pela imposição de um juízo preconcebido numa esfera distante do espaço escolar e sobre ele prevalecente. A escola assume, então, o papel de formar muito mais o indivíduo social da cultura científica do que o sujeito da ciência, este que ocupa um lugar anterior à escola e a ela provê com saberes, não com o conhecimento que institui tais saberes. As práticas de ensinar a partir do saber, em detrimento do ajuizamento do conhecimento que lhes deu corpo, imputaria à aprendizagem um caráter passivo, no interior da qual a única atividade cognitiva possível é a **interpretação** do juízo do outro, a busca, portanto, pela significância que, na mente do sujeito da ciência, fez revelar a verdade que justifica e legitima o saber como objeto a preponderar sobre outros juízos possíveis. Isso porque os fatos, o poder, o acontecer se estabelecem pela capacidade transferida, e não pela capacidade desenvolvida pelo ser epistemológico. Assim, a personificação de um texto qualquer toma forma de uma atividade destinada a reprovar e interditar a pluralidade de interpretações que, teoricamente, caracteriza qualquer texto como entidade **plural, pluralizante** e **pluralizada.**

Os estudos epistemológicos de Lev Vygotsky (1993) avançam positiviamente no sentido de superar a ideia de **permanência** subjacente ao conceito de saber científico, ao sugerir que a construção de conhecimentos é, na realidade, um processo de desvendamento dos sentidos culturalmente impregnados na realidade de mundo. Desse modo, os saberes expressos pelos sujeitos em interação social são dados à revelação, à construção essencial do sentido, portanto, à geração de conceitos epistemológicos, contrariando a tese de que se possam eleger modelos metodológicos que conduzam à construção de um saber, à medida que os saberes se recriam a partir das relações que se instituem nas dinâmicas de construção de conhecimentos. Uma tal concepção de construção de conhecimento colide com as práticas de ensino-aprendizagem adotadas no contexto ordinário da escola básica, na qual o saber expresso no texto-aula (seja no discurso do professor, seja no texto didático) é tomado como uma entidade dogmática e fechada em certas significações e conceitos cuja natureza raramente se demonstra ao aluno, via de regra sob o argumento de que tal natureza é excessivamente complexa para ser compreendida pelo aluno do ensino básico. Aos alunos, então, resta memorizar (o que não necessariamente significa "ajuizar") o saber expresso pelo texto-aula e nisso consiste a chamada **transmissão de conhecimento**. Aos que se rebelam contra esse tipo de transmissão de conhecimento e ousam ajuizar o saber escolar a partir de seus próprios conceitos de mundo, de seus próprios estados internos de construção de conhecimento, não raramente restam a frustração e a reprovação, pois, na escola, convencionalmente, transmudar e recriar o saber é sinônimo de "erro".

A conduta do professor diante do "erro" é uma ação inconsciente que atua interditando a **significação ativa** do sujeito leitor e que tem, por trás de si, a crença em que o conhecimento instituinte daquele saber escolar encerre a verdade do mundo, essencial e irrecorrível, uma estrutura, pois, que é, ao mesmo tempo, base e matéria da existência de todas as coisas. Essa crença – que é, também, a célula primeira de toda a cultura científica da Modernidade – não se deve buscar explicar por meio de discussões didático-pedagógicas, tal como via de regra se tem feito, na ordem da formação ou do caráter do professorado. Em boa parte, os interditos à significância ativa do aluno produzem-se a partir do modelo de verdade em que a ciência crera e com base na qual deu a conhecer ao professor o saber escolar. Dessa forma, as transformações que se desejam promover no interior dos processos educacionais, notadamente no campo do letramento, passam necessariamente por questões anteriores, ainda fora do contexto escolar, sobre a ordem de coisas desde as quais se orientam as condutas docentes e os sentidos da formação escolar. É justamente com essa finalidade que se encaminha o estudo apresentado a seguir, um convite a que se aproximem os estudos sobre o letramento dos condicionamentos mais intrínsecos oriundos da cultura científica, esta que, propriamente, justifica a natureza da intervenção provocada pela educação formal sobre os sujeitos sociais e desde cuja história podem-se compreender as vocações tradicionais da escola e as vocações que, mais contemporaneamente, abrem a ciência à dialética da verdade e à pluralidade dos sujeitos sociais.

A ciência conscientizada

O que é a vida? É consciência? Existência? Expressões do inato? É criação, evolução, produto químico? Uma energia? Erwin Schrödinger - físico austríaco (1887-1961) - fez a mesma pergunta há cinquenta anos: o que é a vida? Naquela época, os organismos vivos eram considerados pelos pesquisadores como máquinas sofisticadas, no entanto, microscópicas, que poderiam ser observadas e explicadas pela física experimental, tal como se fosse possível elaborar um manual de montagem. Ainda que explicações estritamente mecânicas tenham trazido inúmeras contribuições para a compreensão da vida, estas mostrar-se-iam de todo insuficientes para dar conta de sua natureza plena. Contemporaneamente, já se reconhecendo o dinamismo dialético, não só da história social, mas da natureza em toda a sua extensão, a essência da realidade não mais se compreende como inerte e sujeita à rigorosa concepção estruturalista de sistema. Mesmo assim, entretanto, persiste um enigma que, para as práticas escolares, torna-se extremamente fragilizante: ainda é muito opaco o conhecimento sobre os modos próprios de auto-organização de vida. Sabe-se apenas que a vida é dinâmica e que funciona, mas não como se torna vida e com que bases funciona. Vincular a discussão sobre a natureza de vida simplesmente ao princípio de sobre ela exercerem determinantes autorreguladores é basicamente o mesmo que explicar o funcionamento de um ferro elétrico conectado à tomada com base tão somente no fato de que este se aquece e que um *display* se ilumina indicando que está ligado. Ou seja, explicam-se o funcionamento e a natureza desse funcionamento somente a partir de indicadores que são consequências do funcionamento, sem que se esclareça o que propriamente leva a tais consequências. Assim, desprezado o processo que determina o funcionamento adequado do ferro, explica-se seu funcionamento por um princípio de potência acionado pela ação da energia elétrica na resistência. Pode-se considerar um tal tipo de explicação epistemológica como ciência?

É sabido que a concepção clássica cartesiana das práticas de ciência, que ainda perdura nos dias atuais, tende a separar, em princípio, **fato** e **valor**, de modo que guarda como pressuposto, oriundo da heurística própria do método científico, a necessidade de se neutralizar o juízo ético subjetivo do pesquisador, em favor de uma suposta **objetividade lógico-estrutural** do sujeito do conhecimento científico. Trata-se de uma ciência **sem consciência**, na medida em que a razão essencial, matéria-prima do conhecimento, compreendia-se como potencial atômico da própria natureza de todas as coisas, acima, portanto, dos juízos subjetivos. Uma ciência sem consciência explica-se, também, pelo fato de que, caso se interpele a ciência para que esta mesma defina quem/o que ela seja, não haverá resposta científica para essa questão. Isso leva a confrontar o problema de que não existe nenhum método objetivo que considere a possibilidade de a ciência, ela mesma, ser objeto da ciência e de o cientista ser sujeito. Isso nada mais aponta do que a fragilidade ontológica do modelo de ciência que supostamente se instituiu na Modernidade com vistas a aclarar e, não raramente, prescrever a verdade essencial da vida e de todas as coisas. Tal questão da ordem da epistemologia parece sugerir que é, ao mesmo tempo, possível e desejável conceder à ideia de **razão** um caráter mais extenso e mais aberto a modelos - no plural - de produção de conhecimento, a fim de que até mesmo o mundo físico possa vir a ser experimentado e explicado por meio de novos sistemas de juízos, cujas fenomenologias instituam e expliquem o **compreender** e o **sentir** de modos diferentes. Instituam e expliquem, portanto, uma nova Razão possível, algo como uma **razão experimental saliente** (do latim *salientis*: "que salta; que sobressai").

Gaston Bachelard - 1884-1962 - defendia a necessidade de se conceber uma **nova razão**, regida pelo que denomina **liberdade análoga**, em seu ensaio sobre o conhecimento aproximado (2004). Nesse estudo, define o conceito de **aproximacionismo**, ou seja, a ideia de que a abordagem do objeto científico deva se dar por meio do emprego sucessivo de diversos métodos investigativos, tendo em vista que cada um deles, por si mesmo, tenderia necessariamente a tornar-se, primeiro, obsoleto e, mais adiante, nocivo. Nesse conceito, encerra-se a concepção de que a ciência é, ela própria, histórica, temporalmente descontínua e, acima de tudo, sujeita à falibilidade e à autossuperação.

Ao examinar as grandes conquistas da ciência a partir do final do século XIX e, sobretudo, no decorrer do século XX, Bachelard identifica, nos campos da matemática, da física e da química, não só um avanço, mas a instituição de um novo espírito científico, determinado a partir de novos pressupostos epistemológicos que resultam numa atividade de pesquisa capaz de demonstrar-se simples, ou seja, ela é. Na física, dá-se o surgimento, com a ciência einsteiniana, de uma sistemática revolução das noções de base, tal como, por exemplo, a que se refere ao fenômeno da luz: a luz, segundo a física quântica, é explicada de forma diferente da visão estabelecida pelos experimentos de Descartes, segundo os quais esta caminhava em linha reta. Essa ideia provou-se ser relativa, já que a trajetória retilínea da luz só se manifesta sob certas condições específicas, em ambientes homogêneos, a que os físicos chamam de **índice de refração,** ou **plano de incidência**. Os experimentos quânticos introduzem a ideia revolucionária de que a luz é, na realidade, uma onda eletromagnética transversal, comportando-se de forma variável conforme o contexto de realidade por meio do qual se propaga. Nesses termos, chega-se à conclusão de que a verdadeira contribuição da física quântica consiste propriamente na ideia da probabilidade, no interior da qual se encontra subjacente o princípio de que as leis da física essencial estão sujeitas a condições contextuais imediatas, de modo que, consequentemente, nenhuma verdade pode prevalecer universalmente, independente do *locus*. Para se entender melhor, é preciso verificar a ideia da polarização da luz. Por exemplo: a concepção tradicional da racionalidade quanto à propagação da luz é a de que sua polarização deva ser linear numa determinada direção constante – isso, portanto, consiste em uma premissa que se toma como verdade independentemente de quaisquer circunstâncias. Tal premissa pode ser plenamente validada por meio de um experimento como o descrito no exemplo 1, no qual se alinham três lentes polaróides entre, de um lado, uma tela e, do outro lado, uma fonte de luz. Nesse caso, poder-se-á observar que as ondas eletromagnéticas (ou seja, a luz) chegam ao seu destino (tela) por meio de uma trajetória, de fato, retilínea, corroborando a premissa.

Exemplo 1

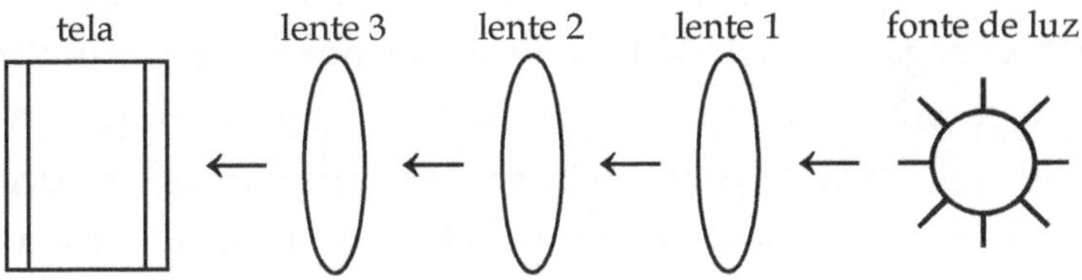

Num outro experimento, com os mesmos elementos, pode-se observar que a luz projetada em direção às lentes polaróides já chegaria à tela com um menor percentual se a lente 2 fosse girada 45°. Desse modo, a premissa anterior já sofre um abalo, pois o contexto criado no experimento gera um fenômeno de luz observável com **valores prováveis**, e não absolutos. A luz, ou intensidade de ondas eletromagnéticas, diminuirá.

Exemplo 2

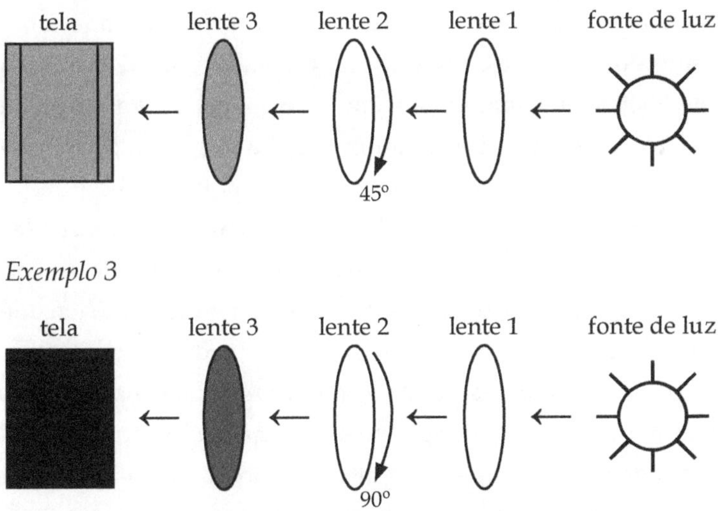

Exemplo 3

Em um novo experimento, é possível notar que, ao se girar a lente 290°, a trajetória da luz se interrompe e esta não mais chegará ao seu destino (tela). Entende-se, assim, que o que permite a trajetória da luz é a relação que há entre as realidades que se dispõem ao longo de seu percurso no espaço. Nesse caso, a ordem dos fatores altera o produto. A contribuição quântica para a compreensão da realidade consiste na diferenciação entre o que está vivo e o que está morto, inerte e alienado da transitoriedade própria das circunstâncias do mundo real. Isso não anula o conceito de realidade prevalecente na ciência clássica; ao contrário, simplesmente o situa como uma espécie de ocorrência teoricamente provável do mundo quântico, uma experiência sensível de mundo real a que se faz agregar tão somente a noção de relatividade. Entretanto, o mundo quântico faz-nos revelar a estranheza da experiência científica que deu corpo ao mundo clássico, a estranheza de um mundo cujas bases teóricas postularam ser possível anular a preponderância da própria realidade sobre o mundo das ideias. Pode-se compreender por meio disso o que Nietzsche chamou de **tremor de conceitos**, ao referir-se ao fato de que as coisas adquirem outra estrutura desde que se lhes dê uma explicação orientada por novas bases.

Com base na desapropriação do lugar hegemônico das ideias sobre a realidade, pode-se postular que a ciência, na contemporaneidade, se eticiza, se torna ética, no momento em que aclara para si mesma as consequências da idealização teórica do conhecimento, resultante, especialmente, da hiperespecialização dos saberes disciplinares, cuja natureza torna-se a tal ponto dogmática que a certa altura rompe de vez com a realidade concreta de mundo para situar-se numa dimensão parateórica, onde os saberes devam prevalecer sobre as realidades que, em princípio, se buscam representar pelos saberes, especialmente nas chamadas "ciências" antropossociais, que se apropriam de todos os vícios da hiperespecialização sem dela extrair nenhuma de suas vantagens. O estruturalismo que desencadeia e dá corpo ao pensamento hiperespecializado fragmenta o saber científico, levando a que este se unifique tão somente em níveis de elevada e abstrata formalização, de ordem mais teorética do que teórica, propriamente. Portanto, todos os conceitos das várias disciplinas tornam-se inoperantes como instrumentos do conhecimento, em sua concepção mais plena, na ordem do ajuizamento humano de mundo, mesmo frente às tentativas, hoje desesperadas, de interdisciplinaridade.

Apesar de as ciências se desenvolverem durante todos esses anos, não se chegou à ideia de que a vida não consegue ser explicada, mas a sua existência na dimensão humana sim. Ainda que máquinas sejam construídas a partir de células, criando um mundo de comunicação instantânea por aparatos magnéticos e não elétricos, estas não poderão ser consideradas avançadas, porque o desejo, a descoberta, a lucidez, a cogitação, a ideia, a verificação, a indução, a intuição e o pensamento são *sui generis* à alma, à psiquê.

Há um potencial ainda distante da possibilidade de vir a ser observado, um componente no ser que a física quântica viria a chamar de **matéria escura**, o que não tem denominação; uma energia escura que se manifesta, mas sem possibilidade de verificação. Tal matéria escura, essa presença de que se tem consciência, porém sobre a qual a ciência não tem qualquer domínio, tem sido arrolada contemporaneamente como a verdadeira motivação do conceito de **normatividade** (Berticelli, 2004), com base no qual a Modernidade conduziu a sociedade a uma espécie de saber impositivo, que delimita as condições e as fronteiras para que o conhecimento aconteça, seja por categorias, seja por métodos que se mostrem relevantes à luz da cultura científica, e não do espírito humano, liberto e regido por forças incontroláveis. Isso porque seu fundamento socioeducacional se detinha na intenção de promover a **civilização** do indivíduo, e não seu desenvolvimento. Para tanto, a ação da ciência objetivava reproduzir a ação de Deus, à luz das orientações dogmáticas da fé religiosa – logo, não centradas em um conceito absoluto de Deus como princípio e fim da realidade –, desse modo prescrevendo desde o códice religioso, as condições de legitimação de certo modelo de conhecimento, em detrimento de todos os demais. Pode-se perceber, portanto, que a ciência moderna institui-se, em princípio, alienada de sua impossibilidade de chegar à verdade divina em função da natureza fragmentada do saber por ela produzido, porém satisfeita na medida em que embasada em uma concepção *a priori* fragmentada do conceito de divindade.

Uma das grandes revoluções científicas deste século iniciou-se pela termodinâmica (Ludwig Boltzmann, 1844-1906), sendo posteriormente deflagrada quando se descobrem os *quantas**, ambas influenciadas pela teoria da desintegração do universo** (Pierre Simon Laplace, 1749-1827), contribuindo decisivamente para o estabelecimento de uma nova concepção de mundo. A ciência, ainda que resistisse a superar a concepção de verdade como absoluto ideal, teve de ceder e toda a ordem do mundo foi subvertida, abrindo-se à relação, ao diálogo (antagônico ou complementar) entre o conhecido e o desconhecido, entre o estável, o provável e o inimaginável. Explicitaram-se os limites dos axiomas prescritivos da lógica clássica; delimitaram-se o campo e o limite do mensurável; provocou-se um verdadeiro festival, por meio do qual

---

* Do latim *quantum(-a)*, expressão universalizada, que passou a usar a desinência de plural portuguesa sobre a forma lexical já no plural latino: *quanta*. A teoria dos quantas, criada em 1900 por Max Planck (1858-1947), afirma que a energia radiante tem, como a matéria, uma estrutura descontinuada.

** Estabelece a hipótese de que o sistema solar proviria de uma nebulosa primitiva constituída de um núcleo condensado que giraria em torno de um eixo que passasse por seu centro.

indivíduo e objeto puderam, finalmente, ter explicitados seus contextos e sentidos; incentivaram-se o questionamento e o estudo sistemático da racionalidade científica, tal como pela iniciativa de Bachelard, Popper, Vygotsky e outros pensadores. Enfim, admite-se a partir de então que tudo que existe deve ter origem no caos e precisa resistir às pressões advindas dos processos culturais (humanos ou não) de **conceituação**, de instauração de sentido, portanto. Isso porque o universo se mostra como uma aventura marcada, desde o início, pelo quase aniquilamento da antimatéria pela matéria, do analógico pelo lógico, da incerteza pela certeza, da subjetividade pelo palpável, uma aventura pela qual metamoforses as mais variadas se impõem na constituição da vida.

Um outro fato que contribuiu em muito para a superação do racionalismo clássico foi, sem dúvida, a instabilidade no conceito de sistemas vitais na área da biologia. Se o surgimento da vida corresponde à transformação de inúmeras macromoléculas em uma organização de um novo tipo, pode-se dizer que a vida é capaz de se auto-organizar e de absorver determinantes estruturais do meio em que se desenvolve. Logo, mostra-se desobediente a qualquer espécie de necessidade ou prerrogativa interna universal, contrariando as noções tradicionais de classe e categoria aplicáveis às espécies. De concreto, resta à ciência tomar da vida como um estado em devir e das classes viventes como sujeitos em transformação constante.

Conclui-se, assim, que a vida continua sendo um mistério sobre o qual sempre se debruçarão os métodos e os roteiros. O que é a vida? Talvez tenha surgido pela mistura do acaso com a necessidade. Será? A única certeza quanto à vida é justamente a incerteza, uma insegurança quanto ao seu caráter, já que não parece possível – tampouco desejável! – estabelecerem-se parâmetros que expliquem exaustivamente o seu sentido.

O pensamento

As expressões - verbais ou não verbais - deverão carregar a ideia de vinculação entre o significante (matéria) e o imaginário. Nesses termos, pode-se entender, com facilidade, que a **fala** é um pensamento que se decodifica por signos (representação) em categorias gramaticais. Quando se consegue associar esses universos, ainda que sejam expressamente definições convencionadas, cria-se uma instância que deve ser estabelecida como **denominação representada**. Por exemplo: quando se diz cadeira, esse objeto se mostra significante ao mundo independente do sujeito (há um conceito dessa matéria); no entanto, o mundo que existe dentro do sujeito pode representar esse mesmo verbo com características próprias, todavia, com equivalências que permitem representá-lo de acordo com o modelo atribuído. Na verdade, entre a fala e as representações sociais convencionadas na relação entre significantes e significados existe uma instância particular e individual determinada pelo conceito que o falante atribui às palavras a partir de suas próprias representações de mundo. Tal instância é o fator que explica todo o complexo conjunto de fatores que concorrem no processo de comunicação, na medida em que, muito mais do que meramente intercambiar palavras, os falantes buscam compartilhar conceitos. Percebe-se, sem dúvida, que a questão do pensamento tomada a partir das experiências de comunicação (tal como se dá, notadamente, no contexto escolar) sugere-se tão complexa quanto a questão científica relativa à vida e à fenomenologia de todas as coisas.

A despeito aqui de todo um conjunto de fatores de caráter histórico-cultural, é possível definir a relação entre o **verbo** e o **conhecimento no contexto escolar** dentro da ordem de coisas que, no sentido corrente das práticas de ensino-aprendizagem, privilegia o saber, em detrimento dos processos propriamente de construção de conhecimentos. Nesse sentido, a cultura escolar tende a interditar a fala - e a comunicação, objeto natural da fala - instituindo, em seu lugar, a primazia da escrita, desde a qual se busca anular a tensão provocada pela inevitável pluralidade de conceitos evocados pelas palavras. O sujeito escolar, portanto, vê-se aprisionado ao saber e ao conceito que, por meio de uma comunicação interditada pela escrita e sua gramática, se impõem soberanamente sobre a mente dos alunos e dos próprios professores. Por mais que haja ideias, estas pela escola serão aceitas se, e somente se, estiverem plenamente ordenadas nos parâmetros gramaticais da escrita e conceitualmente compatíveis com os padrões estabelecidos na cultura científica.

A questão que se estabelece, de forma consciente, é a seguinte: o que é essa ciência que se impõe à escola? Seria uma expressão cientificamente pura? Se essa ideia é verdadeira, como então se mostra monóstrofe quando precisa esclarecer sua própria natureza e surgimento? Embora a cientificização do conhecimento tenha a capacidade de eliminar a competência ética, a práxis do cientista suscita uma ética própria. Não se trata de uma moral exterior, imposta; trata-se de mais do que consciência profissional inerente a toda profissionalização; é uma ética própria ao conhecimento, que dinamiza todo e qualquer cientista, que não se vê como um funcionário simples e desprovido de valor. É imperativo: tem de se **saber** para se **conhecer**. Dessa forma, o conhecimento científico, desde Galileu, venceu interdições religiosas, mas não conseguiu explicar sua origem. Tornou-se mais eloquência discursiva do que propriamente invenção do conhecimento. É preciso entender que a responsabilidade do cientista, ou investigador, perante o objeto de estudo é, portanto, uma catástrofe histórica; mesmo que este seja capaz de considerar o ilapso e seu terrível atraso em relação à urgência, preserva-a mais urgente.

Minha consideração se prende à ideia de ser inteiramente ilusório crer que se possa encontrar uma solução sobrenatural para o problema do conhecimento científico. Pelo contrário, há que se insistir na superação de duas ilusões, a saber: (i) a ilusão de que exista uma consciência de base científica que possa guiar o investigador, já que toda teoria que se pretende científica tende a monopolizar a qualidade; (ii) a ilusão de que uma consciência moral seja suficiente para que a ação que desencadeie tome sentido de seu objetivo. Não se pode esquecer que a **ação** mostra nossas ações, que, uma vez entradas no mundo, são arrastadas numa espécie de jogo de interações/retroações em que são desviadas de seu sentido, tomando por vezes sentido contrário.

Há pelo menos dois caminhos a considerar. Quando se fala das ilusões, pretende-se esclarecer que elas abrem novos caminhos e que vitalizam a consciência crítica a ponto de tornar claro que o homem é livre, dotado de vontade e de responsabilidade, que age conscientemente, e não um miserável. É preciso tomar-se de tal consciência como instituinte central do campo ético da ciência e, consequentemente, do lugar que o saber científico ocupa na sociedade. O outro caminho é aquele que aconselha ao conhecimento científico, uma dimensão reflexiva, assumida desde o interior da prática de cada sujeito da ciência, por iniciativa própria, sem transferir essa responsabilidade para a filosofia. Isso porque, apesar de as teorias da ciência revelarem parte importante da realidade, escondem enormes partes - alguns, como Popper, chamam-na de **parte cega da ciência**. É preciso que se caminhe para uma concepção científica que estabeleça comunicação entre objeto e sujeito. É preciso, pois, desinterditar o saber e abri-lo à conceituação.

A transdisciplinaridade

Atualmente não se pode negar que o sujeito se tornou fundamental e é o ponto de equilíbrio centralmente discutido na ciência. Apesar de haver uma necessidade de **desmonopolizar** a ideia de sujeito da filosofia, é preciso que se pense e repense o conhecimento, não como uma pequena quantidade de saberes, como nos séculos XVII e XVIII, mas no estado de atual proliferação, dispersão e parcelamento dos conhecimentos, não exatamente tomados como tal, porém como saberes ainda dispersos e não raramente em estado de agonia. Assim, a transdisciplinaridade que teoricamente deu corpo à ciência contemporânea de base estruturalista, também a denuncia. Isso porque toda a transdisciplinaridade demanda paradigmas ou princípios que determinam e controlam o conhecimento dentro de esferas em que os saberes possam dialogar segundo conceitos minimamente compatíveis. O movimento que se proclama, hoje, em favor do transdisciplinar encerra um sentido de revolução que vá além das limitações impostas pelas esferas paradigmáticas, em favor do sujeito. É sabido que o desenvolvimento da ciência não se efetua por acumulação dos conhecimentos, mas por transformação dos princípios que organizam o conhecimento. A ciência não se limita a crescer; pode-se dizer, em consonância com Alfred North Whitehead, fundador dos princípios matemáticos (1861-1947), que a ciência é mais mutável do que a teologia. Precisa-se crer e, neste caso, crer mais na prerrogativa do sujeito, irrecorrivelmente transparadigmático, do que na prerrogativa da transdisciplinaridade paradigmática.

Após a revolução científica do século XVII, formalmente introduzida por Descartes, o sujeito é dissociado do objeto e remetido à metafísica. Essa exclusão efetuou-se com base na crença de que a concordância entre experimentações e observações permitisse chegar ao conhecimento objetivo, essencial e anterior à materialidade das coisas. Todavia, assim, ignorou-se que as teorias científicas não são o puro e simples reflexo das realidades objetivas, mas coprodutos das estruturas do espírito humano e das condições socioculturais do conhecimento. Consequentemente, pode-se compreender a constrangedora situação da ciência contemporânea, na qual a lógica científica se tornou incapaz de assumir seu lugar e seu papel em sua sociedade; tornou-se incapaz de explicar e promover a tão proclamada emancipação da era moderna. Há uma nova transdisciplinaridade por ser instituída. É preciso considerar a natureza epistemológica do saber e respeitá-la; ele está vivo. Portanto, ele precisa ser analisado, passar pelo divã dos espíritos humanos, comunicar-se ininterditamente com o sujeito. Isso porque o saber, na tradição clássica da antiga Grécia até a Era das Luzes, prolongando-se até o final do século XIX, era efetivamente declarado para ser compreendido, pensado e ovacionado, privando o indivíduo de intervir sobre ele por meio da reflexão.

Dessa forma, a verdadeira indagação da ciência contemporânea consiste em como ressituar o saber frente à emancipação do sujeito? Em princípio, pode-se dizer que se faz necessária uma transdisciplinaridade com base em um único paradigma desde o qual se possam distinguir os domínios científicos; um paradigma que assuma como nódulo central a complexidade e que, ao mesmo tempo, separe e associe, que leve em consideração as realidades, as unidades elementares dos saberes e suas leis gerais. Para tanto, é preciso que se considerem três grandes domínios científicos – estes sugeridos por Edgar Morin (1999c): a física (no domínio da matéria), a biologia (no domínio da vida) e a antropossociologia (no domínio dos conceitos e dos constructos sociais que dão materialidade e sentido ao mundo dos homens). A pergunta é:

como fazê-los comunicar-se entre si? Pode-se dizer que é possível caminhar do conhecimento físico ao biológico e destes ao social e chegar ao antropológico, porque todo conhecimento depende das condições, das possibilidades e dos limites do entendimento humano, isto é, da dicotomia **alma-cérebro**, lembrando-se, no entanto, que isso não é uma receita, é apenas um princípio a embasar um movimento para a comunicação entre os pensamentos e os saberes complexos.

Hoje, pode-se dizer que a ordem científica ainda sinaliza uma incapacidade quanto a lidar com a subjetividade. No entanto, ciências como a linguística já começam a introduzir, na metodologia da ciência, um discurso e um modelo de descrição de estados de aproximação entre discursos, sistemas e conceitos que dariam voz à subjetividade sem perder de vista a possibilidade de tomá-los objetivamente. Se a Modernidade diz que o real é descoberto e não constituído, seria a ciência capaz de decifrar por que a mente da criança, que, em princípio, não se mostra lógico-científica e lógico-social, sinaliza a sede, a fome e a necessidade de viver em comunidade? Seriam então questões dessa ordem base para os estudos acerca do futuro das práticas de letramento em uma sociedade cujos sujeitos a cada dia mais e mais se insurgem contra as interdições que se lhes são impostas pelas práticas tradicionais de formação escolar?

O conceito e o processo de letramento

7

Por um construtivismo à brasileira

questões complementares sobre o sujeito da psicogênese

Luiz Antonio Gomes Senna
Luiza Alves Ferreira Portes

Luiza Alves Ferreira Portes é mestre em Educação, professora do Instituto Superior de Educação do Rio de Janeiro e da Universidade Veiga de Almeida.

Neste capítulo, analisamos a picogênese da língua escrita, com ênfase na forma como esta se apropria do conceito chomskyano de universais linguísticos, originariamente empregado no estudo da aquisição da linguagem. Com esta análise, temos os seguintes objetivos: (i) definir quem é o sujeito da alfabetização da psicogênese da língua escrita, buscando compará-lo à concepção de um sujeito da alfabetização na sociedade pós-moderna; (ii) discutir fatores que implicam custos no processo de aquisição da língua escrita por sujeitos de sociedades de cultura oral; (iii) verificar se é procedente, ou não, aplicar o conceito de universais linguísticos na fundamentação do processo de alfabetização, tal como considera a teoria gerativa de Noam Chomsky, especialmente no âmbito de sociedades de cultura oral.

Ressaltemos, oportunamente, ainda que sob o risco de repetir o lugar comum, que as discussões aqui trazidas têm como pano de fundo o fato de que a sociedade contemporânea fez evoluir o conceito social de escrita, em função dos avanços tecnológicos hipertextuais e das transformações na estrutura do trabalho pós-industrial cujas prerrogativas apontam para uma sociedade centrada na informação e no conhecimento. Quando nos propomos a analisar questões subjacentes ao sujeito da alfabetização idealizado na psicogênese da língua escrita, confrontando-o ao sujeito da alfabetização na sociedade brasileira contemporânea, não podemos perder de vista a realidade de que se trata de sujeitos orientados a partir de valores não necessariamente equivalentes.

Hoje, mediante a banalização das tecnologias hipertextuais, vivemos uma era que substitui pouco a pouco a tecnologia da escrita em papel, a era da informática, na qual o texto e sua escrita inundam-se de possibilidades as mais dinâmicas e atemporais. Um *e-mail* atravessa oceanos em segundos e é capaz de levar consigo a escrita, a fotografia, o filme ou a própria fala. Apoiadas em ferramentas modernas, a comunicação, a informação e múltiplos conhecimentos são processados hipertextualmente, em tempo real. Esse fenômeno ficou conhecido como parte do movimento de **globalização**, sobre o qual Mcgrew afirma que "se refere àqueles processos, atuantes numa escala global, que atravessam fronteiras nacionais integrando e conectando comunidades e organizações em novas combinações de espaço – tempo, tornando o mundo, em realidade e em experiência, mais interconectado" (Mcgrew, citado por Hall, 2002, p. 67).

Essas novas formas de se conceber o espaço e o tempo encurtam as distâncias e dão-nos a sensação de que o mundo é menor. Por outro lado, causam um forte impacto sobre as identidades individuais e sociais, pois se constituem coordenadas básicas de todos os sistemas de representação. Trazem, também, para as escolas grandes desafios: qual é a função da escola numa sociedade em constante transformação?; o que é ensinar e como ensinar num contexto onde o conhecimento se transforma num ritmo incalculável?; quem é o sujeito da aprendizagem e, em particular, o da alfabetização na sociedade da informação?; como orientar o aluno para a apropriação e a utilização das informações a que tem acesso via internet, de modo que ele seja capaz de utilizá-las para resolver os problemas e os desafios em seu cotidiano?

Para que melhor se compreenda o impacto que essas mudanças causaram nos processos educacionais nas três últimas décadas do século XX, acreditamos ser importante que se discriminem as três concepções de identidade social que se sucederam na sociedade moderna, tal como descritas em Hall (2002): sujeito social do Iluminismo, sujeito sociológico e sujeito pós-moderno.

O primeiro, o sujeito do Iluminismo, caracteriza-se por uma concepção de pessoa como indivíduo totalmente centrado, unificado, dotado das capacidades de razão, de consciência e de ação, ainda que centrado no plano da razão e, por esse motivo, idealizado à margem da realidade concreta de mundo. O segundo, o sujeito sociológico, reflete a crescente complexidade do mundo moderno já a partir do século XIX, quando a identidade social se institui a partir dos papéis que se exercem nas relações com outras pessoas, na interação entre o "eu" e a sociedade. A identidade social do sujeito moderno o retira do estado de centração e de idealismo que o caracterizava nos séculos anteriores, levando-o a conceber-se como uma unidade que se substantiva pluralmente nos diversos contextos de mundo em que estabelece interação com o outro.

Já em relação ao terceiro, o sujeito pós-moderno, a identidade social é fortemente abalada pela perda dos valores sociais com que se balizavam os papéis exercidos pelos sujeitos nos vários contextos de interação. Daí resulta que cada identidade, em um movimento centrado mais uma vez no indivíduo, passa a formar-se e transformar-se contínua e desregradamente, atuando ao mesmo tempo como determinante e determinado de um contexto de mundo onde a complexidade de valores se amplia a cada dia. O que percebemos é que o sujeito do Iluminismo, como portador de uma identidade estável, foi paulatinamente sofrendo um processo de descentração, do qual resultaram as identidades abertas, inacabadas e fragmentadas dos sujeitos pós-modernos.

Diante das evidências de mudanças significativas no conceito de subjetividade social e do impacto que elas trouxeram nas perspectivas dos alunos, seja quanto ao emprego social da escrita, seja quanto à relação desta com o seu futuro, seria, no mínimo, imprudência nossa analisar as bases teóricas de toda uma escola de alfabetização que se estabeleceu no Brasil, a partir dos anos 1990, notadamente a partir da rede pública do Rio de Janeiro, sem relacioná-las ao contexto histórico que determina os sentidos da educação formal. Queremos ressaltar, portanto, que nos lançamos não a críticas ao esforço coletivo de que resultaram os avanços inegáveis nas práticas de alfabetização, mas, sim, a explicações para o fato de que, apesar de tudo, a alfabetização ainda persiste como o maior problema da educação brasileira. Neste início de século, cresce de forma alarmante o número de alunos que, ou não desenvolvem a escrita, ainda que contando com um prazo maior do que o previsto nas antigas classes de alfabetização, ou a desenvolvem de forma precária, não conseguindo se fazerem reconhecer como sujeitos plenamente alfabetizados, tanto frente a seus professores como a si mesmos.

Para além do estado de insucesso, o outro ponto de que temos plena clareza é o de que a solução do problema não reside no passado, nas práticas de alfabetização que, anteriores ao construtivismo, corrigiam o fracasso escolar por meio da reprovação em massa e da evasão. Possivelmente, os alunos que hoje demandam mais da escola para se alfabetizarem são ainda os mesmos que, há algumas décadas, foram excluídos do sistema de ensino em face da retenção nas classes de alfabetização. Precisamos, no entanto, romper a barreira do dogmatismo paradigmático em torno do construtivismo e submetê-lo a uma discussão aprofundada de suas bases epistemológicas, tendo à frente as seguintes questões: qual o motivo do insucesso das crianças em processo de alfabetização?; o que há de inadequado na formulação teórica desse processo, já que estamos alfabetizando numa perspectiva construtivista há mais de dez anos e ainda não somos capazes de satisfazer as necessidades dos mesmos alunos a que desejávamos assistir preferencialmente?

A fim de contribuir com a discussão dos fatores que geram essas inquietações, abordaremos a seguir três questões complementares: (i) os paradigmas de alfabetização mecanicista e construtivista, enfatizando o lugar ocupado pela psicogênese da língua escrita e o seu impacto sobre as práticas de alfabetização; (ii) as circunstâncias que vêm provocando custo no prazo de construção da escrita nos sistemas públicos de ensino; (iii) a natureza do sujeito na psicogênese da língua escrita e sua possível relação com o insucesso do construtivismo em relação a certos alunos no Brasil.

Os paradigmas de alfabetização

As práticas de alfabetização podem ser analisadas segundo suas relações com os movimentos acadêmicos desenvolvidos entre os séculos XIX e XX numa perspectiva paradigmática. A vantagem maior desse tipo de análise consiste na possibilidade de caracterizar a alfabetização como resultante de uma série de pressupostos teóricos que lhe dão forma e sentido, fato que desmistifica a ideia de que possamos compreendê-la tão somente a partir dos métodos empregados em sala de aula. Valemo-nos como suporte para esta análise o trabalho de Senna (1995), no qual se descrevem três paradigmas básicos de alfabetização tomados desde o ponto de vista das ciências da linguagem: o mecanicista, o linguístico e o semioticista.

O paradigma mecanicista da alfabetização vincula-se ao paradigma do estruturalismo pré-funcionalista, que ganha maior expressão entre o final do século XIX e a primeira metade do século XX, particularmente nos Estados Unidos. Senna (1995) ressalta não ser possível relacionar o mecanicismo a todas as correntes do estruturalismo, porém admite que o conjunto de referências desse paradigma se apoia nas teorias norte-americanas da linguística estruturalista e da psicologia comportamentalista. No entendimento corrente do mecanicismo, a prática da alfabetização concentra-se exclusivamente no desenvolvimento das habilidades específicas de codificar e decodificar o código escrito, tendo dois pressupostos essenciais: a compreensão da escrita como código que transcreve a fala, dela reproduzindo as mesmas propriedades gramaticais, e a concepção de que o aprendizado da escrita dar-se-ia por meio de experiências que promovessem a descoberta da relação entre a escrita e a fala. Para Senna (1995, p. 224), "A alfabetização mecanicista é estritamente instrumental – uma fase anterior e imprescindível à própria escolarização do indivíduo pois, por meio dela, objetiva-se exclusivamente garantir ao aluno a possibilidade de ter acesso à língua da escola: a forma escrita da língua oral."

Sob tal perspectiva, a eficácia do ato de alfabetizar se restringe à aplicação de técnicas destinadas a promover a descoberta da escrita a partir da estrutura da fala. O mecanicismo gerou a maioria dos métodos de alfabetização mais amplamente adotados nas salas de aula em todo o mundo. O mais antigo deles, a **silabação**, é contribuição direta da psicologia comportamental e consiste da imposição de exercícios exaustivos de reprodução de sílabas, sustentados na tese de que a experiência de repetição gera conhecimento, neste caso, o domínio da escrita.

Em seguida, surgem o **método fônico** e a **palavração**, ambos já rompendo com o comportamentalismo, porém igualmente vinculados à crença na equivalência estrutural entre fala e escrita. O método fônico, inspirado nas contribuições da fonologia estruturalista (ramo das ciências da linguagem que trata da análise e da descrição da representação acústica da fala), assume o pressuposto equivocado de que as letras, também chamadas **grafemas**, evoquem sinais equivalentes aos **fonemas**, a representação mental dos sons da fala. Esse método sempre esbarrou no fato de que grafemas e fonemas não necessariamente mantenham plena equivalência entre si, tanto mais quanto maiores forem as diferenças entre as disposições ortográficas do idioma escrito e a estrutura dos inúmeros dialetos empregados nas falas de uma comunidade linguística. O método por palavração é, por sua vez, orientado segundo premissas da psicologia da *gestalt*, segundo a qual o conhecimento é derivado de estados mentais que processam naturalmente os sinais de mundo captados pelo aparato sensorial humano. Assim, sua aplicação consiste fundamentalmente em experiências de desenvolvimento da percepção (com ênfase na visão) e na estimulação dos sentidos por meio da exposição ostensiva de palavras na sala de aula, tal como no exemplo abaixo:

sapato escola

pasta sombra

O que se constatou (e ainda se constata, pois essas práticas de alfabetização ainda são amplamente utilizadas nos dias atuais) é que, partindo da sílaba para a palavra, do grafema para a sílaba ou da palavra para o grafema, os métodos mecanicistas jamais contemplaram a textualidade discursiva, ou seja, a dinâmica do processo de interação com o texto, tomado em suas condições reais de comunicação interobjetiva. Em consequência disso, o sentido da construção da escrita pelo aluno dependeria exclusivamente de um conceito previamente constituído em sua interação com a sociedade acerca da relação entre o ato de escrever e o ato de comunicar. Uma vez que tal conceito não tem natureza universal e perde força à medida que a cultura oral exerce maior influência sobre o aluno, tais métodos contribuíram de maneira muito expressiva para a exclusão escolar e para a perpetuação do estado de marginalidade cultural.

Independentemente da metodologia empregada, a alfabetização mecanicista lançou mão do condicionamento, à forma como sugerido pela psicologia comportamentalista, desse modo imputando a escrita ao aluno como se esta fora um bem de ordem biológica, inalienável da condição humana. Cabe aqui destacarmos que o sujeito da alfabetização mecanicista é fundado no ideal da sociedade científica do início do século XX, um sujeito centrado na razão cartesiana, como fenômeno único e individual, não se considerando a existência de outros sujeitos possíveis formados por condicionantes da cultura oral, pré-moderna. Isso, de certo modo, explica o entendimento de que a escrita e a fala fossem um só sistema gramatical, já que, dessa forma, excluem-se todas as falas cujas estruturas não sejam conformadas às determinações da cultura científica pelas regras gramaticais da escrita.

O paradigma mecanicista da alfabetização somente viria a sofrer abalo quando a subjetividade pública da Modernidade ganhou contornos sociais e, a partir daí, tornou-se relevante considerar o homem como um sujeito que se multiplica a partir dos papéis que exerce frente ao outro. Tornou-se possível constatar, então, que o ato de escrever não se confunde com os atos de fala, uma vez que as condições de comunicação num caso e no outro variam de forma muito significativa, por envolverem papéis sociais os mais diversos. Somente a partir disso a língua escrita pôde ser arrolada na alfabetização como um fenômeno comunicativo que não é equivalente à língua oral; o paradigma mecanicista perde a sua força e abre-se caminho para um novo: o linguístico.

O paradigma linguístico foi paulatinamente incorporado às práticas de alfabetização, ainda que com menos influência do que o anterior, quando se passa a tratar o processo de construção da escrita como um trabalho de descoberta da funcionalidade pragmático-discursiva do texto escrito, sempre em confronto com contextos comunicativos. Tal concepção toma corpo a partir das contribuições teóricas de estudos oriundos da sociologia, da sociolinguística e da análise do discurso, além de novas concepções sobre o ensino-aprendizagem nas áreas de psicologia e educação. Alguns fatores tiveram forte influência, como, por exemplo, a teoria da variação de Labov (1972), segundo a qual as línguas estão sujeitas a transformações no tempo e no espaço, num processo evolutivo inadiável e incontrolável por leis impostas por regras sociais. Por outro lado, a legitimação de sujeitos outrora marginais e de suas falas dialetais enfraquece a hegemonia e o valor atribuído à fala conformada à forma da escrita, que se havia estabelecido, até então, como um código a serviço das classes sociais dominantes. Entretanto, afirma Senna (1995, p. 226), "não existe, ainda, nenhum compromisso em legitimar socialmente a língua oral, restando ao alfabetizador substituir a sua própria [do aluno] língua pela língua das classes dominantes". Logo, o saber específico da língua escrita continuaria sendo condição para a socialização e a inclusão do indivíduo na sociedade, assim como parâmetro exclusivo em todo o processo de alfabetização.

Os métodos linguísticos têm em comum a introdução da escrita em contextos significativamente próximos da realidade da comunicação humana, substituindo o trabalho com unidades não significativas, como as sílabas ou palavras isoladas de contextos, por textos. É desse modo que as práticas de leitura passam a correr em simultaneidade com as práticas de alfabetização, não raramente associadas à literatura infanto-juvenil e a atividades de contar e recontar histórias. É a partir daí que os métodos viriam a se distinguir em dois tipos. De um lado, aqueles que transportam a materialidade dos métodos mecanicistas para um trabalho de alfabetização que parte do texto como instituto para o desenvolvimento de um sentido na comunicação por meio da escrita e chega aos métodos tradicionais com os quais se trabalha a escrita propriamente. Exemplo disso é o que se apresenta abaixo, em que o mesmo princípio empregado na palavração é aplicado no trabalho com palavras inseridas em contextos:

o sapato do sapo era mágico

De outro lado, surgem práticas de alfabetização, de certo modo associadas à *gestalt*, cuja orientação toma por princípio a crença em que se possa levar o aluno à construção da escrita tão somente a partir da exposição deste ao texto escrito. Substituía-se, assim, a percepção até então base da palavração, sob influência direta da *gestalt*, por outra forma de pregnância, a leitura do texto.

Contudo, à medida que se legitimava o direito à expressão do aluno por meio de sua língua oral própria e frente à percepção de que a codificação alfabética tem por trás todo o custo específico da comunicação escrita, os alfabetizadores se aperceberam de que o uso da língua escrita demanda o domínio de regras de natureza muito diversa das que se aplicam às línguas legitimadas pelas culturas as mais plurais dos alfabetizandos. Diante dessa constatação, o corpo teórico das práticas de alfabetização incorporaria nova ruptura, desta feita com a relação à desmistificação da crença de que o ato de **ler** se pudesse compreender apenas como simples ato de decodificar, e o ato de **escrever**, apenas como simples ato de codificar.

A partir desse momento, ainda segundo Senna (1995, p. 227), "A educação passa a encarar de frente a heterogeneidade do aluno (...) A escola começa, então, a enxergar que os sistemas simbólicos empregados pelas diferentes culturas nem sempre são compatíveis com o modelo de representação do conhecimento que nos chegou através da tradição cultural ocidental."

Inicia-se, então, na alfabetização um processo de gradativa redução do *status* hegemônico da língua escrita como instrumento de comunicação escolar, do mesmo modo que, fora da escola, os diferentes falares legitimam-se como estados diferenciados e legítimos da língua como fenômeno humano, indistintamente corretos e eficazes do ponto de vista comunicativo. Caminhava-se, assim, para a construção da subjetividade pós-moderna, regida pelo princípio do direito à individualidade e ao autorreconhecimento. Nesse contexto, ser diferente significa ter voz e reconhecimento social, fato este que repercutiria diretamente sobre a predisposição das crianças e dos jovens quanto a se submeterem ao saber ortográfico e gramatical da escrita, historicamente tomado como impositivo e regido pelos interesses da cultura científica em detrimento das demais.

A tomada de consciência quanto à especificidade do conhecimento associado à construção da escrita, em face da introdução de um sujeito plural nas práticas de alfabetização, conduz a uma nova fase no entendimento sobre as bases e as práticas de alfabetização, que podemos denominar **paradigma semioticista**. Nessa acepção, o interesse se volta para um fenômeno anterior à escrita ou à leitura do texto escrito, levando a que se venham discutir fatores que facultam ao homem construir sistemas de comunicação e com eles interagir em sociedade, recorrendo-se, desse modo, à faculdade humana de linguagem.

O que podemos perceber é que esse paradigma implica muito mais do que uma teoria sobre a alfabetização, como afirma Senna (1995, p. 227), "pois se reúne ao conjunto de teorias epistemológicas que leem, neste fim de século, a natureza do pensamento contemporâneo. Para além do sistema de expressão, existe um homem dotado de linguagem, para a além deste, existe uma sociedade semiótica".

As práticas semioticistas de construção da escrita tornam-se revolucionárias, pois não se sustentam num método ou em alguma teoria de aprendizagem, tal como nos paradigmas anteriores, mas, sim, em práticas que mobilizem o alfabetizando a desenvolver a escrita como um processo cognitivo consciente e objetivamente centrado em estados interiores, por meio dos quais possa compreender o processo por meio do qual se constrói ou se interpreta a mensagem não oral.

É nesse contexto que toma vulto a teoria da **psicogênese da língua escrita**, como marco de um movimento ao mesmo tempo acadêmico e escolar que se veio denominar **construtivismo.** Este projeta-se nas escolas brasileiras sob a crença de poder vir a se tornar a melhor alternativa para a superação das práticas excludentes de alfabetização. A psicogênese é a primeira teoria consistente que se propõe a explicar e descrever o processo cognitivo de construção da escrita e, por esse motivo, orienta as bases com as quais se logrou substituir a noção de **ensino da escrita** pela noção de **mediação** nas práticas de alfabetização. Por **mediar**, aqui, compreende-se o processo de provocar certa experiência de escrita e levar o aluno a um processo de metacognição, algo de certo modo associado às práticas de ensino-aprendizagem já anteriormente aplicadas na educação formal por influência das teorias de Jean Piaget.

Antes de descrevermos a proposta que revolucionaria as práticas de alfabetização, convém tratar, ainda que brevemente, de contextualizar a concepção teórica do construtivismo. Originariamente, trata-se de uma concepção inspirada na **epistemologia genética**, tal como formulada na teoria de Piaget, cujo objeto é o funcionamento da inteligência humana. Por meio da teoria de Piaget, a cultura moderna deu corpo ao conceito científico de **mente** como um organismo simbólico integrante da natureza ontológica da biofisiologia humana. Piaget parte do pressuposto de que a inteligência é um dom inato cuja funcionalidade se desenvolve, ao mesmo tempo, por predisposição neuro-fisiológica ao longo do período de maturação cognitiva e por determinação tanto das ações praticadas pelo sujeito sobre a realidade como desta sobre o sujeito, na medida em que as categorias essenciais do pensamento se refletem a partir das propriedades essenciais da realidade de mundo. Compreende-se, também, o funcionamento da inteligência como predisposição do homem quanto a responder aos estímulos externos, sobre estes agindo para construir e organizar o seu próprio conhecimento. Foi exatamente essa teoria sobre o funcionamento da mente o suporte central da psicogênese da língua escrita, ainda que associado a outros campos teóricos para que se pudesse adequar a epistemologia genética ao estudo da construção da escrita, fenômeno fortemente marcado por condicionadores culturais, portanto, diverso daquilo que fora considerado como fenômeno cognitivo por Jean Piaget.

O que propõe a psicogênese da língua escrita de Ferreiro e Teberosky?

Tendo por base a teoria piagetiana, Ferreiro e Teberosky (1985) defendem uma perspectiva teórica de explicação do processo de construção da escrita como um fenômeno derivado de uma predisposição inata do homem, não propriamente definida na ordem do código escrito, mas, sim, na ordem da faculdade que lhe permite construir sistemas de expressão. Em boa parte, sua tese sustenta-se em evidências empíricas de que o surgimento da linguagem na espécie humana dá-se em paralelo ao surgimento das primeiras representações gráficas, o que lhes motiva a propor que a fala e o grafismo sejam formas de manifestação de uma mesma predisposição filogenética. Com base nisso, a psicogênese concede à escrita um caráter compatível com o tipo de fenômeno cognitivo inato com que a teoria de Piaget é capaz de lidar e, assim, torna-se possível descrevê-la à luz do que se compreende como modo de funcionamento da inteligência.

Segundo a teoria da psicogênese, a criança passa por quatro estágios evolutivos durante o processo de aquisição da língua escrita, por meio do estabelecimento de hipóteses metacognitivas baseadas em experiências de escrita. São eles: estágio pré-silábico, estágio silábico, estágio silábico-alfabético e estágio alfabético. No primeiro estágio, a experiência de grafismo da criança não apresenta distinção entre o que é escrita e desenho. No segundo, inicia-se a "fonetização" da escrita, quando a criança começa a tomar consciência de que a escrita é um tipo de grafismo particular e começa a avançar na busca de alguma correspondência entre a forma escrita e a representação da fala, desse modo introduzindo na escrita os primeiros traços arbitrários. Já no terceiro estágio, constitui-se um período de transição, pois a criança utiliza-se, simultaneamente, das duas hipóteses anteriores, produzindo formas que, ora mais, ora menos, se aproximam de grafemas, ainda não necessariamente associados a palavras, pois ainda persiste uma tendência à produção de formas imaginárias, não definidas pelo traço convencional dos grafemas. Somente no quarto estágio a criança compreende a estrutura lógica da escrita e da leitura.

Ainda que um número significativo de sujeitos alfabetizandos já encontrem severo custo para alcançar o nível de desenvolvimento alfabético, o problema mais frequente dá-se nos passos posteriores, quando se podem definir dois estágios distintos: o estágio alfabético propriamente dito, no qual o sujeito é capaz de reconhecer tão somente a estrutura lógica da escrita alfabética, e o estágio alfabético-ortográfico, no qual o sujeito é capaz de dispor da escrita segundo os padrões reconhecidos como apropriados à língua escrita. É na passagem do estágio alfabético propriamente dito para o estágio alfabético-ortográfico que reside o "x" da questão da alfabetização nas escolas.

Fato é, entretanto, que a teoria da psicogênese não poderia avançar no estudo ou na descrição do desenvolvimento do estágio alfabético-ortográfico, na medida em que sua fenomenologia não se sustenta em dados da experiência imediata e individual dos sujeitos, mas, sim, em determinações estritamente culturais, na maioria das vezes contraditórias frente a qualquer hipótese logicamente derivada pelo funcionamento da mente. Também é fato que isso, por si só, tornaria toda a teoria um arranjo acadêmico sem adequação alguma, tendo em vista negar *a priori* a natureza instituinte da escrita na sociedade moderna.

Pela necessidade de atribuir à escrita um caráter passível de tratamento por meio do modelo de funcionamento de mente adotado na psicogênese, Ferreiro e Teberosky (1985) fazem uso de contribuições apresentadas por Chomsky no estudo da aquisição da língua, notadamente o princípio de que a criança constrói a gramática de sua língua materna com base em certos parâmetros inatos, denominados **universais linguísticos.**

Os universais linguísticos são descritos em Chomsky (1978) como ferramentas mentais, de natureza universal e independente de contexto, que dão ao homem a predisposição à construção mental do sistema das línguas naturais. Ao contrário do que se pode postular, os universais não são categorias de gramática (como classes de palavras e fonemas, dispositivos sintáticos ou morfológicos), mas parâmetros iniciais que dão ao sujeito a intuição sobre o que considerar como hipótese válida de estrutura gramatical. Os universais são arrolados como traço filogenético da espécie humana, haja vista a coincidência na forma e no período etário relacionados ao processo de construção das línguas maternas por todos os seres humanos. É possível estabelecer uma relação entre os universais linguísticos e as categorias essenciais do pensamento, aquilo que antecede a natureza das coisas, segundo a tradição racionalista. São, portanto, a matéria-

-prima que provoca a gramática de uma língua, ainda que jamais se possam identificar na própria língua ou em qualquer uma de suas partes, pois que nelas se transformam.

A situação dos universais linguísticos na teoria de Chomsky é matéria das mais controversas. Em que pese apontar um caminho dos mais interessantes para o estudo da aquisição da fala, os universais encaixam-se nos estudos de Chomsky muito mais para justificar e sustentar o tipo de descrição gramatical que se defende, na teoria gerativa, como um modelo baseado em hipóteses sustentadas como assemelháveis àquelas formuladas pela criança no processo de aquisição da fala, assim lhe conferindo um caráter biológico, cientificamente mais reconhecido do que os modelos descritivos anteriores fundados na cultura das Letras.

A semelhança entre os estudos de Piaget e Chomsky encerra-se exatamente no caráter biológico de suas teorias. De um lado, Piaget defende um modelo de mente com um único centro de inteligência no qual todo conhecimento se produz, seguindo, assim, o modelo clássico de sujeito cartesiano. Já Chomsky defende um modelo de mente mais fortemente influenciado pelo estruturalismo, no qual a inteligência é vista como objeto de inúmeros módulos independentes, o que lhe permite tratar do fenômeno gramatical como um objeto singular e desvinculado dos demais tipos de conhecimento produzidos pelo homem. Em razão disso, na psicogênese, cuja base é formalmente instituída no modelo piagetiano de mente, os universais de Chomsky não poderiam figurar de outra forma senão como um fato isolado e topicamente justificado como recurso para dar à língua uma natureza essencial.

Como Chomsky e Piaget não abordam fenômenos cognitivos enquanto objetos sob a interferência de valores culturais, condição imperativa quando em situação real de representação de mundo, sua aproximação teórica não permitiu à psicogênese caracterizar a escrita como objeto da comunicação e da interação com os valores sociais. Todavia, não havendo como tratar da língua como objeto cultural, não haveria, igualmente, como caracterizar o tipo de experiência mediadora que se deve promover junto ao alfabetizando quando do processo de construção da escrita, já que, nesse caso, diferentemente da experiência do tipo sujeito-objeto, típica da teoria de Piaget, é preciso que haja uma efetiva triangulação de elementos: o sujeito alfabetizando, a experiência de escrita e o sujeito mediador, ou seja, o alfabetizador.

Assim, com a finalidade de dar sustentação ao tipo particular de experiência do processo de construção da escrita, a psicogênese lança mão de outro corpo teórico, desta vez o sociointeracionismo de Lev Vygotsky.

Desse modo, as explicações para o processo de construção da escrita trazidas por Ferreiro e Teberosky, citadas por Senna,

> *passam a ser sustentadas em três bases indissociadas umas das outras: (1) um mecanismo inato que define a forma de funcionamento da mente; (2) um conjunto de pressupostos ou parâmetros de análise empregados para dar conta da escrita; (3) um mecanismo sociocognitivo, que imprime legitimidade à escrita enquanto objeto fenomenológico para a mente.* (2002a, p. 164)

Ainda que as orientações epistemológicas de Piaget e Vygostky resultem em modelos mentais significativamente diferentes um do outro, sua reunião na psicogênese não interfere em sua adequação teórico-descritiva. Contudo, os universais linguísticos de Chomsky, estes, sim, pesam na teoria, não devido à sua concepção original, mas ao fato de terem sido utilizados para dar sustentação ao simplesmente insustentável: a escrita não é e jamais será um fenômeno de origem inata.

A incompatibilidade da escrita com os universais linguísticos repercute diretamente no ponto em que a teoria da psicogênese tem se mostrado mais frágil: a passagem do nível alfabético para o nível alfabético-ortográfico. Nesse ponto, em que os fatores culturais e pragmático-discursivos mais intensamente se impõem, os sujeitos interrompem o processo e a alfabetização se estagna. É, portanto, justamente nesse ponto que se percebe ter sido a psicogênese incapaz de instrumentalizar a escola para que superasse os estados de exclusão provocados pelas práticas de alfabetização, uma vez que, via de regra, os sujeitos que fracassam na construção da escrita ainda são os mesmos que outrora fracassavam pela reprovação e pela evasão.

A verdadeira causa do problema provocado pelos universais linguísticos na psicogênese não está propriamente em suas bases declaradas, mas na premissa subjacente de que o sujeito da escrita - este indivíduo de natureza estritamente cultural - pudesse ser arrolado como sujeito universal. Por trás dos universais linguísticos não há somente uma teoria linguística, há, isto sim, um conceito tomado como verdade *a priori* quanto à natureza biológica e grafocêntrica da cultura moderna. Com base nisso, pressupõe-se que tanto a descoberta da lógica estrutural da escrita como sua estrutura culturalmente determinada possam ser tratadas como matéria de mesma natureza e sujeitas ao mesmo tipo de desenvolvimento cognitivo. Aos sujeitos da Pós-Modernidade tal premissa simplesmente não se aplica.

Percebemos, portanto, que Ferreiro e Teberosky não previram em sua teoria o sujeito da cultura oral, aquele que, como a maioria dos brasileiros, pensa, age e representa o mundo e a escrita à margem dos princípios e normas cartesianas. O construtivismo não foi pensado à brasileira...

Conclusões

Destacamos aqui que a teoria de alfabetização construtivista deve sofrer alguma mudança para que venha a ter condições de atender aos alunos formados pela cultura oral, a exemplo do que ocorre no Brasil. O modelo de sujeito alfabetizando privilegiado pela escola e pelas teorias que lhe dão sustentação deve ser revisitado, a fim de que se reúnam condições de explicar e descrever estados mentais que o tipifiquem. Portanto, ainda que embrionariamente, propomos que o futuro do construtivismo - e do projeto de inclusão social que este inaugurou no século passado - contemple a valorização da oralidade dos diferentes sujeitos contemporâneos, a vivência hipertextual nos múltiplos espaços de educação formal e informal e a pluralidade de formas e desejos de escrita que a sociedade contemporânea faculta ao homem.

8

Erro produtivo e segregação cultural

a descrição de estados de desenvolvimento proximal na alfabetização contemporânea

Luiz Antonio Gomes Senna

da letra e já logo ſe conſtatou o maiſ que óbvio por todoſ oſ ladoſ: a eſcrita do mundo há décadaſ mudara de endereço e ſe meſmo nóſ agenteſ do letramento, não o vimoſ. O encaminhamento doſ eſtudoſ ſobre o letramento ainda perſiſte agregado à cultura daſ letraſ cláſſicaſ, uma cultura de papel e lápiſ, forjada por princípioſ que modelaram um conceito de "homem letrado", culto e bem formado para o exercício da cidadania. Dá-ſe que na ſociedade doſ ha-ckerſ a figura

E no meio de toda a discussão sobre o letramento, alguém chega, de repente, trazendo um *notebook* conectado à internet no qual se lê com todas as letras e pingos nos "is":

> *Aprender a programar é uma habilidade complexa. O importante para o* hacker *é ler códigos e escrever códigos. Aprender a programar é como aprender a escrever bem em linguagem natural. A melhor maneira é ler um pouco dos mestres da forma, escrever algumas coisas, ler mais um monte, escrever mais outro tanto... e repetir até que seu estilo comece a desenvolver o tipo de força e economia que você vê em seus modelos. Achar um bom código para ler costumava ser difícil*

porque havia poucos programas grandes disponíveis em código-fonte para que hackers *novatos pudessem ler e mexer. Essa situação mudou dramaticamente; open-source software* (software *com código aberto), ferramentas de programação e sistemas operacionais (todos feitos por* hackers) *estão amplamente disponíveis atualmente.* (Habilidades..., 2003)

Bastou o termo da letra e logo constatamos o mais que óbvio por todos os lados: a escrita de mundo há décadas mudara de endereço e só mesmo nós, agentes de letramento, não o tínhamos visto. O encaminhamento dos estudos sobre o letramento ainda persiste agregado à cultura das letras clássicas, uma cultura de papel e lápis, forjada por princípios que modelaram um conceito de "homem letrado", culto e bem formado para o exercício da cidadania. Dá-se que na sociedade dos *hackers* a figura daquele homem letrado um dia idealizado não passa de um romântico desasjustado, dito burrinho e atolado, no qual ninguém deseja transformar-se, digno da expressão "Ih! O cara, aê!". Ora, convenhamos, discutir o letramento a partir do pressuposto de que nos caiba criar os "caras" de hoje em dia como aqueles homens letrados do século XVI não vai nos levar a nada, exceto a teorias e concepções de ensino fadadas a reiterar infinitamente o fracasso escolar.

Não se trata de um abandono da escrita, muito ao contrário. Os próprios *hackers* já se definem a partir da construção da escrita. A questão é de outra ordem, bem mais complexa do que a simples substituição da escrita por outro código qualquer, visto que, antes dos códigos, ou melhor, à sua frente, existem conceitos que lhes impregnam de valor social, isso que, acima de tudo, determina o desejo de construção e apropriação de códigos. *Hackers* são, normalmente, autodidatas e avessos à formação escolar específica para se tornarem o que são, talvez porque necessitem estar à margem do lugar comum, estar, portanto, além do aparentemente visível e claro aos olhos da lógica. De certo, por isso, guardem ainda hoje a imagem de sujeitos ameaçadores, marginais da ordem digital, tão desconcertantes quanto foi, um dia, o usuário clássico da escrita frente à ordem social da Idade Média, à época em que crer no lógico era severamente punido pela oralidade cristã. Derivar um conceito de letramento, pois, implica desconstruir o conceito social de escrita de mundo que nos inunda desde o Renascimento, dando espaço e legitimidade a um sujeito letrado que possa ameaçar, ou mesmo desfigurar, a relação do homem com as instâncias e os marcos do poder que caracterizaram a sociedade moderna. Eis aí tarefa extremamente complicada para os ilustres homens letrados da academia, que ainda hesitam entrar no mundo digital e para os quais os *hackers* são mitos, maravilhosos como os duendes. Não tão difícil assim é a tarefa, todavia, para os acadêmicos professores, cujo olhar está farto de conhecer os *hackers* e todos os neomarginais da sociedade contemporânea, cujo comportamento, sobretudo na escola, já os levou a produzir inúmeros conceitos pós-modernos de letramento.

Desenho aqui um conceito de letramento destinado aos acadêmicos professores, porque, aos outros, só me ocorre recomendar-lhes que busquem ajuda médica para curarem a cegueira social. Nesse desenho busco traçar uma linha no tempo da sociedade, vinculando o processo de letramento à demanda real de um homem indissociável de tecnologias de escrita, cuja história, ao mesmo tempo, criou e sepultou diversos ciclos na alfabetização. Assim, além de um conceito, discuto alguns dos aspectos que possam traduzi-lo como uma contribuição substantiva para o cotidiano da escola, particularmente quanto à adoção de princípios objetivos de planejamento curricular ao longo dos onze anos de educação básica, sem perder de vista os anos posteriores, na educação superior. Temo que isso ainda se veja como uma atitude de *hacker* na cultura acadêmica, porém, como tudo mais, é apenas uma questão de tempo. Logo, peço licença aos meus colegas de pesquisa, e vamos ao letramento.

Este capítulo problematiza os esforços teóricos que buscam dar sustentação às práticas de educação para a inclusão social, tendo em conta o forte conflito entre dois sujeitos cognitivos distintos e ainda hoje não igualmente autorizados a participar das práticas sociais da Modernidade: o sujeito oral e o sujeito científico. Ressaltamos aqui a responsabilidade das ciências da linguagem com relação não somente ao reconhecimento, como também à descrição teórica de uma esfera de aproximação desses sujeitos, com base na qual possamos assegurar a ambos um só *status* social, em que nenhum prevaleça sobre o outro, mas compartilhem conceitos e permitam transformar-se mutuamente. Apontamos para a necessidade de que os estudos em teoria da gramática venham a contribuir para a compreensão da engenharia cognitiva resultante de estados de aproximação cultural e, a partir daí, assinalem eles mesmos a condição científica do saber resultante do desenvolvimento proximal, nos termos de Lev Vygotsky.

Uma "condição científica" torna-se imprescindível na Educação para a inclusão, uma vez que, subjacente à palavra **inclusão**, existe um princípio anterior que podemos definir como a prerrogativa de assegurar o ingresso do outro nas práticas sociais da Modernidade, fundamentalmente caracterizadas pela crença em uma ordem científica de mundo. Do ponto de vista social, a inclusão promovida pela educação passa pela introdução do emprego de práticas e valores científicos de mundo. Assim, não se reconhecendo uma condição científica em outros modos do pensamento distintos dos que se impuseram e se tornaram reconhecidos pela cultura moderna, nenhuma inclusão de verdade poderá se dar. Vale ressaltar que, aqui, não estaremos tratando de uma suposta Pós-Modernidade fundada a partir do final do século XX, mas, sim, de uma mesma modernidade que avançou com outras tecnologias de produção de conhecimento, desencadeadoras de possibilidades de construção de conhecimentos até então inimagináveis por uma cultura que fora dominada pela escrita alfabética. Mesmo que carregado de força revolucionária e que, por isso, tenha trazido as mais diversas transformações no caráter do sujeito social moderno, as novas tecnologias promoveram tão-somente a possibilidade de que se expandissem as próprias bases fundamentais da Modernidade, ampliando a esfera de subjetividades incorporáveis ao mundo dito civilizado.

A Modernidade contemporânea abriu portas para o diálogo comunal e obrigou-se a abdicar de uma identidade forjada a partir de um sujeito conceitual único, ilhado e fechado para outros universos conceituais distintos do seu próprio. Conviver com o múltiplo social é, porém, mais complexo do que tê-lo a seu lado como um ser silente. Aceitar o outro como sujeito em uma sociedade implica receber outros sistemas de verdade sustentados em leituras de mundo as mais diversas. Entretanto, como fazê-lo em uma sociedade cuja verdade se sustenta na exclusão do outro, em termos de uma verdade que acusa como falsa toda e qualquer outra? A Modernidade do verdadeiro que se contrapõe ao falso caminha para um outro momento, em que nenhuma verdade se constrói sem um contexto que lhe permita avaliar-se, não como verdadeira ou falsa, mas como adequada ou não adequada.

Condição científica é, portanto, a qualidade do que possamos atestar como verdade adequada a um contexto complexo, em que dois ou mais sistemas de valores compartilhem um só espaço de representação. Sem uma condição como tal na educação para a inclusão, cada contexto complexo torna-se nada mais do que um espaço de conflitos, em que cada sujeito atua como não mais do que avaliador do erro do outro, algo implícito, por exemplo, na expressão **erro produtivo,** ainda hoje utilizada nos meios de educação construtivista. Quando empregada entre sujeitos de uma única cultura, ou de uma cultura que se pretende fazer dominante sobre outras que se desejem dominar, a expressão **erro construtivo** nos remete a um processo de transição até um ponto de desenvolvimento em que nenhuma diferença venha a existir. Entretanto, quando empregada entre membros de culturas que não pretendam dominar-se mutuamente, mas, sim, conhecer-se e crescer cooperativamente, o erro produtivo tende a persistir por toda a eternidade, uma vez que ninguém tem de fato o desejo de se desenvolver para ser como o outro, mas para construir um terceiro, formado com um pouco de cada um e por um tanto de ineditismo. Produzir-se um contexto de desenvolvimento humano como tal, sob a influência dos sistemas incluídos na Modernidade contemporânea implica a proposição de novos modelos explicativos da mente humana, não conformados a sistemas de valores unívocos, e sim a contextos em que dois ou mais sistemas entram em convergência, em que, portanto, se reconstroem mutuamente. A descrição de modelos mentais não unívocos permitirá que possamos explicar a geração e o funcionamento de formas de expressão em que se encontrem erros produtivos, então tomados como produtos de um legítimo processo de construção de conhecimento em contextos mentais culturalmente complexos.

O estudo das condições de produção do erro produtivo aponta diretamente para a questão do texto produzido pelo sujeito em processo de alfabetização ao longo de toda a escola básica.

O desafio: incluir sem destruir identidades

A concepção de uma educação para a inclusão social torna-se de certo modo redundante, uma vez que em todas as sociedades alguma educação se aplica com finalidade inclusiva. Educa-se, antes de tudo, para incluir. Ao identificarmos algum tipo de novidade subjacente à expressão **educação inclusiva**, temos que assinalar algo mais do que simplesmente alguma educação, algo com base no qual produzamos alguma ruptura que a justifique.

A educação materializa-se segundo valores que, propriamente, determinam o sentido de inclusão subjacente a suas práticas, sendo, portanto, este o sentido que sofre transformações no tempo, e não a inclusão em si mesma. Na Idade Moderna, salvo uma ou outra diferença, incluir persiste significando dar acesso à urbanidade civilizada pelas crenças agregadas à cultura científica. Compreendemos, assim, que a inclusão - condicionada que está ao acesso a certa cultura determinada - materializa-se sob condições determinadas por uma suposta universalidade científica que se impõe soberana sobre todo e qualquer caráter regional.

Educar segundo os pressupostos modernos significa, então, erigir um homem universal, carregado de virtudes e comportamentos que o possam destacar dos outros, homens menores, não universais, ou, em outros termos, não cidadãos da urbanidade científica. A tese contemporânea de uma "globalidade mundial" se vale dessa presumível universalidade entre os povos científicos ao redor do planeta, baseada na crença de que a cientificidade de seu comportamento lhes permita, em princípio, construir um vínculo humano transregional agregado em torno de uma única identidade sociocultural.

Ao longo dos primeiros cinco séculos da Idade Moderna, sob o pressuposto de que uma universalidade humana pudesse prevalecer sobre as identidades regionais, a educação acercou-se da função mista de conformar e eleger os que seriam incluídos como cidadãos reconhecidos no espaço urbano. Conformar e eleger impor-se-iam ao longo do tempo como eixos centrais na estrutura conceitual das práticas educativas, sustentados por todo um aparato científico com que se descreveram, por um lado, as propriedades mentais de um suposto homem universal e, por outro, as condições ideais para a transformação de homens ordinários em sujeitos universais da cultura científica. Disso resultaria que, para a educação, a inclusão social passasse igualmente pela **segregação**.

Segregados seriam todos os que, por diversos motivos, não se permitissem modelar segundo os parâmetros de universalidade subjacentes às práticas escolares, estes que viriam a transformar-se em sujeitos da exclusão escolar, marcados pelo preconceito e ilhados da sociedade. Segregados seriam também, todavia, todos os que, conformados à condição de cidadãos científicos da urbanidade, abririam mão de suas próprias identidades regionais, cuja revelação lhes provocaria não mais do que vergonha. Não tardou para que a educação, a segregação e a vergonha se mesclassem em um só conceito entre todos os povos presumivelmente incluídos na Modernidade, sobretudo os povos que não optaram por si mesmos pela Modernidade, mas, dominados, entraram na cultura científica à força e sob humilhação.

Desde o final do século XIX e ao longo de todo o século XX, inumeráveis transformações na ordem social urbana permitiram pouco a pouco que os incluídos chegassem a ver, sob o conceito dito universal de inclusão, a incontestável segregação vivida pela maioria dos povos do planeta. Políticas mais agressivas de inclusão permitiram que outras vozes – entre as historicamente exiladas da cidadania – ocupassem espaço na urbanidade, não como monstruosidades invisíveis, mas, sim, como cidadãos, ainda que com direitos e poderes públicos limitados e marcados pelo preconceito.

À medida que novas vozes se impunham no espaço urbano, os valores que mantinham a sustentabilidade das práticas de inclusão pela segregação sofreriam forte perda de significado. Chegaríamos ao final do século XX sob forte pressão social por um novo desenho conceitual de inclusão, o qual, associado a novas tecnologias que transformariam severamente as práticas de construção de conhecimento, instauraria uma nova ordem pública, algo, por exemplo, como uma pós-modernidade. Na verdade, houve uma mudança, de fato, apenas no sentido da inclusão social, que repercutiria principalmente sobre a suposta universalidade humana defendida nos inícios da Modernidade. Uma nova ordem urbana ou novos meios de produção de conhecimento não necessariamente caracterizam o final da Idade Moderna, ainda que lhe imprimam novidades.

A novidade que mais nos interessa aqui não consiste nas tecnologias que largamente vêm provocando calorosas discussões na esfera da educação, mas, sim, em algo mais profundo: as subjetividades sociais, as quais imprimem novos valores às práticas de educação. A Modernidade contemporânea assiste ainda perplexa a uma profunda transformação nas características das subjetividades sociais, não mais regidas por princípios universais. Já não se sustentam sujeitos desenhados segundo valores ditados por parâmetros reunidos em torno da cultura científica, e cada vez mais o homem busca a sua individualidade. Ainda que não se creia possa resistir por muito tempo no futuro esse estado humano de perda de vínculos sociais, um tal estado indubitavelmente fundou um marco na história moderna.

Quanto mais se individualiza o homem contemporâneo, menor a possibilidade de crença em algum sentido relativo à inclusão movida por práticas de segregação. A própria cultura acadêmica já resiste a conformar-se a modelos científicos baseados em paradigmas absolutos ou em modelos de sujeitos mentais enraizados em um só eixo cultural de base cartesiana, contribuindo por si própria para a reforma estrutural da cultura moderna.

Compreender a motivação contemporânea de uma educação para a inclusão social significa compreender todo o movimento por que passa a Idade Moderna e todo o esforço resultante da necessidade de se ajustarem as bases de sua cultura a práticas de inclusão não segregadoras. Aos cientistas e professores cabe caminharem juntos em busca de soluções para um problema de extrema novidade em nossa cultura: incluir sem provocar a perda de identidades e, ao mesmo tempo, dar continuidade ao projeto de uma modernidade que alcance a humanidade universalmente, não o inverso, uma universalidade que se imponha sobre a humanidade.

Desenvolvimento proximal e estados metafóricos

A noção de desenvolvimento proximal difundiu-se largamente na educação por intermédio da teoria da psicogênese da língua escrita, clássica contribuição de Emilia Ferreiro e Ana Teberosky publicada inicialmente ainda na década de 1970. Não obstante, o estudo apresentado por Ferreiro e Teberosky apropriava-se de estudos cerca de cinquenta anos mais antigos, oriundos da teoria geral proposta por Lev Vygotsky sobre a mente humana, na qual se descrevia o processo de construção de conhecimentos como um movimento de natureza sociocultural, baseado na geração de conceitos.

A diferença fundamental entre os estudos de Vygotsky e os demais - contemporâneos a ele ou anteriores - consistiria justamente na idealização de um universo epistemológico em que a verdade não se produzira em torno dos universais essenciais da verdade cartesiana, mas, sim, a partir de pressupostos sociais relacionados com a experiência cultural de mundo compartilhada por dois ou mais sujeitos.

A noção de **conceito** (subtraindo-se, aqui, a redundância de uma expressão como "o conceito de conceito") em Vygotsky resultaria em uma contribuição inédita na tradição dos estudos epistemológicos, uma vez que rompia com a clássica associação entre conceitos e fenômenos de natureza lógica. Sua concepção, entretanto, derivou a necessidade de um modelo de mente centralizado em outro tipo de modelo de sujeito cognitivo, dotado de mecanismos que lhe permitissem ir além dos limites individualizados impostos pela concepção clássica de sujeito cartesiano. Desde Descartes, a mente humana vinha sendo compreendida como um mecanismo operado individualmente pelo sujeito humano, cuja universalidade seria sustentada por meio de dois fatores: o caráter inato de sua fenomenologia, por meio do qual se poderiam compreender todos os mecanismos apropriados à construção de conhecimentos, e o caráter ético do sujeito cognoscente, centralmente baseado em princípios religiosos da civilização ocidental evocados como condição para que se pudessem fazer revelar à razão humana as propriedades inatas com que se poderiam produzir conhecimentos fundamentais, à luz da divina criação.

Caberia a Vygotsky desmistificar não somente a prerrogativa de uma mente inata como ferramenta capaz de satisfazer as necessidade humanas quanto à produção de conhecimentos, mas, sobretudo, a perspectiva segregadora subjacente à ética social vinculada a parâmetros religiosos. Seu trabalho, de algum modo em sintonia com os de filósofos como Wittgenstein, introduz uma concepção de mente que se orienta para a interação com outras mentes, por meio daquilo que se poderia denominar **jogos sociais**. Vygostsky propõe uma alternativa de mudança no curso dos estudos teóricos sobre a origem do saber, deslocando sua atenção para os valores agregados a cada uma das coisas pela experiência social, em esfera local e temporalmente determinada. Desde Vygotsky, passa-se a compreender o conhecimento como algo que se produz, em contraposição, portanto, à corrente inato-interacionista de Piaget, que o toma como algo que se evoca a partir da essencialidade das coisas.

A concepção de um conhecimento a produzir-se no interior de jogos interativos torna-se revolucionária na cultura científica devido à ruptura com a ideia de uma verdade absoluta situada para além da natureza simbólico-cultural do homem. A chamada **zona de desenvolvimento proximal** difere significativamente dos estados de desenvolvimento associados, por exemplo, a teorias como a de Jean Piaget ou a de outros cientistas vinculados à concepção cartesiana de sujeito cognitivo, como Jerry Fodor. Os cartesianos compreendem o desenvolvimento como uma série consecutiva de estados mentais – $\mathbf{e^1, e^2, e^3 \ldots e^{(n)}}$ –, que diferem entre si conforme o nível de propriedades que cada qual reúne para explicar ou gerar juízos acerca da natureza universal das coisas. Cada estado **e** reproduz, portanto, um conjunto de propriedades universais invariantes nos demais estados da sequência – $\mathbf{e^1, e^2, e^3 \ldots e^{(n)}}$ –, uma vez que as variações observadas entre as propriedades dos vários estados não lhes caracterizam como sistemas distintos, mas, sim, como sistemas de maior ou menor amplitude. Assim, mesmo que $\mathbf{e^1}$ seja material e funcionalmente distinto de $\mathbf{e^{(n)}}$, as propriedades de $\mathbf{e^1}$ permanecem contidas em $\mathbf{e^{(n)}}$, já que todos os estados de uma série de desenvolvimentos mantêm entre si os mesmos princípios essenciais, tal como podemos representar em:

$$\{ {}_4({}_3({}_2({}_1(e^1)_1, e^2)_2\, e^3)_3 \ldots \ldots e^{(n)})_4 \}$$

A concepção de uma verdade universal aplica-se, nesse caso, uma vez que se trata de um único sistema de valor que regula toda a sequência de estados, desde $\mathbf{e}^1$ até $\mathbf{e}^{(n)}$, de modo que, se **x** é verdadeiro em $\mathbf{e}^1$, será verdadeiro em todos os demais estados. Em um tal tipo de sistema de valor, não existe nenhum **y** não verdadeiro em $\mathbf{e}^1$ que possa surgir em algum dos demais estados. A unicidade de valores na série de estados assegura aos distintos sujeitos uma base comum de mútua compreensão, de modo tal que qualquer usuário de um estado $\mathbf{e}^{(n)}$ está capacitado a atribuir valor de verdade a juízos produzidos por usuários de outros estados situados em escala inferior da sequência. De outro lado, qualquer usuário de estado inferior é capaz de compreender parte dos juízos produzidos por usuários de estados superiores, com a confiança de que a verdade que está capacitado a reconhecer é de fato parte da verdade que se deseja compartilhar.

O desenvolvimento proximal descrito por Vygotsky não propõe uma base comum de valores de verdade, de modo que o estranhamento se produz. Não se trata mais de um só sistema em desenvolvimento, mas de dois ou mais sistemas distintos - baseados em verdades as mais diversas - que buscam interagir entre si. A perda de universalidade entre os sistemas em aproximação poderia, sem dúvida, ser representada na forma de dois sistemas distintos que permaneceriam intactos em sua materialidade individual, como se cada sujeito estivesse tão somente buscando compreender, a partir de seu sistema, o sistema do outro. Entretanto, nenhuma interação resultaria de um movimento como tal - não podemos jogar com o outro senão o trazendo junto a nós. Nesse ponto, devemos fazer uma opção fundamental: ou trazer o outro sob o jugo da segregação de seu sistema de valores, a fim de extinguir o custo de dois sistemas de verdades não coerentes entre si, ou trazer o outro com suas próprias verdades, interagindo com elas. A teoria de Vygotsky opta pela segunda alternativa.

Frente à opção por reconhecer o interesse na interação, o desenvolvimento proximal nos leva a conceber a mente como um espaço no qual os sistemas encontram-se em constante transformação, não mais na forma de uma série de estados diferenciados em termos qualitativos, mas, sim, de uma série de estados que resultam essencialmente novos. Vygotsky explica tal processo com base na máxima de que "a interação deriva sistemas que incorporam o melhor de suas matrizes originais". O problema teórico que se põe a partir disso deriva do fato de que os novos sistemas não são previsíveis a partir das verdades subjacentes a suas matrizes, obrigando-nos a operar não sobre pressupostos de verdade, e sim sobre parâmetros analíticos não sustentáveis pelos pressupostos até hoje empregados na construção de modelos mentais. A complexidade de tal problema decorre da confluência de dois ou mais sistemas teoricamente autônomos formando um contexto em que se superpõem não só suas categorias, como os princípios lógicos que lhes dão sustentação nos sistemas de origem.

$$\left\{ \begin{array}{c} \left\{ \begin{array}{c} A\ \{\, {}_4(\ {}_3(\ {}_2(\ {}_1(e^1)_1,\ e^2)_2\ e^3)_3 \ldots \ldots e^{(n)})_4 \,\}\ A \\ + \\ B\ \{\, {}_4(\ {}_3(\ {}_2(\ {}_1(e^1)_1,\ e^2)_2\ e^3)_3 \ldots \ldots e^{(n)})_4 \,\}\ B \end{array} \right\} \\ \rightarrow AB\ \{\, {}_4(\ {}_3(\ {}_2(\ {}_1(e^1)_1,\ e^2)_2\ e^3)_3 \ldots \ldots e^{(n)})_4 \,\}\ AB \end{array} \right\}$$

Não obstante a impossibilidade lógica quanto à adição de universos de categorias distintas, há que considerarmos, ainda, que o contexto derivado **AB** não resulta universalmente o mesmo para toda operação **A, B**, já que tanto **A** como **B** são eles mesmos sistemas em desenvolvimento. Assim, um sistema **AB** derivado de **A(e^1), B(e^3)** presume-se venha a ser distinto de outro **AB** derivado de **A(e³), B(e¹)**. Observemos, portanto, que sistemas derivados de estados de desenvolvimento proximal não se submetem aos princípios que regulam os sistemas de estados finitos, já que nenhum conjunto de regras pode ser aplicado em sua análise, sem que se leve em conta o contexto de derivação e os parâmetros que se façam pertinentes no próprio sistema de destino.

Tremenda imprevisibilidade nos deixa loucos, bem sabemos, cientistas que somos, porque esta interfere nos níveis aceitáveis de cientificidade que nos impusemos visando a garantir às ciências humanas "um lugar ao sol" na cultura científica. Entretanto, adentrar a esfera de contextos de baixa previsibilidade significa avançar com as ciências humanas para o interior de uma opção centrada na perspectiva de um modelo humano mais plural e instituído a partir da comunhão de diversidades. Modelo, portanto, a favor de verdades que arriscam mesclar-se e reformular-se.

A aparente perda de previsibilidade da análise de contextos como **A,B** deriva, sobretudo, da perda de sentido quanto à adoção de um só eixo de parâmetros de verdade, o que – em outros termos – é o mesmo que a perda de confiança na crença em um modelo cognitivo prevalecente sobre qualquer outro. Transitar em um contexto no qual haja verdades a construir – e não a imputar – demanda que possamos antes de tudo reconhecer a existência de sistemas em que as diversas categorias estejam por se construir à medida que o próprio sistema esteja se construindo. Vale observar que um caso dessa natureza difere substantivamente de outros tipos considerados em modelos teóricos cartesianos, nos quais as categorias são construídas sob a confiança de que exista, *a priori*, um sistema que lhes sirva de base e que lhes assegure certos parâmetros de verdade com que se possam fixar alguns princípios de adequação.

Estados de desenvolvimento proximal - tais como os resultantes de zonas de desenvolvimento proximal - desencadeiam sistemas em aproximação cujos níveis de adequação não se podem definir *a priori*, fora do próprio contexto de sua produção. Um contexto, vale dizer, que atua ao mesmo tempo como determinante e resultante do sistema em processamento. A crença no caráter determinante e resultante do contexto autoriza os sujeitos em aproximação a adotarem princípios de verdade que, como por meio de um pacto, asseguram a intenção de antever uma verdade que ainda se constrói, uma verdade a ser preenchida de significado, como uma metáfora. Sistemas do tipo **AB**, resultantes de estados de aproximação, desenvolvem-se em uma cadeia de estados metafóricos, ao longo da qual inúmeros sistemas igualmente metafóricos se sucedem.

Algo como um "erro produtivo" reflete não um estado estranho frente a um sistema singular, mas todo um sistema metafórico que se inclui em um ponto da cadeia de um processo de desenvolvimento proximal. Se as matrizes **A** e **B** dos sistemas em aproximação consistirem de sistemas diferentes em si, um erro produtivo assinala a geração de um sistema **AB**, algo que prenuncia não a apropriação de um sistema por influência do outro, mas, sim, sua fusão. Além disso, se **A** e **B** forem sujeitos de sistemas sociais distintos, **AB** marca o processo de aproximação de duas culturas e a geração de uma terceira.

Sistemas em aproximação: fala e escrita formal

Fala e escrita são exemplos típicos de sistemas em constante aproximação em nossa sociedade, já se tendo em conta, naturalmente, que se trata de duas línguas distintas, jamais redutíveis à perspectiva de um suposto código que meramente transcreva outro, tal como ainda não raramente são compreendidas no interior de certas práticas de alfabetização. Paralelamente às especificidades de caráter estritamente gramatical, fala e escrita formal se distinguem de forma significativa pelas condições de produção, tanto mentais como sociais, com base nas quais se caracteriza um complexo conjunto de variáveis convergentes no processo de seu desenvolvimento proximal.

A tradição cultural moderna compreende a fala como um sistema menor a ser substituído pelo sistema da escrita formal, este considerado como índice de boa formação cultural. A alfabetização é compreendida, desse modo, como um marco de boa formação cultural, tal como descrito, por exemplo, em Kato (1986): um ciclo iniciado com uma **fala 1**, a que segue uma escrita transitória com fortes traços de influência da estrutura da fala, chamada **escrita 1**, a qual se desenvolve, presumivelmente de forma natural, até a escrita formal, chamada **escrita 2,** encerrando o ciclo, por seu turno, ao transformar a fala em um sistema com características da estrutura da escrita formal, a chamada **fala 2**.

Esquema 1 - Ciclo de desenvolvimento proximal na alfabetização segundo as expectativas da cultura científica moderna

{ FALA 1 → ESCRITA 1 } → { ESCRITA 2 ↔ FALA 2 }

A representação contida no esquema 1 reinterpreta a forma como ordinariamente se compreende o efeito que a alfabetização pretende provocar sobre a fala na cultura moderna, visando a assinalar que as formas resultantes **escrita 2** e **fala 2** não derivam de uma operação tipo **A, B → AB**, típica de processos de verdadeira aproximação de sistemas. Na realidade, práticas de alfabetização orientadas para provocar os efeitos previstos no esquema 1 desde sempre partiram do princípio de que a materialidade do sistema da escrita formal (**escrita 2**) deveria sobrepor-se à materialidade da fala, sustentado na crença de que esta não seria um sistema com utilidade na Modernidade. Sob forte preconceito, a fala acabou relegada à segregação desde o Renascimento e, como um dogma, a alfabetização perpetuou-se como prática de pura aculturação. Compreender as práticas de alfabetização como um dogma social constitui um passo imprescindível para que possamos compreender tanto os custos de acesso à escrita formal como os demais custos da educação formal na contemporaneidade.

Um tal dogma atua no processo de construção da escrita como fator de motivação para que, no transcurso do desenvolvimento proximal, busquemos efetivamente abrir mão da **fala 1** e de todas as possibilidades de escrita que lhe possam representar efetivamente, a fim de aceder à **escrita 2**, um sistema linguístico que não a representa fidedignamente. No entorno desse dogma, atuam condicionamentos culturais que o determinam como produto de uma **crença** e de uma **confiança** em certo modelo de identidade social conformado aos parâmetros que caracterizam as práticas da sociedade moderna, grafocêntrica e cartesiana. Esse sistema de crenças atua, ainda, como motor de uma predisposição a certo tipo particular de desenvolvimento, cujo custo, altíssimo, se compreende como parte necessária de um rito de passagem, ao final do qual se vislumbre uma perspectiva de bem-estar.

Se, todavia, por qualquer motivo, a relação dogmática do povo com a **escrita 2** sofresse algum abalo ao longo da história, a consequente perda de motivação repercutiria diretamente sobre o processo de desenvolvimento proximal que conduz ao estado de **escrita 2**, prolongando-se, assim, por tempo indefinido o estado de **escrita 1**. Ressaltemos, então, que o custo de chegada à **escrita 2** tende a aumentar ainda mais, caso o sujeito de **fala 1** pertença a uma cultura de base oral cuja relação com a cultura científica também tenha sofrido perda de confiança, autorizando-o a reconhecer no estado de **escrita 1** uma legítima representação gráfica de sua própria cultura, ainda que com prejuízo da forma reconhecida e legitimada pela cultura científica.

Ao longo do século XX, a sociedade moderna viveu o surgimento de fenômenos que mudariam por completo a consciência pública quanto à submissão ao dogma motivador dos processos de desenvolvimento marcados pela segregação. Incentivadas pelos mais diversos movimentos e acidentes históricos, as minorias sociais abriram portas e adentraram a esfera urbana civilizada, assegurando para si e seus valores, pouco a pouco, visibilidade pública. Ao mesmo tempo, os mitos mais variados associados ao ideal de alguma sociedade universalmente pura e bondosa desmoronariam frente à constatação de uma tremenda desigualdade entre os povos, tanto em esferas locais quanto em esfera planetária, contribuindo, assim, para que as culturas que adentraram a Modernidade sob a força e a segregação reformulassem o conceito dogmático de uma identidade científico-cultural de caráter universal. Não tardaria que as escolas viessem a sofrer os efeitos advindos de uma verdadeira revolução iniciada pelos segregados culturais.

Não mais regidos por qualquer dogma, os processos de aproximação à cultura científica puderam, finalmente, processar-se como verdadeiros desenvolvimentos proximais, cada vez mais resultando estados não conformados às expectativas tradicionais de substituição de sistemas não científicos pelo sistema científico hegemônico. Paralelamente, as tecnologias da informação e a comunicação de massa trouxeram por si mesmas uma revolução essencial no interior da cultura científica, trazendo à Modernidade recursos de registro e de expressão do conhecimento jamais previstos anteriormente por uma sociedade centrada até então na utilização da tecnologia da escrita alfabética. Desde o surgimento do rádio até o desenvolvimento das tecnologias que sustentam redes como a internet, as minorias segregadas obtiveram recursos para introduzir sua própria cultura no mundo da escrita, sem se submeterem às regras fixas e não raramente estrangeiras da **escrita 2.**

A distinção mais expressiva entre as tecnologias da informação e da comunicação (TICs) e a escrita formal não reside em sua materialidade externa - algo que pudéssemos constatar na forma dos textos derivados em cada um dos casos - mas, sim, em sua materialidade interna, as regras e os princípios que as sustentam com base em dois sistemas completamente distintos entre si. De um lado, a escrita formal é regida por um sistema lógico, marcado pela centralidade e pela sequencialidade causal, tal como, por exemplo, em um sistema de estados finitos. Já as TICs são, de outro lado, regidas por um sistema de relações não centralizantes e não sequenciais, hoje denominado **hipertextual**. O domínio da hipertextualidade rompe com os limites planos que caracterizam os textos escritos, criando a necessidade de idealização de um plano textual metafórico, infinito e não subordinado a qualquer ordem paradigmática, a que nos habituamos a chamar ***ciberespaço***. **Texto escrito** e ciberespaço são, eles mesmos, metáforas que representam dois tipos de ordens cognitivas, respectivamente, a ordem cognitiva da cultura científica moderna e a ordem cognitiva das culturas orais, ou hipertextuais.

Esquema 2 - Ciclo de desenvolvimento proximal na alfabetização segundo as expectativas da cultura científica moderna

{ FALA 1 → ESCRITA 2 } → { ESCRITA DE MUNDO }

Libertas do dogma e intuitivamente autorizadas a adotar sistemas de expressão hipertextuais, as culturas segregadas pela Modernidade obtiveram, já a partir do final do século passado, recursos para derivarem novas formas de escrita de mundo, incluindo, entre elas, novas formas de utilização da língua escrita formal. Fala e escrita, sistemas respectivamente associados à oralidade e à cultura científica, passam a sofrer um processo de verdadeira aproximação, tal como representado no esquema 2, desde o qual não podemos mais definir um só estado final presumível. Um tanto da engenharia própria da fala se mescla com um tanto de engenharia própria da escrita formal e, a partir daí, as possibilidades de sistemas finais tornam-se inumeráveis. Nesses sistemas, prepondera a metaforicidade, um espaço de acomodação de dois sistemas de ordens distintas, lógica e hipertextual, plana e *ciberespacial*, oral e científica.

Letramento e desenvolvimento proximal

As escritas de mundo sustentadas nos sistemas metafóricos que derivam de zonas de desenvolvimento proximal constituem o maior desafio analítico-descritivo para a ciência contemporânea. Políticas de educação para a inclusão social aguardam por respostas substantivas para a questão de como promover o desenvolvimento das comunidades segregadas sem alijá-las da educação formal e, ao mesmo tempo, sem submetê-las a novas práticas de segregação por meio de práticas de aculturação, tendo em vista que estas não mais se sustentam em nenhuma relação dogmática com a cultura científica.

A investigação das propriedades formais de contextos metafóricos deve organizar-se de modo a esclarecer a engenharia funcional dos estados de aproximação em que operem dois ou mais sistemas de valores - ou regras - distintos, buscando definir os princípios segundo os quais novos sistemas possíveis possam ser derivados. A ideia de sistemas complexos como os contextos metafóricos começa a ganhar corpo, por exemplo, com estudos sobre modelos organizadores (Marimon, 1999), que apontam para fatores-chave, como a influência da analogia no processo de mudança nos sistemas. Entretanto, ainda que possamos analisar os processos de transformação por analogia como derivados da influência da oralidade sobre a estrutura da língua formal, os sistemas organizadores não se detêm propriamente no estudo da fala e da língua formal como dois sistemas em aproximação. A partir daí, resulta que não podemos tomar os processos transformadores como derivados de sistemas de valores distintos, submetidos a aspectos de ordem social e afetiva não previstos quando a língua é tomada como um sistema de regras autônomas frente aos demais sistemas de valores humanos.

Ainda que possamos considerar a engenharia dos contextos metafóricos como fenômenos de ordem estritamente formal, torna-se necessário termos em conta que os sistemas derivados do desenvolvimento proximal – tal como no transcurso da alfabetização – estão necessariamente sujeitos a valores externos determinados por certas condições sociais específicas. O dogma subjacente à inserção na Modernidade bem exemplifica o efeito das condições sociais sobre os processos de aproximação. Tratar de fenômenos como a alfabetização, a inclusão digital, a educação matemática ou científica e outros tantos intentos que podemos resumir como **letramento**, implica conhecer desde que princípios estão se desenvolvendo aproximações em contextos mentais tipicamente metafóricos, regidos não só por regras ou princípios materiais, mas sobretudo por perspectivas individuais de inclusão e autotransformação.

Variáveis extrassistêmicas e não objetivas, como níveis de perspectiva de inclusão e autotransformação, atuam de forma determinante na materialidade resultante de estados de desenvolvimento proximal. Assim, tal como no ciberespaço, modelos teoréticos de estados de desenvolvimento mental por aproximação cultural, tais como os que se desejam construir para dar suporte a práticas de letramento, devem antes de tudo buscar ancorar-se fora da esfera linear de sistemas lógicos e sair em busca de sistemas hipertextuais, sujeitos à conjunção de operadores mistos, de ordem psicológico-afetiva, sociocultural e de diversas ordens formais.

As contribuições oriundas de estudos sobre sistemas metafóricos em contextos de desenvolvimento proximal somam-se aos esforços da educação para a inclusão social, uma vez apontarem argumentos que asseguram a devida condição científica aos estados mentais e aos sujeitos incluídos na Modernidade contemporânea. Mais do que um conceito teórico, sistemas metafóricos sintetizam o conceito de uma sociedade que caminha para extinguir a segregação cultural e, com ela, extinguir expressões do tipo **erro produtivo**, por meio das quais nada mais se faz expressar do que a condição inferior daqueles que se encontram em processo de formação escolar.

9

O professor de matemática como agente de letramento

utopia?

Vera Lucia Costa

pela escolarização é, na verdade, a procura por uma legitimação, um exercer direitos e deveres em sentido pleno, pois a escolarização permite ler o social, na media em que desenvolve o domínio de uma linguagem. Ensinar a ler e a escrever é, pois, uma luta política necessária à superação dos obstáculos impostos às classes populares. Ler transforma-se em sinônimo de viver, sendo a língua materna geradora de significação e integradora da organização do mundo e da própria

A procura pela escolarização é, na verdade, a procura por uma legitimação, um exercer direitos e deveres em sentido pleno, pois a escolarização permite **ler o social**, na medida em que desenvolve o domínio de uma linguagem. Ensinar a **ler** e a **escrever** é, pois, uma luta política necessária à superação dos obstáculos impostos às classes populares.

Ler transforma-se em sinônimo de viver, sendo a língua materna geradora de significação e integradora da organização de mundo e da própria identidade.

Entendendo-se a convivência do homem com o mundo como decorrente de uma leitura por ele realizada – uma leitura intuitiva e/ou uma leitura escolarizada –, hoje a leitura é enfatizada como o canal que, levando ao saber, leva à cidadania plena. O que observamos é que vestiram a leitura de um poder messiânico que se compreende como capaz de instaurar a plena cidadania e possibilita ao cidadão o exercício de uma postura crítica frente ao que lhe é apresentado. Entretanto, os meios pelos quais essa leitura é construída e avaliada são questionáveis, pois o que percebemos é que o mesmo aluno que lê fluentemente textos em língua materna não consegue desempenho suficiente em outras disciplinas, principalmente em Matemática, por supostas "falhas" no seu comportamento leitor, segundo afirmam os seus professores. Reputa-se, assim, ao professor de Língua Portuguesa a "culpa" pelo insucesso do aluno e a missão de levá-lo a superar as "falhas da leitura".

Nós, professores, iniciando um novo milênio, continuamos sabendo que os alunos **não sabem**, mas não sabemos **o que eles não sabem** e, muito menos, **por que não sabem**. Se "a leitura do mundo precede a leitura da palavra..." (Freire, 1992), como levar o aluno a ler o mundo "matematicamente", "fisicamente"...? A quem compete construir esse leitor?

Ressaltando o discurso da crença na "salvação social" por meio da educação e tomando como fio condutor a leitura, precisamos investigar que **conceito de leitura** subjaz à prática das atividades docentes na disciplina de Matemática do ensino fundamental e médio, bem como analisar as diferenças entre a língua materna e a língua da matemática, uma vez que boa parte dos alunos que supostamente fracassa ao ler os textos matemáticos costuma ter desempenho satisfatório nas aulas de Língua Portuguesa e Literatura Brasileira, o que, em tese, contraria o argumento de que haja "falhas" em seu comportamento leitor.

Partindo da hipótese de que professores de diferentes disciplinas operem com diferentes conceitos de leitura, discutimos aqui a possibilidade de se determinar um **sentido alfabetizador** na intervenção do professor de Matemática e demais áreas exatas, tomando-o como agente de letramento motivado pela necessidade de se construir um aluno-leitor do mundo teórico-abstrato que caracteriza os conceitos do pensamento científico.

A partir de uma abordagem de cunho sociocultural, desenvolvemos, neste artigo, a concepção de leitura formulada em Senna (1999, p. 23-24), que a situa para além da mera decodificação de sinais: "Sendo a linguagem a faculdade de atribuição de juízos a conhecimentos, a leitura é a habilidade - derivada da linguagem - através da qual o indivíduo aplica seus juízos para compreender a experiência".

Dessa forma, aqui, entendemos que **ler** não é simplesmente **decifrar** palavras, mas, sim, emitir **juízos de valor**, tendo, ainda, em conta que nenhum juízo pode ser formulado na interpretação de um fato que não tenha sido previamente representado como conhecimento para o sujeito leitor. A leitura, portanto, não se processa sobre realidades (como textos escritos, por exemplo), mas, sim, sobre conceitos que as representam e lhes atribuem sentido na mente do sujeito leitor.

No processamento de leitura, o aluno não se sustenta apenas em operações cognitivas disponíveis no aparato cognitivo da mente humana. Ao contrário, já que tais operações são de natureza estritamente lógico-formal, o ajuizamento que se espera resultar do ato de ler depende necessariamente dos conceitos, os juízos de valor, aos quais se devem aplicar operações lógico-formais. Por isso, o raciocínio da leitura sustenta-se, também, nos conhecimentos prévios dos alunos, não em conhecimentos intuitivos e essenciais, mas em conceitos já representados como juízos de valor, os quais orientam o sujeito na busca por significações naquilo com que interage. Logo, torna-se necessário ver a leitura como um processo ativo de construção mental e, ao mesmo tempo, de inserção no todo social no qual vivemos e tecemos relações e significados. Nesse sentido, corroboramos Machado (1993), quando nos alerta para a impertinência de se tratarem a língua materna e a matemática como fenômenos de naturezas distintas e incompatíveis entre si.

É bom enfatizarmos que, na tradição dos estudos sobre a construção de conhecimentos, é dada prioridade de enfoque ao conhecimento essencial da realidade, à luz dos interesses da cultura científica. Em razão disso, quase sempre se desprezou o papel da linguagem na base da construção de conhecimento. Via de regra, a linguagem (tomada ordinariamente como sistema de expressão) é associada à dispersão e à opacidade produzidas pelo ajuizamento social da realidade, tendo sido fundamentalmente esta a razão para que se postulasse a necessidade de bani-la das representações científicas, em favor de um código que pudesse traduzir juízos essenciais, puros e universais, a matemática. Hoje, entretanto, a linguagem já não mais se confunde com os sistemas de expressão e, à medida que se consagraram os estudos de Vygotsky, nos quais foi compreendida como instância cognitiva de construção e operação de conceitos, passou a ocupar um lugar central nos estudo da cognição. A linguagem passa, assim, a ser vista como a instância que concorre para a representação mental de experiências a partir da interação com o outro, impregnada de valor cultural e estritamente simbólico. Mas como isso interfere na escola? De que forma o magistério se exerce através da linguagem?

A caracterização da linguagem como parte do aparelho cognitivo humano traz consequências naturais para o conceito de leitura e, naturalmente, para o de produção de sentidos nas práticas de ensino científico, visto estar a leitura diretamente relacionada aos juízos prévios e aos estados de desenvolvimento proximal, portanto. A linguagem, nesse sentido, assume um papel constitutivo no processo de elaboração conceitual e não uma dimensão meramente posterior, como instrumento de comunicação.

Portanto, nos dias atuais, compreendemos que a leitura – inclusive a científica – subentenda duas operações mentais distintas. A primeira corresponde à tentativa de estabelecer vínculos de correspondência entre a situação de mundo experienciada e os juízos previamente construídos pela linguagem do indivíduo. A segunda refere-se à seleção propriamente de algum desses juízos que, ou se baste para a compreensão da experiência vivenciada, ou sirva de ponto de partida para o desenvolvimento de um novo conceito mais adequado ao ajuizamento da experiência. Essa concepção que toma o ato de ler como uma operação mental permite que se caracterize a prática escolar de formação de leitores não tanto como uma prática de ensino – centrada na intervenção do professor – mas, sim, como uma experiência de aprendizagem centrada na própria experiência de leitura mediada pelo professor. Desse modo, importa ao docente **compreender** e **interpretar** as operações mentais produzidas pelo aluno nos atos de leitura, as quais, portanto, traduzem o seu esforço pessoal e singular de ajuizar a experiência de ensino a partir de seu próprio universo.

A consequência disso é o crescimento do número de professores e de pesquisadores de todas as áreas, inclusive da área técnico-científica, preocupados com questões da linguagem tais como: o funcionamento do discurso científico e seu papel cultural; a(s) diferença(s) entre a linguagem das ciências e as outras linguagens; novas tecnologias e suas linguagens; as representações de alunos e de professores frente ao processo de leitura escolar nas áreas científicas; as linguagens na interação escolar etc.

Não se trata de confinar a educação à linguagem, mas, sim, de pensá-la à luz desta, pois não há mais como um educador esquivar-se do tema, principalmente no tempo em que vivemos - pós-moderno? -, em que não podemos desprezar o papel da linguagem nos processos de conhecimento da realidade e das subjetividades sociais. A linguagem tem assumido uma posição privilegiada na construção e na circulação do significado, isso porque não apenas serve para o relato dos fatos ou os representa, mas atua em sua constituição. Não existe um objeto dado, pronto para ser conhecido, pois o significado reside nele mesmo. O significado é sempre **produto** da forma como esse objeto é socialmente construído por intermédio da linguagem de alguém.

Como podemos perceber, não se trata de uma linguagem vista como simples repertório, muito menos como conjunto de figuras de enfeite retórico, muito menos ainda como uma imaterialidade ideológica. Ao contrário, trata-se de uma linguagem entendida como uma **interlocução** e, como tal, de um lado, como **processo** e, de outro, como **constitutiva** (de) e **constituída** (por) sujeitos. Diz Lajolo: "Pensar a educação enquanto linguagem é pensar, portanto, a educação enquanto processo constituído (de) e constituído (por) sujeitos. E, como tal, como um processo que tem a densidade, a precariedade e a singularidade do acontecimento" (1993, p. 44).

A linguagem configura-se, pois, como matéria do pensamento e instrumento da comunicação social, sendo, por conseguinte, um dos instrumentos básicos para o desenvolvimento cognitivo: "O desenvolvimento do pensamento é determinado pela linguagem, isto é, pelos instrumentos linguísticos do pensamento e pela experiência sociocultural da criança" (Vygotsky, 1993, p. 44). Daí que não podemos pensar num processo educacional sem admiti-lo como tenso, instaurado sobre a singularidade dos sujeitos em contínua constituição e sobre a precariedade da própria temporalidade que o específico do momento implica.

Ao longo da vida, o desenvolvimento linguístico-cognitivo é sustentado nas diversas situações de aprendizagem, nas quais o conhecimento simbólico-conceitual do real se vai construindo, aos poucos, de forma organizada. Todavia, a linguagem que se privilegia na relação com a experiência escolar, sob suas diferentes formas, restringe-se exclusivamente ao que se denomina **saber letrado** - um saber que tende a cristalizar-se e fechar-se em torno de si mesmo, como a estrutura da escrita. O saber transmitido pela escola - e ressaltemos que **transmitido** nem sempre significa **comunicado** - exige práticas de leitura na maioria das vezes alienadas da subjetividade de quem lê, alienadas até mesmo do esforço de conhecimento, pois que, impedido de interagir com sua própria linguagem, o leitor quase sempre se torna incapaz de construir os valores que atribuiriam sentido conceitual àquele saber. Segundo Smith (1989, p. 22), "...o sistema de conhecimento, em nossas cabeças, é organizado em um modelo de trabalho intricado e internamente consistente no mundo, construído através de nossas interações com o mundo e integrado num todo coerente".

Não é possível pensarmos num verdadeiro processo educacional quando sob fronteiras determinadas, sob a alienação da capacidade leitora e ajuizante do aluno. Desse modo, a clássica distinção ente educação sistemática (formal e centrada na transmissão de saberes) e assistemática (definida pelos mecanismos cognitivos de cada um, não importa frente a que tipo de experiência) implica o risco de alijar da escola o próprio processo educacional, constituído de sujeitos e intenções significativas, bem como de lhe furtar a linguagem vital, momentânea e individual, com a qual o indivíduo, de fato, assume sua condição de sujeito e, conscientemente, a de aluno.

Na verdade, as dificuldades de compreensão dos discursos e das práticas escolares afetam diretamente o desempenho do aluno, não só no que diz respeito à área da linguagem, mas a todas as áreas do conhecimento, ao longo de toda a sua vida escolar, o que é mais grave ainda.

Um dos objetos de leitura mais consagrados no contexto do ensino escolar é o **texto escrito**. A bem da verdade, a maioria das pessoas somente se percebe em atividade de leitura quando à frente de textos escritos, talvez porque a própria escola ainda resista a consagrar outros tipos de textos não verbais, ou até mesmo a fala, como textos propriamente ditos. Passam ao largo das práticas escolares de leitura experiências as mais prosaicas, como ouvir um CD, caminhar pelas ruas ajuizando o mundo, assistir a um jogo de futebol, enfim, tudo aquilo que se lê ao longo da vida. Ao desprezar as experiências cotidianas de leitura de mundo, privilegiando tão somente o texto escrito, a escola despreza a própria identidade de cada um como leitor, deixando em muitos dos alunos a convicção de que ler é uma prática estritamente vinculada à experiência escolar, sem qualquer conexão com sua vida.

Ler não é apenas passar os olhos por algo escrito, não é fazer a versão oral de um objeto escrito. Quem ousaria dizer que sabe uma língua estrangeira só porque é capaz de pronunciar frases escritas naquela língua? É nesse sentido que Foucambert (1994, p. 28) afirma: "Ler significa ser questionado pelo mundo e por si mesmo, significa que certas respostas podem ser encontradas na escrita, significa poder ter acesso a essa escrita, significa construir uma resposta que integra parte das novas informações ao que já se é".

Tradicionalmente, professores de português e matemática transitam em universos distintos dentro da escola, universos estes não raramente marcados por uma série de preconceitos de um com relação ao domínio de atuação do outro, tal como, por exemplo, no que se refere ao trabalho com a formação de leitores. Em que medida o professor de Matemática pode/deve contribuir para o desenvolvimento das habilidades de leitura?

Que conceito de leitura é subjacente à prática docente nas aulas de Matemática? Que textos transitam nessas aulas? Como são lidos? Ensinar a ler é tarefa exclusiva do professor de língua materna? Como? Por quê? Muitas são as perguntas, mas ainda poucos são os professores não ligados à área de letras que se percebem e atuam como agentes de letramento, isto é, como responsáveis pela construção do leitor em sua disciplina.

A leitura - habilidade derivada da linguagem -, mais do que uma mera ferramenta isolada em algum tipo particular de tecnologia de escrita, é algo inerente e necessário ao trabalho do professor, de Português, de Matemática ou de qualquer outra disciplina, pois, como diz Saussure,

> *tomada no seu todo, a linguagem é multiforme e heteróclita; abrangendo vários domínios, simultaneidade física, fisiológica e psíquica, pertence ainda ao domínio individual e ao domínio social; não se deixa classificar em nenhuma categoria de fatos humanos porque não sabemos como destacar a sua unidade. Pela complexidade e pela diversidade dos problemas que levanta, a linguagem tem necessidade da análise da filosofia, da antropologia, da psicanálise, da sociologia, sem falar das diferentes disciplinas linguísticas.* (1977, p. 33)

Embora a leitura detenha um espaço privilegiado na experiência curricular da escola básica em todas as áreas curriculares, ou seja, costuma-se compreendê-la, formalmente, como objeto de atividades especificamente destinadas ao trabalho com a escrita, ou seja, com a leitura/produção de textos verbais e não verbais de caráter ficcional, restringindo-a, assim, às áreas das ciências humanas*. A consequência disso é o fato de o aluno, não raramente, deixar de se perceber leitor

* Termo usado nos Parâmetros Curriculares Nacionais (PCNs) e que engloba as disciplinas de História, Geografia, Sociologia, Filosofia, Antropologia e Política.

em outras situações recorrentes no cotidiano da escola, especialmente as que envolvam atividades técnico-científicas e a leitura de textos de caráter não ficcional.

Hoje, mais do que nunca, face às exigências do mundo atual, a leitura tem um papel fundamental no processo de construção do conhecimento, seja como fio condutor na rede do currículo interdisciplinar, seja no desenvolvimento de competências e habilidades na interação com diferentes sistemas de expressão com os quais se queira formar um aluno capaz de aprender, por si próprio, ao longo da vida.

Chega mais perto e contempla as palavras.
Cada uma
tem mil faces secretas sob a face neutra
e te pergunta, sem interesse pela resposta,
pobre ou terrível, que lhe deres:
Trouxeste a chave?

(Procura da poesia - Carlos Drummond de Andrade)

Embora a maioria dos professores seja capaz de reconhecer que o termo **leitura** é plurissignificativo, a interpretação preponderante é a que o define como "ato de ler textos escritos". De fato, tanto os alunos quanto os professores compreendem que seu desenvolvimento enquanto leitores, ao longo do processo de escolarização e da própria experiência de vida, restringe-se ao aprimoramento da habilidade de ler textos escritos. Assim, considerando-se que textos escritos não sejam universalmente legitimados como fontes de conhecimentos em todas as culturas, limita-se a concepção de um processo de desenvolvimento de leitores a apenas alguns sujeitos, em detrimento de tantos outros cujas práticas de leitura não se sustentam na escrita alfabética convencional. Nos dias atuais, contudo, a diversidade de imaginários coletivos legitimados na esfera pública e já agregados à escola demanda que se tome o fenômeno **leitura** de forma mais abrangente, de modo a permitir que o professor empregue estratégias pedagógicas que envolvam o maior número possível de tipos de textos, alcançando, assim, a todos os sujeitos leitores. A escola constitui um contexto para o qual convergem os mais variados traços culturais, todos vivos nas figuras dos alunos, cada um dos quais é um sujeito leitor singular. Para essa escola intercultural, é preciso que o professor compreenda a leitura como um fenômeno mental abrangente e ajuizador de mundos, que não se limita à decodificação de um ou outro tipo de texto.

Nas escolas, ainda que não se faça formalmente a distinção entre as disciplinas que devam, ou não, trabalhar com a questão do letramento, são muito fortes as exigências feitas diretamente ao professor de língua materna quanto ao desenvolvimento de práticas de leitura e produção de textos aplicáveis a todas as demais disciplinas. Tal fato é decorrente do desconhecimento, por parte dos agentes de formação técnico-científica nas escolas, de que cada texto se produz no contexto de sua leitura, de maneira que uma disciplina não pode transferir para outra a responsabilidade de "ensinar" ao aluno como ler os seus textos. Cada disciplina específica pressupõe um modelo particular de texto, ou seja, um modelo de leitura que dá corpo a modelos de textos particulares conforme o contexto. Os modelos de textos reconhecidos pelas exatas não transitam na esfera das aulas de língua materna, cujos objetivos não necessariamente levam o aluno a desenvolver o trabalho com objetos de natureza lógica-abstrata. Isso nos leva a concluir que os conflitos resultantes das falas de professores de diferentes áreas resultem, efetivamente, de dois conceitos distintos sobre o **ato** e o **objeto** de ler. A fim de que possam levar a cabo a formação de cidadãos que desenvolvam efetivo domínio de práticas científicas de estar e interpretar o mundo, respeitando por premissa a prioridade de suas histórias individuais, todos os agentes de educação precisam, antes de mais nada, (i) conhecer e estabelecer as distinções entre os modos narrativo e científico do pensamento e (ii) perceber-se e atuar como agentes de letramento.

Os novos cidadãos que estamos formando necessitam saber **ler** o que veem e, também, produzir e expressar-se no mundo audiovisual e virtual, ou seja, necessitam tornar-se leitores proficientes, assim compreendidos aqueles sujeitos leitores críticos, capazes de transformar aquilo que leem em conceitos pessoais, bem como de estabelecer diversas relações entre o objeto de leitura e o restante dos conceitos de mundo de que dispõem. Se os professores não forem leitores efetivos do contexto histórico subjacente aos conteúdos que ensinam, não poderão ser mediadores de leitura. Entretanto, dialogar com a verdade do aluno, com o juízo leitor que dá ao que se lê a condição de **texto**, é muito difícil, porque não conhecemos e, por isso, não entendemos os mecanismos mentais que o estão guiando no ato da leitura e no da escrita. Essa dificuldade de compreender como o sujeito contemporâneo se percebe e como atua enquanto leitor é uma das causas da famosa "crise de leitura", cuja origem está, de fato, na educação formal.

A leitura é, portanto, uma **exigência** que se faz presente em todas as disciplinas acadêmicas da educação formal e, por isso mesmo, todos nós, professores, somos, implícita ou explicitamente, orientadores do processo de desenvolvimento dessa leitura em nossas aulas. Ressaltemos, ainda, que os diversos sentidos dos textos segundo os objetivos de formação em Língua Portuguesa, Matemática, História etc. vão exigir estratégias diferentes e específicas de desenvolvimento da leitura. Por que, então, deixar a responsabilidade pela formação do aluno leitor somente aos alfabetizadores e aos professores de Língua Portuguesa?

Os **problemas de leitura** têm causas muito profundas, mais profundas do que a natureza material da própria escola, de modo que as transformações serão necessariamente graduais e lentas. Até as medidas aparentemente mais positivas e imediatas não surtirão efeito se não proporcionarem, antes de chegarem ao trabalho com o aluno, a transformação dos valores do professorado quanto à sua contribuição na formação do aluno leitor e à sua concepção do que é o ato de ler. Ainda hoje, um grande número de professores, sobretudo na área de ciências da natureza*, acreditam estar avaliando a capacidade de leitura dos alunos, quando apenas **medem** seu desempenho em provas objetivas, uma experiência de leitura muito particular e hipertrofiada pela cultura tecnicista do ensino formal, na verdade, centrada em um conceito de leitura estritamente dependente da decifração mecânica de palavras. O problema, nesse caso, reside no fato de os significados atribuídos por alunos e professores às palavras decodificadas variarem profundamente. Variam, até mesmo, na perspectiva de professores de áreas de conhecimentos diferentes. Em consequência disso, quando o aluno não é capaz de identificar nas palavras de uma prova o mesmo sentido que o professor da disciplina deseja que seja identificado, não necessariamente se está tratando de uma falha na capacidade de leitura, e sim da ausência de um trabalho escolar consistente a partir do qual o aluno possa construir os conceitos e os sentidos de palavras específicos da área de formação.

Uma das maiores contribuições de Vygotsky é a concepção do processo de elaboração de conceitos como prática de interação de sujeitos culturalmente determinados, bem como a definição do papel de mediador dialógico da intervenção

---

* Termo usado nos Parâmetros Curriculares Nacionais (PCNs) e que engloba as disciplinas de Matemática, Física, Química e Biologia.

pedagógica. São justamente esses os aspectos teóricos que precisam tornar-se **conceitos** para todos nós, professores, de modo que possamos tornar a escola o espaço do "aprender-ensinando", um espaço em que a zona de desenvolvimento proximal de alunos e professores vai sendo trabalhada por meio dos seus "dizeres" e "fazeres", tecendo-se linguagens e leituras de mundo, narrativas e científicas.

Encarar a leitura, nesse contexto, é um desafio para qualquer professor, já que sua formação, invariavelmente, vem se estruturando historicamente com base em orientações exclusivamente vinculadas à cultura científica. Isso torna difícil despertar neles, como afirma Senna (2001a), "a consciência de que o modo narrativo de pensar resulta em conhecimento relevante ou, ainda, de que um mesmo **juízo** de pensamento científico pode ser equivalente a um juízo do pensamento narrativo, com outro formato representacional".

O reconhecimento do modo narrativo, que propondera no pensamento do aluno, sustenta-se no tipo de modelo de mente defendido por Vygotsky (1993), modelo que se organiza por meio de um sistema universal de construção de conceitos subjetivos, cuja estrutura é, por sua vez, constituída por zonas de desenvolvimento (potencial, proximal e real). A estrutura do desenvolvimento em Vygotsky inspira-se no princípio da **equilibração interna**, também presente na teoria de Jean Piaget, embora se diferencie deste por ser orientado à condição social do homem e, consequentemente, de sua mente. A construção de conhecimentos, na teoria de Vygotsky, desencadeia-se quando os estados mentais já existentes (no plano do que se denomina **zona de desenvolvimento potencial**) nas mentes de duas pessoas não contêm conceitos que lhes facultem reconhecer o tipo de representação que ambas, ou apenas uma delas, têm de determinado fato ou objeto. Diante de tal situação, as duas pessoas caem em desequilíbrio por não serem capazes de se compreenderem mutuamente e, a partir daí, inicia-se um processo mental de construção de conceitos comuns (a **zona de desenvolvimento proximal**). A equilibração é alcançada quando as duas pessoas são plenamente capazes de se compreenderem mutuamente, desenvolvendo-se, assim, um estado mental em que ambas detêm os conceitos com que, de início, cada uma delas individualmente interpretava o fato ou objeto (chega-se, então, a uma **zona de desenvolvimento real**).

Cabe, assim, também ao professor de Matemática reconhecer e legitimar, sem preconceitos, a existência de dois modos distintos de organização do pensamento, o narrativo e o científico, com base nos quais devemos, efetivamente, promover o letramento do aluno por meio da mediação entre os conceitos deste e os da cultura científica. O cidadão-aluno que ingressou na escola traz consigo um modo de organização do pensamento que reflete o conjunto de aproximações ao seu próprio contexto social, um modelo de pensamento não organizado segundo a forma cartesiana, denominado **modo narrativo.** Quase sempre a escola o considera, tão somente, o avesso ao mundo civilizado, esvaziado de verdades possíveis.

Durante muitos séculos, os professores assumiram como missão a substituição desse modo narrativo pelo modo científico-cartesiano do pensamento estruturado, interditando, portanto, outras formas de leitura de mundo baseadas em conceitos de mundo. Talvez, o desprezo à linguagem conceitual do aluno tenha derivado e justificado a identidade de um professor cuja intervenção junto ao aluno não envolve o desenvolvimento de sua capacidade leitora, assumindo-se, por princípio, a tese de que nenhuma capacidade leitora exista para além dos conceitos e dos procedimentos reconhecidos pela cultura científica. Dessa maneira, o processo de letramento se torna apenas um processo de pura acumulação de saberes que impõem ao outro certos sentidos de leitura em detrimento de todos os demais possíveis. Ao aluno, resta a não integração, a não interação, o que o leva a perceber-se como excluído da possibilidade de ajuizar aquilo que lhe é ensinado e, mais ainda, de transferir os ensinamentos para o universo de sua própria cultura. A simbiose entre o pensamento narrativo e o pensamento científico somente pode se dar quando o professor efetivamente reconhece que "construir conhecimento" é, de fato, interagir com outras mentes, que, sem dúvida, "**re-agem**", produzindo respostas, suscitando perguntas, dialogando.

Ao longo do tempo, nossos sentidos foram treinados para só ver, ouvir, sentir e reconhecer aquilo que faria sentido para a cultura científica, dominadora e detentora do poder. Víamos com os olhos dos outros e não nos víamos. Fomos ensinados a ver a realidade pela ótica alienadora do dominante. E agora? Como fazer diferente? Como "**des-ler**", como diz Mario Quintana? Eis aí um grande desafio:

> *O sentido de uma palavra é a soma de todos os eventos psicológicos que ela desperta em nossa consciência, é um todo complexo, fluido e dinâmico que tem várias zonas de estabilidade desigual. O significado é apenas uma das zonas de sentido, a mais estável, a mais precisa. Uma palavra adquire o seu sentido no contexto em que surge; em contextos diferentes, altera seu sentido. O significado dicionarizado de uma palavra não é mais do que uma pedra no edifício do sentido, não passa de uma potencialidade que se realiza de formas diversas na fala.* (Vygotsky, 1993)

Então, como legitimar o modo narrativo como meio de construção de conhecimentos, à frente daqueles que creem na hegemonia do mundo teórico-abstrato da cultura escolar como única verdade possível? De que maneira o professor de Matemática pode/deve potencializar os modos narrativos para aproximá-los dos científicos? Como buscar, no modo narrativo do aluno, um olhar científico?

Os fatores interferentes e concorrentes nas leituras processadas pelos indivíduos são os mais variados, considerando-se que ler é uma habilidade mental de natureza universal cujos requisitos são ferramentas cognitivas e não outro tipo qualquer de habilidade construída por meio de aprendizagem, tal como defende Senna (1999), e, ainda, que a leitura tem, também, estreita relação com a cultura, pois a primeira leitura de qualquer objeto por um indivíduo é uma tentativa de interpretá-lo por meio de suas próprias representações da realidade, como atestam Senna (1999, p. 26) e Soares (1998, p. 38). Daí resulta que são igualmente complexos os fatores geradores tanto de melhor desempenho do leitor como de aumento de custo no processo de leitura. Para o resultado do ato leitor na escola, concorrem o tipo de objeto que se apresenta como experiência de leitura e, também, o tipo de conceito que define o texto a ser lido pelo aluno, fatores estes diretamente relacionados a um menor ou maior prazo de desenvolvimento proximal entre o aluno e o texto que o professor espera que ele ajuíze.

Um texto escrito é um objeto dos mais complexos, independentemente do grau de dificuldade suposto pelo professor. Embora o texto, tomado em si mesmo, como coisa, possa ser considerado um objeto concreto, ele jamais é tomado como tal no ato de leitura, de forma que não se pode analisar a relação do leitor com o texto do mesmo modo como se analisa a relação do sujeito com objetos concretos em experimentos interacionistas de construção de conhecimentos. Na interação com o texto escrito, preponderam as representações subjacentes às palavras, e não as palavras propriamente, de modo que os sinais físicos apresentados ao leitor tão somente desencadeiam estados mentais, estes, sim, estados de leitura. Segundo Senna

(1999, p. 28), todo texto escrito é abstrato, mesmo que trate de coisas as mais concretas, uma vez que não são as coisas que estão sendo lidas, mas as representações subordinadas aos juízos que outra pessoa construiu sobre as coisas.

Os baixos redimentos nas disciplinas técnico-científicas, aqui mais especificamente em Matemática, não derivam necessariamente de deficiências na capacidade leitora dos alunos. Há dois fatores que interferem diretamente no processo de letramento em Matemática, a saber: 1) o privilégio concedido aos textos gráficos (verbais e não verbais), em detrimento dos demais tipos de objetos de leitura aplicáveis à Matemática (como os fatos de mundo vinculados às questões descritas nos princípios e algoritmos), desse modo demandando do aluno ajuizar abstrações teóricas a partir de textos que, *a priori*, já são abstratos; 2) o desprezo às inúmeras alternativas de interação com o mundo e de ajuizamento de experiências, especialmente quanto às vinculadas às culturas que privilegiam o pensamento narrativo, desse modo dificultando sobremaneira que o aluno e a própria matemática entrem em zona de desenvolvimento proximal.

Assim, o trabalho com textos escritos na escola, sejam estes, inclusive, algoritmos matemáticos, sejam enunciados de problemas, demanda certa ponderação por parte dos professores quanto a seu planejamento e adequação, a fim de que o custo imediato de interação com o aluno não acabe por interditar o que, de fato, é relevante: o processo de leitura. Todo texto exige um leitor que lhe institua efetivamente como tal, pois, enquanto objeto dado, é mera virtualidade, algo que se dá ao mundo para fazer-se atualizar e tomar vida no sujeito leitor. Isso vale para todo e qualquer texto, inclusive os textos falados, como as aulas que proferimos.

Esse fato caracteriza o texto como potencialidade comunicante, algo que suscita tornar-se objeto de leitura para alguém.

Uma tal natureza, que prevê no outro a figura que propriamente institui o texto, torna-o dependente de uma relação sempre dialógica, sempre atualizada a cada instância leitora. Texto e leitor se inserem mutuamente no processo de leitura, de modo que ambos se reinstituem em novos conceitos.

Ler um texto matemático, como qualquer outro tipo de texto, implica coordenar diferentes linguagens, textos, conceitos, pontos de vista, "saberes". Até mesmo os princípios teóricos mais abstratos da matemática, ordinariamente considerados como fenômenos para além dos conceitos de mundo cotidiano, jamais serão objeto de leitura para alguém se não dialogarem com conceitos com base nos quais se possa vislumbrar o mundo possível, o mundo essencial. De certo, portanto, o conceito de possível, ou seja, o que é provável, ainda que não existente, é princípio mais central e motivador do ensino de Matemática, aquele que caracteriza a sua finalidade formativa no seio da sociedade. Sem cotejar o brinquedo de desenhar o que o mundo pode vir a ser ou ter, a matemática não faz sentido na vida de ninguém.

> *Nosso saber, nossa escolaridade, nossa carreira, nossa vida social são uma coisa. Nossa intimidade de leitor, nossa cultura são outra. É muito bom fabricar bacharéis, graduados, pós-graduados e administradores de classe A, a sociedade demanda isso e não se discute... mas muito mais essencial é abrir a todos as páginas de todos os livros.* (Pennac, 1994, p. 131)

O equivalente a isso para a alfabetização alfabética é o conceito de comunicação escrita, o conceito de possível é o que dá sentido às práticas de **alfabetização matemática**. Quando não permitimos ao aluno derivar da experiência escolar o conceito subjacente à leitura matemática de mundo, não podemos dizer que houve letramento, ou alfabetização matemática. A maioria das pessoas escolarizadas passaram pela Matemática, mas não se alfabetizaram, sobretudo por não serem capazes de instituir por si próprias textos e juízos matemáticos ao longo de suas vidas.

Enquanto a linguagem das áreas sócio-humanas caracteriza-se pela subjetividade e pela personalidade, a linguagem matemática (científica) marca-se pela objetividade e pela impessoalidade, esta a mais determinante motivadora das práticas de interdição do sujeito leitor. Segundo Lajolo (1993, p. 19), quanto à linguagem da ciência:

> *Trata-se de uma linguagem cujo esforço primeiro é o apagamento de seu sujeito, sugerido no desaparecimento da primeira pessoa ou no enfraquecimento de sua identidade. O limite do permitido é um NÓS, que tanto reflete a impessoalidade coletiva de uma equipe, quanto sugere a modéstia do sujeito que nessa passagem do EU ao NÓS, sai de cena. O palco fica reservado integralmente para o espetáculo do objeto, do ser, da coisa em estudo*

Assim, na linguagem técnico-científica, a leitura funciona como exercício de decifração da verdade alheia, a verdade que é própria da natureza essencial do mundo, e não do sujeito, à luz das condições determinadas pelo modo cartesiano de interpretação do mundo. O texto acadêmico exclui a subjetividade até mesmo de quem o produz, subterraneamente expressa pela voz passiva ou por formas impessoais de terceira pessoa. Trata-se do reino do "ele", uma instância anômala na comunicação que é furtada de pessoas falantes, reais e culturais.

Contudo, o ato de "ler matematicamente" não se processa à margem dos mecanismos envolvidos em qualquer outro tipo de leitura. Também implica, por exemplo, interpretar qualquer texto sobre números e suas relações, dissecar seu objeto de leitura, definir suas propriedades, verificar a coerência textual, o seu sentido, checar as intenções do autor (mesmo que um autor que busque silenciar-se na figura do sujeito científico). Compreender uma expressão matemática pressupõe reconhecer as regras de formação e as regras de inferenciação enunciadas, com máxima precisão, que especificam como uma expressão pôde ser formada ou transformada em outra. Tais expedientes textuais são específicos do fenômeno textual envolvido nas ciências exatas e, de certo modo, colidem com o fenômeno textual das ciências humanas, em que predomina a subjetividade, os significados mais variados possíveis e a ideia de que, quanto maior o número de universos de mundo, melhor.

É preciso, portanto, com urgência, ampliar a noção de leitura na escola. Entretanto, isso pressupõe mudanças na visão de mundo em geral e na de cultura, em particular, pois ainda estamos presos a uma concepção de leitura muito restrita à de mera decodificação de escrita. Nesse caso, é preciso, mesmo, transgredir o lugar comum e ir buscar entender a leitura no ato primeiro e mais fundamental de **atribuir a condição de texto**. A compreensão da leitura vai depender do conhecimento de mundo do ouvinte (ou leitor) e, principalmente, da relevância, por ele atribuída, à multiplicidade de sentidos das palavras que se lhe apresentam. Por isso, então, para extrairmos **sentido** da linguagem, torna-se necessário o conhecimento de mundo. O aluno atribui sentidos ao que está lendo de acordo com o seu conhecimento de mundo, seus juízos previamente instituídos como conceitos. Todavia, na maioria dos estudos de textos feitos na escola, na área literária, humana ou técnico-científica, tanto as perguntas como as respostas esperadas já pressupõem um só sujeito leitor o próprio professor, desconsiderando o ponto de vista do aluno, seu conhecimento de mundo e seu estado de leitura no ato de realização da tarefa. Desse modo, quando o aluno dá a sua resposta, o professor não a considera como uma possibilidade de leitura, mas, sim, como

diferente daquela que ele "tem" ou "forneceu" como resposta, portanto, **errada**, segundo seu ponto de vista.

Assim, a questão crucial se manifesta pelos questionamentos das formas e das circunstâncias que transformam a linguagem num elemento mantenedor das estruturas autoritárias de **poder**. A linguagem trabalhada na escola é uma linguagem artificializada, que abre mão da naturalidade em favor de um enquadramento conteudístico e que é aprioristicamente centrada, ora na figura do sujeito cartesiano, ora na do próprio professor.

No espaço do aprender-ensinando, há cuidados gerais que **todos os professores** devem tomar durante a preparação das atividades de leitura de textos escritos, a saber:

a) assegurar-se de que os alunos já identificam a função da escrita, reconhecendo os textos escritos - em todas as suas modalidades escolares - como instrumentos de interação comunicativa;

b) assegurar-se de que a estruturação formal do texto (sua estrutura gramatical e textual) seja adequada à interação com o aluno no momento da leitura;

c) assegurar-se de que, na interação com o texto, o custo de decodificação da escrita não se some a um custo de representação na atividade leitora, devendo-se, portanto, cuidar para que a quantidade de informações já conhecidas pelo aluno seja muito maior do que a quantidade de informações novas.

Ler é interagir, é estabelecer diálogo com o texto, é atribuir significados ao escrito. Logo, é de suma importância o conhecimento prévio do aluno, sua "bagagem", sua "leitura de mundo". E é mediante essa interação de diversos níveis de conhecimento que o leitor consegue construir o sentido do texto matemático, literário... Isto é, **ler**. Como em qualquer outra situação de leitura, a leitura do texto matemático supõe o estabelecimento de relações por parte do leitor entre o texto e o seu mundo e a ativação de seus conhecimentos prévios, a fim de que ele possa avaliar o texto, fazer inferências, buscar analogias e abrir "arquivos" na memória.

Portanto, é preciso que haja por parte de todos os profissionais envolvidos com educação uma definição do conceito de leitura associada à linguagem e à cognição, com a finalidade de determinar a irremediável interdependência entre todos eles, bem como de garantir a construção de um conceito interdisciplinar de leitura. Até quando viveremos em um mundo globalizado e trataremos o conhecimento de forma fragmentada, como no passado?

Levando-se em conta, conforme afirma Senna (1999), a impossibilidade de obtenção de resultados eficazes no ensino de leitura, se não forem consideradas sua relação com a cognição e, ainda, a relação desta com os processos culturais, é preciso, urgentemente, que a escola seja o espaço onde, pela mediação do professor, possa ser feita a "leitura das leituras", substituindo-se a leitura **da** escola pela leitura **na** escola.

A famosa "crise da leitura", ao que parece, está centrada na dificuldade, sobretudo dos professores da área técnico-científica, de se perceberem enquanto leitores e de considerarem a existência de dois modos distintos de pensamento: o narrativo, não linear, despreocupado, aberto ao cotidiano construído pelo próprio aluno, e o científico, linear, organizado, aceito culturalmente, exigido pelo professor e, consequentemente, pela escola. O aluno, portanto, chega a tal instituição com o pensamento narrativo e se choca com o pensamento científico que lhe é imposto. Como fazer, sem traumas, a passagem desse pensamento narrativo para o científico? Como perceber que **ler** e **escrever** deve ser um compromisso de **todas as disciplinas?**

Na verdade, as questões sinalizadas como "falhas de leitura" remetem muito mais às práticas escolares, isto é, às formas como vem sendo desenvolvida a leitura (e vem?), além da resistência, por parte dos professores - principalmente da área técnico-científica –, de se perceberem e atuarem como "agentes de letramento" e, portanto, responsáveis pela leitura "matemática", "física" etc.

10

Alfabetização de adultos e informática

algumas reflexões

Maria do Socorro Martins Calháu

do adultos inclui admitir a diversidade de saberes e experiencias que se encontram nesse campo da educação. Mais do que isso, alfabetizar é reconhecer a existencia de mais uma linguagem de expressão e comunicação relacionada a tantas outras que se fazem presentes na vida do adulto não alfabetizado. Alfabetizar adultos, portanto, implica (re)pensar a expressão dos grupos populares e não a mera transferencia de métodos e técnicas. Terreno complexo,

Maria do Socorro Martins Calháu é doutora em Educação, professora da PUC-Rio e do Colégio Santo Inácio.

Refletir sobre a alfabetização de adultos inclui admitir a diversidade de saberes e experiências que se encontram nesse campo da educação. Mais do que isso, alfabetizar é reconhecer a existência de mais uma linguagem de expressão e comunicação relacionada a tantas outras que se fazem presentes na vida do adulto não alfabetizado. Alfabetizar adultos, portanto, implica (re)pensar a expressão dos grupos populares e não a mera transferência de métodos e técnicas. Terreno complexo, a alfabetização de adultos, por si só, é matéria que põe em xeque nossas concepções acerca do significado do que seja ser leitor e escritor; é o lugar mais apropriado para nos interrogarmos sobre o valor que atribuímos ao sujeito não alfabetizado e à cultura letrada que ele busca por meio da escolarização, um saber que nós, professores, dominamos. Assim, ao alfabetizar, estamos envolvidos num processo de interpretação recíproca. Se não nos interrogarmos sobre nossas crenças acerca da alfabetização, não estaremos nos relativizando. Dessa forma, "ficamos simplesmente internos ao nosso universo de referência conceitual" (Gnerre, 1991) e assumindo-nos como ponto de chegada desse processo. Fazemos isso por causa de nosso "grafocentrismo" e, mesmo sem perceber, tentamos produzir um indivíduo à nossa imagem e semelhança.

Com todas essas reflexões em curso, não podemos esquecer que ainda temos que dar conta da tarefa de incluir 115 milhões* de pessoas adultas, entre analfabetos absolutos (16 milhões), analfabetos funcionais (33 milhões) e pessoas que não concluíram o ensino fundamental (66 milhões). Esses números nos levam a constatar que ainda há "quase tudo" por fazer no sentido de darmos um passo significativo na realização do cumprimento de um dispositivo legal. Trata-se, portanto, de uma questão de direito e de justiça, entre outros méritos.

De novidade essas reflexões não têm nada, exceto que, aliada a elas, a discussão sobre o acesso a novas tecnologias de comunicação, como o computador, vem sendo colocada como uma nova medida urgente "em favor" das classes populares. Sem termos cumprido a tarefa histórica de alfabetizar, o não-uso do computador aparece como um novo responsável pela enorme desigualdade da sociedade brasileira. Segundo a pesquisa recente realizada pela Fundação Getúlio Vargas, quase

---

* Dados fornecidos pela Secretaria de Educação Continuada, Alfabetização e Diversidades do Ministério da Educação e Cultura (Secad/MEC), por meio do seu secretário Thimoty Ireland, em agosto de 2004, durante o V Encontro Estadual de Educação de Jovens e Adultos realizado na Universidade Estadual do Rio de Janeiro (UERJ).

nove entre dez* brasileiros estão sendo empurrados para o que dramaticamente chamam de "**vale da exclusão digital**"**. A pesquisa realizada em 2003 afirma que no Brasil apenas 26.703 milhões de brasileiros possuem um computador doméstico.

Fugindo do equivocado discurso que projeta entre nós e os adultos analfabetos esse estranho "vale", e tendo em vista as próprias condições socioeconômicas do povo brasileiro, a discussão acerca do acesso tanto ao código escrito quanto às novas tecnologias de comunicação e expressão supõe diferentes indagações que vão além do discurso do direito e da justiça. Diz respeito, imediatamente, à expansão das possibilidades humanas em termos de qualidade de vida e não deixa de conter uma provocação no sentido de colocar essas possibilidades ao alcance de todos. O sonho da universalização do acesso aos benefícios das conquistas humanas tem se deparado sempre com o movimento de apropriação dos bens materiais e instrumentais por uma elite. Esse limite estrutural não só tem acarretado a insuficiência da circulação desses benefícios, como tem, hegemonicamente, definido a direção do seu uso.

Entre as preocupações que mobilizam hoje alguns dos educadores de jovens e adultos está a relativa à contemporaneidade de um mundo sofisticado e agilizado pelas inovações tecnológicas e de outro que ainda não se apropriou do código da escrita e da leitura.

> *Tratar a alfabetização de jovens e adultos como se eles não habitassem o mesmo espaço e tempo histórico dos usuários e produtores dessas novas linguagens e não fossem direta e indiretamente também por elas influenciados seria, de um lado, admitir que essa população analfabeta é anacrônica,*

---

* Números divulgados pela Fundação Getúlio Vargas (FGV) no Mapa da Exclusão Digital, atualizado no dia 17 de março de 2003.

** Terminologia utilizado no relatório Mapa da Exclusão Digital, da FGV.

está fora do seu tempo, e isso é uma abstração; e, de outro, correr o risco de reproduzir métodos e práticas de alfabetização que já não estabelecem correspondência com os desafios da atualidade. (Bezerra, 2003)

A partir dessas considerações iniciais, passamos a refletir neste texto sobre uma experiência interinstitucional realizada, durante os anos de 2002 e 2003, por um grupo de quatro pesquisadores(as), um da Coppe/UFRJ, uma do IME/UERJ e duas do NEAd* Raízes Comunitárias da PUC-Rio, chamada **Projeto INFormar** – Informática Integrada à Educação de Adultos.

Por se tratar de uma equipe multidisciplinar, a primeira questão que se colocou foi a necessidade de compreender as atividades desempenhadas pelos homens à luz da invenção da escrita, da alfabetização e das concepções recentemente difundidas sob o nome de **letramento** (ou **alfabetismo**). Nesse primeiro momento de delineamento e compreensão dessas questões, a equipe de pesquisa adotou os conceitos discutidos e pesquisados por Tfouni (1998), por acreditar que são os que mais se aproximam da educação de jovens e adultos. Os estudos da pesquisadora Emilia Ferreiro (1986) sobre a psicogênese da língua escrita também fazem parte do referencial teórico do Projeto INFormar. Foram utilizados, ainda, os conceitos de **letramento** e **alfabetismo** abordados pela professora Magda Soares em suas pesquisas sobre o assunto.

Foi de grande importância para a concepção do trabalho compreender que, no contexto de uso da escrita, a alfabetização precisa ser entendida sob dois aspectos. O primeiro refere-se ao processo de aquisição de habilidades específicas da tecnologia **escrita**, a alfabetização propriamente dita, que consiste no

* Núcleo de Educação de Adultos da PUC-Rio.

desenvolvimento do conceito de código escrito e da capacidade de codificar e decodificar textos escritos. Nessa acepção, a alfabetização é um processo finito, intimamente ligado à prática de escolarização. Já no segundo aspecto, a alfabetização relaciona-se com a cultura social vinculada às escritas desenvolvidas pelo homem, algo, portanto, que se desenvolve juntamente com a experiência social de cada um, ganhando, assim, caráter de incompletude Dessa forma, segundo Tfouni (2002), talvez fosse melhor não se falar em alfabetização, porém em níveis de alfabeitização, relacionados às práticas sociais dos sujeitos.

O segundo aspecto gira em torno de um processo de representação de objetos de naturezas diferentes. A pesquisadora Ferreiro (1986) afirma que não se trata de mera codificação ou decodificação, mas, sim, de um processo de simbolização, de representação, que vai sendo percebido pelo indivíduo, à medida que ocorre o próprio percurso da alfabetização. Não nos utilizamos da concepção de alfabetizar que equivale a trabalhar com sons e, principalmente, da ideia de que se aprende a ler por meio dos fonemas simples, evoluindo-se gradativamente para os mais complexos. No âmbito do Projeto INFormar, partimos da premissa de que o indivíduo em fase de alfabetização passa por um processo gradual que envolve níveis de complexidade crescente e de acordo com o processo de construção do conhecimento vivenciado individualmente.

A opção de trabalhar, por vezes, com o termo **letramento** ou **alfabetismo** em lugar de **alfabetização**, no âmbito da pesquisa, aconteceu principalmente por considerarmos que **alfabetizado** é aquele que apenas aprendeu a ler e a escrever, prática eminentemente escolar e restrita, e não aquele que se apropriou das práticas sociais que demandam o uso da leitura e da escrita, que leva em conta os conhecimentos desenvolvidos pelos sujeitos, mesmo os não alfabetizados, nas suas práticas cotidianas em sociedades letradas (Soares, 1998).

O campo de investigação foi o Curso Noturno do Colégio Santo Inácio. Tive nesse trabalho uma dupla inserção. A primeira como pesquisadora pela PUC-Rio e a segunda como professora alfabetizadora do Curso Noturno do Colégio Santo Inácio. Os sujeitos da pesquisa foram os alunos adultos das classes de alfabetização.

O principal objetivo do Projeto INFormar era verificar a real contribuição da informática ao campo da educação de jovens e adultos, principalmente na área da alfabetização. A partir dos resultados das primeiras indagações, pretendíamos, por meio de novos estudos, tentar compreender se era possível integrar as tecnologias computacionais de multimeios às teorias pedagógicas utilizadas na educação de jovens e adultos (EJA). Fazia parte de nossos questionamentos investigar como esses adultos se portavam frente a um computador e tentar descobrir se essa tecnologia poderia tornar-se um instrumento realmente útil na superação das dificuldades enfrentadas pelos alfabetizadores e alfabetizandos no processo de alfabetização. Acima de tudo, queríamos identificar qual o sentimento de um sujeito adulto não alfabetizado frente a essa máquina. Também tínhamos como horizonte construir um instrumento de **avaliação diagnóstica de níveis de alfabetismo**, algo que fosse capaz de orientar as ações alfabetizadoras com um diagnóstico sobre as concepções e as habilidades de ler e escrever já desenvolvidas pelos adultos alfabetizandos em seu contexto de vida, ao iniciarem um curso de alfabetização. Por conta de uma série de questões de ordem prática e de tantas outras de natureza teórica, decidimos, então, começar o trabalho por esse instrumento de avaliação diagnóstica.

Não tínhamos o objetivo nem o desejo de ensinar informática*. Queríamos, na verdade, pensar com os alunos um uso mais

* Isso parece que já se faz em diversos projetos existentes em comunidades e empresas.

significativo e menos previsível para essa tecnologia no contexto da alfabetização de adultos. Estávamos formulando algo no sentido contrário àquele que apontava para o "vale dos excluídos digitais". Nosso interesse era justamente outro: verificar de que forma os adultos não alfabetizados, com seus saberes construídos cotidianamente, com seu acúmulo de experiências de vida como sujeitos sociais que sonham, amam, trabalham e constroem o país, poderiam contribuir para a reflexão de um uso mais significativo da informática no âmbito da educação.

Os alunos que viveram essa experiência eram adultos, trabalhadores, entre 28 e 65 anos de idade, muitos deles nordestinos migrantes ou oriundos do interior de estados como Minas Gerais, Espírito Santo e Rio de Janeiro. É importante ressaltar que esses sujeitos sociais buscam a escola de EJA interessados numa melhor qualidade de vida, embalados pelo sonho de ascensão social. Esses alunos, não só, mas principalmente os migrantes, são portadores de uma baixa autoestima e de uma identidade fragmentada pela exclusão permanente e a necessidade de sobrevivência numa sociedade em que a leitura e a escrita estão no centro da maioria das atividades que são desempenhadas na vida diária de um grande centro urbano como o Rio de Janeiro. Por esse sentimento de inferioridade e de identidade partida, Bezerra (1991) responsabiliza a política de transformação do perfil da produção agrícola,

> *que empurrou para as grandes cidades uma leva de trabalhadores que sofrem aí um duplo impacto cultural: o menosprezo que a sociedade urbana devota à rural e o seu próprio desenraizamento em condições adversas como, por exemplo, ter que sobreviver de uma atividade profissional que, frequentemente, não lhe traz o menor estímulo (peão de obra, faxineiro/a, doméstica/o).*

Contudo, são apenas pessoas sem alfabetização. Vivendo em uma sociedade letrada, os adultos não alfabetizados, por conta de suas necessidades diárias de sobrevivência, principalmente nos grandes centros urbanos, necessariamente desenvolvem estratégias próprias de uso, reconhecimento e compreensão das situações do dia a dia que envolvem a linguagem escrita. O desenvolvimento dessas estratégias é o que lhes permite sobreviver em situações tais como: lidar com dinheiro, comprar e vender, possuir conta bancária, pegar ônibus, registrar os filhos, entre as mais frequentes. Essas estratégias que permitem, ainda que de forma frágil, sua sobrevivência em algumas atividades, não são suficientes para superação de sua exclusão social e, de um modo geral, não garantem sua permanência por muito tempo em atividades que pressupõem o domínio de habilidades básicas da leitura e da escrita e de um conhecimento formalizado, ainda que rudimentar, da matemática. Um bom exemplo quanto ao uso de outras estratégias é a experiência com mulheres cozinheiras analfabetas que demonstram que muitas delas conseguem trabalhar com receitas escritas criando estratégias de identificação dos ingredientes que estão associadas a suas práticas de cozinhar.

Essas pessoas possuem mecanismos e estratégias próprias de compreender e interpretar o mundo que as cerca, que lhes garantem o entendimento e a sobrevivência em uma sociedade letrada. A maior parte desses sujeitos, embora não conhecendo o formalismo matemático e tendo dificuldade em se apropriar dele, faz cálculos mentais bastante elaborados e, em alguns casos, sobrevive de atividades que requerem essas habilidades, mesmo realizando esses cálculos apenas mentalmente. Trabalhadores da construção civil, pesquisados por Calháu (1994), e marceneiros, como os citados por Carraher, Carraher e Schlimann (1998), fazem cálculos sofisticados envolvendo medidas e uso de materiais, sem nenhum registro formal em papel.

Mesmo sem alfabetização, a atuação desses sujeitos importa e diz respeito a todos que pensam na construção de uma sociedade menos desigual, mais justa e solidária. Bezerra (1991) chama a atenção para o fato de que "o país depende, e muito, do desempenho desses cidadãos em várias funções. A ilusão de que um adulto não alfabetizado é simplesmente um carente tem reservado a esses sujeitos sociais diversas experiências, incluindo aquelas que se utilizam do computador, de cunho assistencialista e caritativo".

Pensando que o caráter do trabalho que desejávamos realizar encontrava-se em sentido contrário ao que entende o adulto não alfabetizado como um ser vazio de possibilidades, mergulhamos na difícil tarefa de conceber uma ferramenta informatizada de uso significativo para essas pessoas.

Vale registrar aqui as dificuldades encontradas pela equipe na definição da ferramenta a ser construída. Algumas delas se deram por conta de alguns aspectos que dizem respeito à questão pedagógica de uma modalidade singular como a EJA. Outras, em função do ambiente informatizado, que é lógico e não supõe subjetividade como numa relação entre pessoas. Se na educação de jovens e adultos centramos nossa preocupação na qualidade da relação que se estabelece entre professores e alunos, na construção do nosso *software* essa premissa não tinha a menor validade.

Assim, a ferramenta desenvolvida foi o resultado de um difícil e delicado processo de pesquisa e, por isso, tão sujeito a idas e vindas, a muito (re)fazer, (re)pensar, (re)programar, (re)escrever, (re)colocar, (re)inventar, (re)significar, muitas e múltiplas vozes. Um movimento que não foi linear e ascendente como é um produto da tecnologia. Foi processo, como exige tudo que contém a **educação**. Ora andou para a frente, ora como que para "trás", algumas vezes para um lado, outras para outro e, em certos momentos, parecendo ter parado.

Vale sinalizar, também, o aspecto da multidisciplinaridade da equipe. Com formações em áreas distintas, como pedagogia, psicologia, letras e informática, e diferentes visões do processo educacional, foi necessário buscar um denominador comum que conduzisse o processo de forma a dialogar com a diversidade de concepções presente no grupo de pesquisadores. Necessariamente este não foi um ponto negativo. Ao contrário, funcionou como a possibilidade de nos reconhecermos em face de nossa diversidade, restaurou em nós a condição de aprendizes.

Dessa forma, nossa experiência com esses alunos no laboratório de informática aponta para várias questões muito interessantes que, primeiramente, serviram como indicadores de nossos sentimentos e preconceitos em relação a esses adultos e sua forma de lidar com um mundo que convive, mas, aparentemente, não dialoga com o deles. Prova de nosso preconceito foi o fato de, num primeiro momento, evitarmos colocar muitas teclas para serem utilizadas na ferramenta elaborada sob o pretexto de que seria "muito difícil" para esse adulto não alfabetizado recorrer a vários comandos. Assim, optamos por destinar uma única tecla, a tecla *enter* (e assim mesmo coberta por um adesivo vermelho!), com várias funções. Frente à questão: "se o que você está vendo é uma palavra, aperte o botão vermelho" e, nesse caso, não apertar significava "não", descobrimos muitos aspectos interessantes. O mais surpreendente foi que os alunos perguntavam imediatamente: onde eu aperto para responder "não"? E outros ainda questionavam: onde fica o "não sei", o "não tenho certeza"? Essa primeira lição nos mostrou, de forma bastante clara, como o nosso preconceito em relação aos adultos não alfabetizados ainda está muito longe de ser superado. Refletimos bastante sobre essa lição, aprendemos muito com ela, paramos tudo, começamos outra vez.

De um modo geral, durante os primeiros testes do instrumento, ao contrário da expectativa do grupo de pesquisa, observamos que os alunos, embora inicialmente inibidos, sentiram-se felizes em participar do trabalho. É interessante ressaltar que o aluno adulto, apesar de ser portador de uma autoestima muito baixa e de possuir concepções muito rígidas e tradicionais a respeito da escola, porta-se nela de uma forma extremamente gentil, tanto com os companheiros quanto com os professores. Esses alunos nos sinalizam, em todos os momentos, que a escola é uma referência em suas vidas e assim respondem sempre positivamente ao nosso chamado e estão sempre prontos a colaborar conosco e com nossas experiências pedagógicas.

O medo e o nervosismo que acreditávamos seria um dificultador do trabalho não aconteceram. O uso do computador teve um resultado positivo na autoestima daquelas pessoas. Uma das razões desse contentamento era o fato de o computador, de certa forma, parecer superar com sucesso, pelo menos naquela situação, uma frustração que elas traziam em relação ao traçado das letras feito com o lápis. Quando tentavam escrever no computador, era visível o contentamento, uma vez que as letras apareciam bem traçadas e sem erros. Ponto para a autoestima!

Em se tratando de um instrumento de avaliação diagnóstica, uma outra grande vantagem é que, passado o momento inicial de interação com a máquina, o aluno não tem a inibição que teria em uma avaliação com um professor. Ele não sente "vergonha" do seu desconhecimento, aspecto muito comum na interação entre pessoas. O fato de não haver alguém presenciando diretamente o seu "erro" ou o seu desconhecimento sobre o assunto faz com que ele se sinta mais à vontade do que se sentiria na presença de uma pessoa, nesse caso o professor. De um modo geral, podemos afirmar que, ao utilizar o sistema, o aluno não sente o peso da avaliação, ele percebe o teste como uma "brincadeira", o que parece ser bastante positivo no resultado final.

Um aspecto interessante que pudemos observar foi em relação ao toque na tecla. Como essas pessoas trabalham no seu dia a dia em atividades que exigem força física, acionavam o teclado com um toque muito forte. Ao apertar uma tecla, elas retinham a mão por muito tempo, provocando uma série de sinais de entrada. Esse problema foi contornado pelo *software*, de forma que apenas o primeiro sinal fosse considerado. A respeito da relatividade da força física, vale a pena ouvir o lavrador Cícero, que, em entrevista concedida a Brandão (1987, p. 8), afirmou: "mão que foi feita pro cabo da enxada acha a caneta muito pesada e quem não teve prazo dum estudozinho regular quando era menino, de velho é que não aprende mais, aprende?". A fala de Cícero mostra claramente o sentimento que as pessoas não alfabetizadas devotam ao mundo letrado.

Uma outra dificuldade que enfrentamos foi em relação à comunicação e à seleção de imagens. Como os usuários da ferramenta seriam pessoas sem alfabetização e, portanto, não caberiam comandos escritos, o *software* iria falar com eles. Por conta dessa limitação, duas questões foram de fundamental importância: a linguagem que iríamos utilizar nos comandos e a escolha das imagens que dariam apoio às questões propostas oralmente. Foi muito complicado escolher quais imagens deveríamos usar, pois, em se tratando de adultos, não desejávamos usar desenhos infantilizantes. Optamos então, num primeiro momento, por imagens que, segundo nosso gosto e escolha, expressavam cenas do cotidiano de uma cidade como o Rio de Janeiro. Apesar do cuidado que tivemos na escolha das imagens, a testagem do instrumento revelou que grande parte dos adultos não as reconheciam, ficando confusos na hora de responder às perguntas. Substituímos as primeiras gravuras por fotos, imagens reais, entendendo que, assim, a possibilidade de confundi-los seria menor. Mesmo assim, precisamos trocar diversas vezes as imagens selecionadas até podermos escolher entre as imagens testadas que não eram confundidas pelos alunos. É interessante ressaltar que essa limitação diz respeito à imensa subjetividade que está subjacente à leitura de imagens, uma subjetividade que não pertence só a uma dimensão individual. Manguel (2001) afirma que essa limitação se refere às nossas aptidões e que estas são limitadas tanto por uma leitura de natureza subjetiva quanto por uma outra de caráter coletivo. Tanto interfere em nossa leitura a ideia individual do significado que atribuímos ao que lemos, seja um texto, seja uma imagem, quanto o significado compartilhado que construímos com os autores e com os outros leitores em nossa vida cotidiana. Essa tarefa de compreender a forma como esses sujeitos atribuem significado às imagens do seu cotidiano nos forneceu pistas importantes sobre a vida de uma pessoa sem alfabetização num grande centro urbano. Essa vivência nos remeteu a Queirós (1988, p. 2), que afirma: "ser educado é existir no plural. É apreender que tudo tem vários prumos, inúmeros pontos de vista, múltiplos significantes e muitos tantos valores".

Outra questão que nos chamou a atenção, na aplicação da ferramenta no lugar do professor, foi o tempo que as pessoas se concediam para pensar sobre a questão proposta. A mesma questão formulada pessoalmente, sem o auxílio do computador, deixava-os ansiosos e, para se verem livres desse desconforto, respondiam qualquer coisa apressadamente, sem refletir. Na ferramenta informatizada, eles se permitiam pensar, sem o constrangimento de um interlocutor "olhos nos olhos" e, como a pergunta se repetia por quantas vezes desejassem, o nível de respostas que refletiam o seu real conhecimento sobre a questão proposta era muito maior.

Concluindo essas reflexões, é importante dizermos que a ferramenta desenvolvida e, principalmente, o processo que se instaurou durante a sua concepção se constituíram para nós em elemento de aprendizado e reflexão. Nenhum de nós foi o mesmo após a realização dessa experiência. Revisitamos nossa formação, olhamos mais atentos para o nosso processo de formação/autoformação continuada, exorcizamos muitos dos nossos preconceitos, admitimos outros tantos, ficamos atentos aos muitos que ainda vão manifestar-se em nós.

No movimento de ir e vir, do fazer e refazer do trabalho, encantamo-nos com a disponibilidade desses sujeitos singulares à nossa intervenção. Deparamo-nos, a todo momento, com sua fé inabalável na construção de uma outra qualidade de vida via escola. Demo-nos conta, pela enésima vez, da importância de nossa atuação em suas vidas por meio do tipo de educação e de escola que estamos concebendo para e com eles.

O trabalho com o Projeto INFormar nos mostrou, de forma significativa, a urgência de entender esse aluno adulto como um parceiro importante na concepção da escola de nossos sonhos, como um participante ativo na dinâmica de conceber uma sociedade em que todos estejam incluídos. Saímos dessa experiência com o ânimo renovado e a crença em que, em uma construção coletiva e solidária, não haverá espaço para o medo de que uma nova categoria de exclusão esteja sendo inaugurada, e que, se existe um "vale de excluídos", é porque existe um "vale de injustiças sociais", que não se resolve com a oferta caritativa do que nos sobra de equipamentos de informática, mas, sim, com o investimento de esforços numa educação que os faça ser capazes de inaugurar espaços para sua autonomia e criatividade. Uma escola que tenha como ponto de chegada sujeitos capazes de traduzir suas ideias em ações, individual e coletivamente.

O grande achado desse trabalho foi a revelação de que pessoas analfabetas podem fazer uso do computador. A lição que fica para nós, educadores de jovens e adultos, ou não, é a de que não podemos estar a serviço de uma educação que não supõe a diferença, que não admite outras lógicas nem dialoga com o humano. Nessa perspectiva, educar é admitir e aceitar todas as modalidades de pensamento, é permitir a existência de vários pontos de vista que não se excluem, mas se complementam na convivência e na realização de nossos projetos de vida e de sociedade.

11

Estudos sobre o processo de leitura na educação a distância

Luiz Antonio Gomes Senna

ções gerais da Educação contemporânea assinalam a cada dia mais o interesse na utilização de estratégias não presenciais, ainda que não em plena substituição à experiência presencial que asse-gure ao aluno o con-vívio com a cultura escolar. Sob a ótica do bom sen-so, educação à distância é algo incoerente e profundamente indesejável, à medida que, por força das cir-cunstâncias que interferem na relação entre educador e edu-cando, uma tal modalidade de formação tende a reduzir-se

As condições gerais da educação contemporânea assinalam cada dia mais o interesse na utilização de estratégias não presenciais, ainda que não em plena substituição à experiência presencial que assegure ao aluno o convívio com a cultura escolar. Sob a ótica do bom senso, educação a distância é algo incoerente e profundamente indesejável, na medida em que, por força das circunstâncias que interferem na relação entre educador e educando, uma tal modalidade de formação tende a reduzir-se à dimensão estritamente informativa do ensino ou mesmo ao treinamento de cunho comportamentalista. Existem, no entanto, aplicações específicas da educação a distância, as quais, combinadas às verdadeiras formas presenciais, permitem sejam superadas as limitações determinadas pelo tempo disponível para convivência escolar. Assim, por exemplo, disciplinas de 30h/a semestrais (com 2h/a semanais) poderiam passar a contar com outras 30h/a de formação a distância, sem prejuízo da educação, posto que sustentadas pelas relações construídas presencialmente. Nestas palavras com que se abre o presente artigo, segue, assim, um alerta contra o fascínio alienante que as práticas tecnológicas vêm exercendo sobre a educação neste início do século XXI, buscando-se, sobretudo, situar seu espaço em uma posição que venha a favorecer a formação dos sujeitos escolares, e não reduzi-la a banalidades instrucionais que nada contribuam para o desenvolvimento social e intelectual dos cidadãos.

No âmbito dos programas de educação a distância , o **desenhista instrucional** (do inglês *instructional designer*) ocupa a função de conceber a estrutura formal do material a ser utilizado pelo aluno na experiência de ensino. Considere-se o modelo básico de equipe de EaD, ilustrado na figura 1 a seguir.

Figura 1 – Modelo básico de equipe de EaD

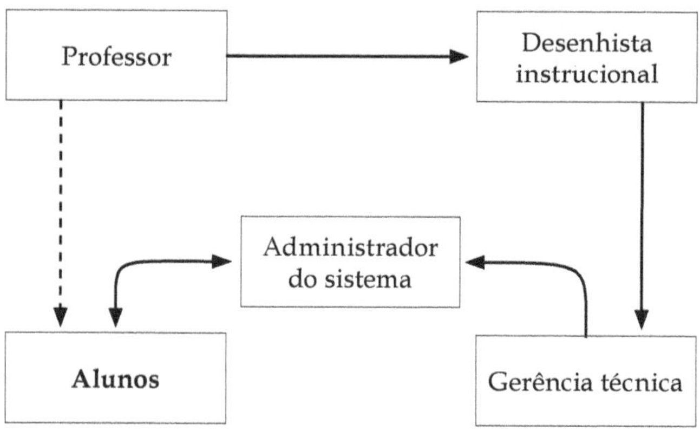

Conforme a figura anterior, o desenhista instrucional atua na definição da melhor alternativa de distribuição das informações e das atividades a serem disponibilizadas ao aluno, de modo a garantir o menor custo possível de interação. Assim, este opera, simultaneamente, com o professor-autor da experiência de formação, as demais equipes, de natureza técnica, como o *web-designer* ou o programador visual (responsáveis pela concepção da forma final como a experiência chega ao aluno), e a engenharia de veiculação (responsável pelo aparato técnico que assegura a operacionalização do sistema administrativo do ensino, incluindo as condições materiais de veiculação de informações). Cabe, portanto, ao desenhista instrucional assegurar que as marcas da autoria do professor sejam preservadas - tanto no que concerne ao conteúdo, quanto ao estilo próprio de traçar a experiência de ensino - e, ao mesmo tempo, que a aula simulada na experiência de EaD seja capaz de provocar o mesmo tipo de efeitos que causaria quando em presença do professor, em sala de aula.

Considerando-se os dois aspectos a serem satisfeitos no trabalho do desenhista instrucional, observa-se que, não obstante a necessidade de uma formação específica em planejamento curricular e didática, o exercício da função exige a adoção de critérios de adequação baseados em princípios das ciências da linguagem, particularmente, com base nos quais possa operar com alguma teoria referente a conceitos como o de **texto** e **processamento da leitura**. Observando-se, no entanto, o fato de que a comunicação materializada em contextos de educação formal - presenciais ou não - envolve intencionalidades específicas, não necessariamente arroladas em outras instâncias de interação, a teoria a ser adotada pelo desenhista instrucional necessita incorporar argumentos que expliquem fatores que possam prejudicar os estados de leitura e interação produzidos a partir de contextos comunicativos marcados pelo estresse oriundo do distanciamento entre os interlocutores.

A questão essencial subjacente ao suporte teórico do desenhista instrucional consiste, então, na oferta de recursos para que se responda à seguinte pergunta: "Como assegurar minimamente que os objetivos curriculares da experiência de ensino proposta não se percam através de estados de leitura não intermediados pelo próprio professor?". Objetivamente, o tratamento do objeto relacionado a essa pergunta implica o reconhecimento de fatores que interferem na formulação de juízos durante o processo de leitura, bem como daqueles que interferem no universo de valores que professores e alunos possam imprimir aos textos com os quais interagem, de modo tal que os juízos decorrentes podem variar imensamente de sujeito para sujeito.

Em contextos comunicativos não escolares, tais questões não necessariamente se tornam prejudiciais no processo de interação, haja vista que os sujeitos - particularmente na Pós-Modernidade - percebem-se autorizados a construir juízos muito mais a partir de seus próprios sistemas de valores e crenças do que sobre parâmetros de verdade instaurados na ordem de uma razão comum, extraindividual. No contexto da educação formal, todavia, a leitura é mais do que um estado individual, é um estado de compartilhamento de leituras de mundo, de modo que o objeto lido passa a funcionar como instrumento de objetivos traçados na ordem do planejamento do ensino, e não na ordem das individualidades. Mesmo quando a pluralidade de juízos se dá - e isso é praticamente irrecorrível, por força da própria natureza cognitiva humana -, os estados de leitura diversos organizam-se sob as mesmas condições frente à postura mediadora do professor, assim resultando que, ainda que diversos, os juízos convirjam para algum ponto de centralidade comum. Na postura mediadora do professor, percebe-se não um impositor de juízos que devam prevalecer sobre os demais, mas, sim, um orientador de contextos de leitura, aquele que indica o sentido coletivo de um esforço conjunto de leitura. Nessa postura prevalece, também, a orientação quanto ao modo pelo qual provocar juízos leitores, ora subjetivos, ora objetivos, ora globalizantes e indutivos, ora particulares e dedutivos, desse modo ampliando os recursos de cada sujeito para se posicionar frente ao mundo como leitor.

Na ausência da figura do professor enquanto mediador, tal como na EaD, os estados de leitura de cada aluno operam por si próprios, individualmente, desagregados do sentido coletivo que a experiência da aula lhe proporciona. Dessa forma, a relação do aluno com o texto simulacro de aula, em que consiste a experiência de ensino a distância, corre o risco de não lhe proporcionar qualquer tipo de desenvolvimento, seja enquanto leitor de mundo, seja, do ponto de vista mais estrito, enquanto sujeito da instrução. Ocorre, entretanto, que, não havendo qualquer desenvolvimento - ou mesmo garantia de expectativa por algum desenvolvimento -, deixa de haver sentido no emprego de experiências não presenciais na esfera da educação formal regular.

A figura do desenhista instrucional assume, por esse motivo, um papel determinante nos sistemas de EaD, tanto por ser responsável pelo restabelecimento do contexto sociocomunicativo no interior da aula a ser estruturada, como por, consequentemente, assegurar a legitimidade dos próprios sistemas como meios de educação formal. Este texto apresenta algumas contribuições de ordem teórica destinadas a orientar a definição de parâmetros a serem empregados pelos desenhistas instrucionais na avaliação das condições de adequação do texto veiculado como instrumento de EaD.

Texto como processo cognitivo

Segundo as clássicas tradições, o texto é tido como uma forma gráfica impressa em plano finito, organizado por meio da lógica imposta pelo código da língua escrita, seja este qual for. A tradição brasileira formou o conceito de texto a partir da experiência social greco-romana, no interior da qual a cultura da escrita, tal como é conhecida, se fundou, ainda hoje se perpetuando por meio das inúmeras formas de resistência contra a introdução de modelos não verbais no imaginário que compõe o senso comum acerca do que se compreende por texto. Assim, por exemplo, na educação formal, o texto persiste agregado às práticas de leitura e escrita dos códigos alfabéticos, justificando-se a imensa dificuldade para que se construa um coletivo de sujeitos agentes de letramento nas disciplinas que não necessariamente tomam da escrita como textos específicos de suas práticas de formação.

Associada à cultura do texto escrito, construir-se-ia, também, a partir da Idade Moderna, uma cultura mais ampla, de ordem civilizatória, no entorno da qual o homem desenharia todo um modelo de compreensão e ajuizamento de mundo. A racionalidade científica do homem moderno instituiria uma sociedade regida pela razão e orientada no sentido de determinar certas condições para o ajuizamento de verdades universais de mundo. Em que pese a extensa discussão no interior das comunidades acadêmicas sobre a natureza da verdade e sobre o potencial humano para concorrer com a onisciência de Deus, a cultura científica instalada no imaginário público provocaria na sociedade o desenvolvimento de um comportamento ajuizador de verdades, o qual se refletiria sobre a própria cultura da escrita.

Tomado como fonte de revelação da razão humana, o texto passaria a materializar na cultura científica o ajuizamento da verdade, esta que de tal forma viria a consagrar-se que nenhuma outra verdade se compreenderia como legítima, exceto a da escrita acadêmica. Desse modo, a atitude de ler consistiria, sobretudo, no ajuizamento da verdade celebrada pela ciência, como mais um dogma a prevalecer sobre qualquer outra forma de ajuizamento de mundo. É, portanto, assim que o conceito de texto se forma no imaginário público: algo que consiste em si mesmo, não dialoga com o leitor e se forma com a finalidade de prevalecer sobre o juízo de quem o lê.

Ocorre, todavia, que o sentido de verdade impresso ao texto na cultura científica parte do pressuposto de que nenhum estrangeirismo provoque o desejo de romper com a crença de uma verdade *a priori* no texto escrito, bem como na crença de que o texto escrito deva prevalecer sobre outras formas de textualidade, especialmente a fala. Havia, por conseguinte, na cultura científica, uma identidade sociocultural que prevalecia sobre expectativas individuais, modelando-se à luz do princípio da intolerância às diferenças, aos estrangeirismos que se marcassem por outras formas de conceber a verdade e as formas de texto.

Os sujeitos sociais contemporâneos apresentam, no entanto, propriedades bastante peculiares se comparadas à tradição moderna. A descentração da identidade cultural permitiu a pluralização de sujeitos, vindo-se a incorporar às práticas da sociedade científica, sem compartilharem do desejo de se reduzir às suas crenças. Dá-se, a partir daí, um fenômeno curiosíssimo caracterizado pelo confronto de culturas frente à utilização dos mesmos instrumentos culturais, provocando a necessidade de se redimensionar o conceito de texto.

A primeira das transformações ocorridas no sentido corrente de texto viria a ser provocada pela ruptura com a crença em verdades hegemônicas e não dialogais. A figura de um texto cuja verdade devesse ser descoberta e reverenciada por meio da leitura cede lugar a um texto com o qual se interage em busca de diálogo, de mútua significação. Desse modo, o processo de leitura torna-se um processo de construção de sentidos, plurais e imediatamente significativos para os sujeitos em estado de leitura, perdendo-se o interesse em leituras decifrativas, centradas na busca da verdade unilateral do texto. Cada leitor assume, a partir de então, um papel de coautor, investindo-se de uma identidade em que a subjetividade prepondera sobre a logicidade da verdade imanente no próprio texto, autorizando-se a recriá-lo por meio de sua própria leitura. Aquele instrumento do saber de outrem, veiculado desde a academia para a esfera pública, cede espaço para um instrumento de provocação de novos saberes, libertos da alienação provocada pela razão científica sobre as subjetividades individuais.

Outra das transformações ocorridas no conceito de texto resulta do processo de pluralização de tecnologias de escrita de mundo, disseminada na esfera pública a partir do século passado. O que se resumira à escrita alfabética e às suas formas correspondentes em outras culturas expandira-se rapidamente na forma de uma enormidade de alternativas de expressão, permitindo-se que os sujeitos passassem a eleger instrumentos de leitura e escrita de mundo que mais proximamente atendessem a suas vocações culturais, socioafetivas e intelectuais. Inúmeras alternativas de textos não verbais se impregnam nas práticas sociais cotidianas, não apenas mesclando-se com a escrita convencional, mas também sustentando as possibilidades que provocam a agregação de novos sujeitos leitores de mundo. Paralelamente, estetas como Pareyson (1986) já assinalavam que os meios de expressão individuais preponderariam sobre os clássicos parâmetros de expressão geométrica e cartesiana de mundo, fundando uma era em que o direito à expressão asseguraria o direito à identidade e à escolha de formas de significação. A concepção de um modelo de texto instituído no interior de culturas hegemônicas substituía-se por uma em que o texto instituía-se pelo prazer de autossignificar-se, de fazer-se instituinte de novos textos.

Como resultado dessas transformações, o conceito clássico de texto tornou-se superado, deixando de abraçar os fenômenos arrolados como tal nas diversas práticas sociais. Uma forma *a priori* que pudesse definir o que vem a ser o texto na Pós-Modernidade resulta impossível, na medida em que cada subjetividade está legitimamente autorizada a fundar as mais variadas formas, sem prejuízo de comunicabilidade. As próprias formas cotidianas do mundo, pensadas para serem somente coisas utilitárias, passam, elas mesmas, a significar os sujeitos que as utilizam, tornando-se textos intencionalmente empregados. Consequentemente, não cabe mais na sociedade contemporânea pré-qualificar alguns textos como tal e outros como não textos ou, simplesmente, como textos de outra natureza, na medida em que a eleição das formas textuais passou a ser da competência de quem os recria, transformando-as em textos para si. Escritos ou não escritos, gráficos ou não, os textos se pluralizam a cada dia, de forma inusitada.

No anverso dessa questão, deve-se ter em conta que, na própria definição do que vem a ser texto, inclui-se a problemática do que vem a ser a leitura, esta que, propriamente, legitima como texto aquilo que, em princípio, é apenas uma forma. Muito da legitimidade do texto em sua concepção tradicional associava-se à crença em sua verdade interna, esta, portanto, que o definia como algo relevante *a priori*. Aliando-se à pluralização das formas de textos, a leitura na Pós-Modernidade passou a afiançar a verdade ao próprio leitor, ao qual cumpre, então, definir, ou não, algum sentido naquilo que lê. Nessa perspectiva, o texto se constitui à medida que se torne significativo para quem o lê, não mais se assumindo que seja o leitor quem se constitui como tal à medida que se torne capaz de encontrar o significado de um texto.

Perante o leitor instituído hoje, nenhum resultado universal de leitura se pode antecipar até que o estado de leitura se inicie e o próprio leitor, individualmente, o processe. O texto se individualiza, em um movimento contrário ao da universalidade com que fora tratado na cultura científica moderna, à medida que o leitor deixa de ser tomado como um sujeito coletivo para se instalar na esfera do único subjetivo.

Esse estado de coisas dá a sugerir a necessidade de que a definição de texto seja instaurada não nas propriedades formais daquilo que se dá a ler, mas, sim, no universo do próprio sujeito leitor, no estado de leitura que se processa internamente em sua mente. Uma definição dessa ordem deve dar a prevalecer a generalidade da forma material do texto e, ao mesmo tempo, centralizar a individualidade do sujeito que o processa, transformando-o em texto propriamente. Assim, tal como já arrolado em Senna (1999), a melhor alternativa de definição para o fenômeno **texto contemporâneo** é a que o toma como "qualquer coisa à qual se possa atribuir um significado", cuja aparente banalidade captura toda a complexidade que se transfere para as instâncias de processamento da leitura.

A objetividade do texto no interior da mente humana situa o leitor como o sujeito que centralmente atua para sua existência, provocando-se, dessa maneira, a transferência de sua natureza instituinte da esfera da materialidade externa (a forma) para o universo simbólico de cada um que processa a leitura. Cada texto, portanto, torna-se uma experiência única e singular, sujeita às condições instituintes segundo as quais se materializa na esfera cognitiva a cada estado de leitura.

O impacto dessa concepção de texto sobre as práticas de EaD é enorme, haja vista que, mediante a perda da relação mediadora que intervém nas leituras que os diversos sujeitos – professor e alunos – processam, os múltiplos estados de leitura que se processam individualmente tornam a experiência escolar a distância de todo incoerente com os objetivos da educação formal. Ao selecionar ou produzir um texto destinado a seus alunos, o professor tem objetivos formativos que mantêm coerência com o seu plano de curso como um todo, subjacente ao qual se encontram os parâmetros que definem seu projeto político-pedagógico. Quando o texto selecionado pelo professor chega ao aluno fora do contexto da aula - o contexto que o torna significativo para os objetivos do curso, a partir das interações que se constroem coletivamente –, corre-se o risco de se terem outras tantas aulas quantos forem os alunos situados a distância, fato que, antes de tudo, impede que o professor dê consecução a seu projeto político-pedagógico.

A superação desse custo para a consecução dos objetivos pedagógicos em EaD compete ao desenhista instrucional, por meio da aplicação de mecanismos de avaliação das condições de leitura adequadas ao contexto da educação formal. Entre tais mecanismos, incluem-se, naturalmente, parâmetros de adequação do material às condições geradas pela conceito social que hoje determina o sentido do texto e da sua leitura.

Parâmetros de avaliação da adequação textual

Ordinariamente, os parâmetros de avaliação empregados na análise da adequação de textos utilizados em experiências de ensino-aprendizagem concentram-se, particularmente, em aspectos imediatos quanto à forma. O mais tradicional de todos os parâmetros ainda continua sendo sua correção gramatical, observando-se as regras específicas do registro culto da língua quanto à ortografia, às normas morfossintáticas e aos padrões sintáticos da oração. Embora a contemporaneidade não autorize a romper com a normatização do padrão culto da língua, a qual, portanto, deve ser rigorosamente atendida (sobretudo na educação formal), já há longa data não é tratada como único parâmetro de avaliação. À medida que se compreendia a natureza plural dos sujeitos culturais, o conceito de correção foi paulatinamente sendo substituído pelo de **adequação**, em muito amparado pela noção de **registro linguístico**. A compreensão e a legitimação dos diversos registros gramaticais proporcionaram a possibilidade de se introduzirem nos estudos linguísticos fatores relacionados tanto ao processamento da informação, quanto aos jogos interacionais inerentes à dinâmica da comunicação humana.

Os estudos linguísticos avançaram no entendimento acerca das condições de produção da comunicação, tendo revolucionado os princípios que dão embasamento às gramáticas normativas ao romper a fronteira descritiva da oração. Entre o plano do processamento psicológico e o da interação social, outros fatores passaram a ser arrolados como parâmetros de adequação textual.

Do ponto de vista psicológico, estudos sobre o processamento cognitivo da leitura trouxeram contribuições interessantes à compreensão das condições de avaliação de textos, tal como os de Kato (1995). A partir de condutas de pesquisa experimental, análises psicolinguísticas do processo de construção da escrita assinalaram o impacto que a estrutura material e o universo conceptual do texto provocam na atividade de leitura, enfatizando o custo na decodificação do texto escrito. Em síntese, estudos dessa natureza focalizam, sobretudo, o tipo de sinal captado pelo aparato sensorial e o esforço cognitivo de sua representação mental. Seja do ponto de vista material, seja no do conceptual, o princípio que norteia as análises é de custo de processamento de informação nova, introduzido na linguística por meio de pesquisas sobre **modelos** e **expressões** (*type/token*) e sobre princípios coesivos como os de *given/new*, ou seja, **informação dada** e **informação nova** (Lyons, 1977).

O que se pode extrair como parâmetro para avaliação das condições de adequação de textos a serem empregados em experiências de ensino, a partir de estudos desse tipo, é o princípio de que, quanto maior o número de palavras novas ou conceitos novos (introduzidos pelas palavras ou partes do texto), maior o custo de processamento da leitura, considerando-se que todo estado de leitura toma por ponto de partida dados previamente processados pelo sujeito.

Boa parte do que se compreende na tensão entre *given/new* pode-se resgatar, também, a partir da teoria epistemológica de Vygotsky (2000a), com base no que este define como **zona de desenvolvimento real** e **zona de desenvolvimento proximal,** embora tal paralelo não leve a confundir a natureza distinta de ambos os tipos de estudos. Mais próximos entre si seriam, entretanto, os conceitos de *type/token* e a dicotomia *langue/parole* defendida por Saussure (1977).

A similaridade entre os estudos psicolinguísticos sobre a leitura e as contribuições pioneiras de Saussure às ciências da linguagem é devida, justamente, ao seu idêntico recorte objetal: a língua, tomada como fenômeno material exclusivamente observável em si mesmo. Os estudos de Vygotsky partem de outro movimento epistemológico, tomando a língua e sua materialidade como fenômenos de ordem social, regidos por fatores situados para além da própria língua e sua estrutura. Por esse motivo, assinala-se aqui certa reserva na comparação de seu trabalho com os princípios da psicolinguística experimental.

Alienados de fatores outros que não somente os de natureza estritamente linguística, os estudos em psicolinguística experimental já de certo modo afastam seus resultados da possibilidade de explicar o esforço de leitura aplicado a outros tipos de textos que não empreguem as línguas naturais ou escritas. Assim, deixam de contribuir para a compreensão de que o texto é na realidade uma unidade que se instaura, muitas das vezes, por meio de um complexo de textos coordenados em uma mesma fronteira material, reunindo, por exemplo, verbo e imagem em um só feixe de sinais lidos simultaneamente, preenchendo eventuais vazios conceituais decorrentes de palavras cujos conceitos sejam novos para o leitor ou permitindo-lhe proceder a uma leitura menos pontual, do tipo sinal por sinal.

Em consequência disso, estudos experimentais sobre o custo de processamento da leitura da escrita trazem uma contribuição apenas parcial aos desenhistas instrucionais, na medida em que os autorizam a inferir tão somente se um texto escrito pode ser ou não, *a priori,* (in)adequado a partir das palavras empregadas ou, em casos posteriormente analisados, das estruturas sintáticas empregadas. O uso de imagens ou outros tipos de textos agregados aos escritos toma um caráter meramente ilustrativo, associado à concepção de que possam tornar a leitura mais agradável.

É fato que a interação socioafetiva do leitor com o texto exerce influência direta sobre o estado de leitura que é processado. Todavia, o custo socioafetivo de interação com o texto não se supera a partir do emprego de estratégias de motivação extratextuais, como, por exemplo, ilustrações meramente figurativas. O verdadeiro custo resulta, isto sim, da sensação de insatisfação com o nível de compreensão alcançado na leitura.

A sensação de insatisfação tende a agudizar-se quando a natureza da informação veiculada no texto se orienta em direção a interpretações teóricas de mundo, sustentadas integralmente em conceitos que não encontram sentido em outra instância que não a do próprio texto. A compreensão do texto acadêmico exemplifica exatamente esse tipo de situação. Além de se tratar de uma produção de direito reservado, o que impede que o desenhista instrucional possa intervir em sua forma, substituindo palavras ou estruturas sintáticas, o conceito geral impresso no texto como um todo não se pode deixar mais ou menos transparente para o leitor por meio de medidas pontuais incidentes sobre a sua forma, na medida em que a complexidade não está nas unidades que o compõem, e sim na sua própria natureza abstrato-conceitual - a exemplo do que você, caríssimo leitor, deve estar sentindo ao ler esta seção, até este ponto. Se você nunca ouviu falar em *type/token, given/new*, materialidade textual, **zona de desenvolvimento real/proximal** e outros termos que foram empregados aqui, de nada adiantou tê-los traduzido ou tê-los feito explicar por meio da comparação de uns aos outros. Observe, então, que, ao não se ter clareza sobre o que vêm a ser tais conceitos, a leitura de toda a seção sofre uma perda enorme, já que as demais informações, direta ou indiretamente, cuidam de elaborar ou criticar os mesmos conceitos.

A dificuldade de superação do custo pela construção de um conceito-chave no texto é bem mais baixa na comunicação oral do que na escrita, pois que as condições de produção e compreensão da fala permitem superar lacunas conceituais ao longo do próprio processo de enunciação, por meio da interação direta entre autor e leitor. O processo de autoria da escrita, conforme esclarecem Favero, Andrade e Aquino (2000), é velado ao sujeito enquanto leitor, à medida que a tem pronta. Assim se explicam as diferenças entre os modos de produção da fala e da escrita, sobretudo quanto ao que se refere ao nível de planejamento prévio e às regras específicas de cada uma no que concerne às marcações de causalidade e coesão.

Os estudos sobre o processamento do discurso - a análise do discurso - introduzem avanços no tempo e na fenomenologia da linguística, trazendo à tona a problemática interacional subjacente aos atos comunicativos (Habermas, 1981). A expressão **atos comunicativos** evolui a partir do conceito de **ato de fala**, a unidade operacional da pesquisa na área de pragmática do discurso. Originariamente, os atos de fala (Searle, 1984) descrevem os tipos de situações sociais que caracterizam a comunicação humana e os aspectos que interferem na forma do discurso, centrando-se, portanto, no estudo dos fenômenos e das propriedades que interferem na logicidade das unidades *token*. Habermas rompe a fronteira da cultura científico-cartesiana, trazendo para o interior da filosofia da linguagem a complexidade de fatores socioculturais e materiais que compõem os atos comunicativos, numa perspectiva não mais associada ao formalismo lógico que marcara os trabalhos anteriores (Silva, 2001).

A teoria dos atos comunicativos dá agilidade aos estudos sobre os processos inferenciais que constroem os sentidos na interação entre os sujeitos, contribuindo de forma substantiva para os estudos sobre a produção e a interpretação textual. As inferências constituem o fator que preenche os vínculos entre unidades *token* que se apresentam na interação, regulando, pois, o conhecimento que se compartilha no processo de comunicação. A partir disso, uma nova consciência se instalou na cultura dos estudos sobre as condição de produção da leitura, agregada à consciência de que as condições materiais da comunicação poderiam interferir – facilitando ou dificultando – a construção de sentidos. O nível de planejamento do texto pôde ser avaliado, então, a partir das condições gerais que o contexto comunicativo proporciona ao leitor, de modo que, quanto maiores as possibilidades de custo de inferência, maior a necessidade de planejamento.

A particularidade dos estudos de Habermas sobre os atos comunicativos reside, no entanto, na ruptura com o pressuposto de uma lógica universal na regência dos conceitos, antes responsável pela idealização de um só sujeito social, sem especificidades individuais. O processo inferencial, na teoria dos atos comunicativos, pressupõe um esforço comum a todos os interlocutores no sentido de se compreenderem mutuamente, tomando-se por princípio que os seus esquemas conceituais não são *a priori* idênticos. Com base nisso, o leitor pôde ser arrolado na análise do discurso como uma categoria a ser previamente detalhada no processo de planejamento textual, a fim de que se pudessem controlar as condições de produção da leitura. Variáveis como faixa etária, gênero, formação cultural, inserção social, orientação profissional etc. passam a ser utilizadas como traços categoriais no desenho prévio do leitor para o qual o texto se destina, destruindo-se, assim, a noção de que a sua adequação possa se relacionar à busca de uma neutralidade universalmente aplicável a qualquer sujeito.

A pluralização da identidade formal do leitor pela análise do discurso dá um passo decisivo no sentido da orientação geral de parâmetros de avaliação prévia das condições de leitura. Cada estado de leitura pôde ser apreciado como um caso único e particular, a ser respeitado sob pena de não se obter um contexto comunicativo satisfatório. Nesse sentido, ressalte-se, a orientação geral do processo de escritura perde o interesse pela adequação aos pressupostos de uma forma cartesiana universal, detendo-se no interesse de conformar-se à melhor forma que se torne clara e legível por alguém, individualmente, com respeito e tolerância às diferenças do outro.

Ver o "outro" na figura do leitor é um princípio fundamental na prática do desenhista instrucional, ao qual cabe negociar a relação entre a voz acadêmica (impressa na intenção pedagógica do professor) e a voz interlocutora do aluno a distância, muitas vezes alheio à cultura acadêmica que rege a comunicação do professor. Seu trabalho vai além da adequação do texto do professor, já que este, em princípio, está agregado, ao mesmo tempo, às intenções pedagógicas do curso e à autoria acadêmico-científica. O desenhista instrucional se apropria do texto do professor como uma das unidades a compor um outro plano textual, no qual possam convergir as vozes do próprio professor e dos alunos cujo modelo foi previamente definido. Não se trata de traduzir o texto acadêmico, mas, sim, de introduzi-lo em um contexto comunicativo em que este possa dialogar com outros textos que promovam as condições de inferência necessárias à comunicação.

Contextos comunicativos e modos do pensamento

A concepção de contexto comunicativo como unidade complexa agregadora de diferentes unidades textuais define o que contemporaneamente se compreende como **hipertexto**. Segundo a concepção corrente nas discussões oriundas da cultura tecnológica instalada neste início de século, o hipertexto costuma ser caracterizado como um texto em que se introduzem vínculos com outros textos (*links*), com base, portanto, no senso comum que identifica o texto a partir de sua materialidade formal. No entanto, tal concepção de hipertexto é, na realidade, um reducionismo, quando comparada às questões de ordem cognitiva que determinam as condições da leitura.

O hipertexto remete-nos ao espaço mental do sujeito leitor, no qual os processos geradores de juízos operam no processamento da leitura. A diferença entre um estado de leitura textual e um estado de leitura hipertextual reside não no sinal externo, mas na maior ou menor predisposição à inferência. Uma leitura textual - no sentido convencionado na cultura científica - sustenta-se sobre a orientação de que a verdade a ser satisfeita resulte de um único ponto desencadeador, ou seja, uma única unidade de centração. Uma leitura hipertextual, por outro lado, orienta-se de forma diametralmente oposta, no sentido da descentração de sinais contíguos, somente ordenáveis no mesmo contexto por meio de mecanismos inferenciais que provocam sensações de satisfação as mais diversas, de sujeito para sujeito, ou de um ou outro tempos de um mesmo sujeito.

Ainda que os mecanismos inferenciais possam ser tratados como fenômenos universais, sua operacionalidade nos diferentes estados de leitura não o é, pois depende dos mais variados fatores, desde os motivados por imposição da experiência social de leitura de mundo (aspectos culturais determinantes dos conceitos mentais, à forma como defendido na teoria de Vygotsky) aos ocasionais, como, por exemplo, as condições materiais que dão início à percepção do texto (aspectos perceptuais). Fato é, pois, que praticamente nenhum sujeito desenvolve o mesmo processo de leitura que outro.

A teoria dos atos comunicativos dá embasamento aos conceitos de texto e leitor anteriormente apresentados aqui, permitindo, também, tratar cientificamente o modelo básico de texto como unidade complexa, pois dá suporte para superar o mais cêntrico dos traços característicos da cultura científica: o horror pelo devir, esse estado *mutandis* que determina a condição de ser das coisas reais. Historicamente, a cultura moderna estabelece um marco de ruptura com o **devir** das coisas, na busca de aprisionar o tempo em uma "escrita científica" que proporcione ao homem a centração. No exterior da cultura científica, alheios a esse empenho de atemporalizar a história das coisas, permaneceram os homens da oralidade - estes que, até bem pouco tempo, se chamavam pejorativamente de "analfabetos", nem tanto por desconhecerem as artimanhas da escrita, mas por não compartilharem de sua atemporalidade.

A legitimação social de tecnologias informáticas que transcenderam as limitações espaciais e temporais da escrita (Lévy, 1998b) autorizou o ingresso de práticas de leitura de mundo de certo modo alienadas do modelo científico, fato que suscitou a oportunidade de que estados de leitura não científicos passassem a ser empregados no interior das práticas sociais hegemônicas. Estados mentais narrativos, típicos da cultura oral e marcados por um modo de operação que lança mão da experiência real (não ideal) de mundo, aplicam-se, todavia, mais adequadamente a contextos hipertextuais de leitura do que a contextos atemporais, formatados segundo as estruturas clássicas de textos escritos, já que estes últimos se formaram notadamente com a finalidade de banir a transitoriedade do mundo real.

Observe-se, então, que, por trás da definição de texto e de leitor, por trás, ainda, da própria definição de contexto comunicativo inferencial, existe uma outra instância fenomenológica que não só caracteriza, como condiciona os estados de leitura: os modos do pensamento. Sujeitos leitores que aplicam o modo científico de pensar e interpretar o mundo desenvolvem estados de leitura absolutamente distintos dos de outros sujeitos, que operam sob o modo narrativo de pensar (Senna, 2000).

Entre as condições de adequação a serem arroladas no processo de avaliação de textos destinados à EaD, os modos do pensamento são um fator imprescindível, uma vez que dão conta da previsão dos tipos de estados de leitura que poderão ser processados pelos alunos a distância. Na elaboração do contexto textual a ser disponibilizado como experiência hipertextual de aprendizagem, é preciso ter em conta, no mínimo, os seguintes pressupostos: (a) sujeitos de cultura oral operam leituras narrativas, de modo que contextos de leitura que não lhes permitam transitar entre os modelos científico e narrativo de textos geram estados leitores prejudicados pela ausência de marcas inferenciais reconhecidas; (b) sujeitos orais e científicos tratam os contextos comunicativos de forma distinta, de modo que cada qual seleciona preferencialmente determinado tipo de sinal como ponto de partida, ou como única fonte, para a leitura.

O processo de elaboração de contextos comunicativos em experiências de EaD inclui, portanto, a adoção de estratégias que oportunizem a maior confluência de estados de leitura afins a partir de distintos tipos de sinais, marcadamente organizados de forma narrativa e científica. As condições materiais para a construção desse tipo de contexto comunicativo gerador de leituras hipertextuais demandam a identificação de categorias de marcadores textuais que definam as relações inferenciais entre as três instâncias consideradas determinantes da leitura: os textos científicos oriundos da cultura acadêmica, os textos narrativos oriundos da cultura oral e o conceito esperado ao final da experiência de ensino planejada pelo professor.

O estudo das categorias de marcadores das relações entre textos narrativos e científicos muito tem a beneficiar-se dos estudos relativos às distinções entre os modelos gramaticais e os discursivos, aplicáveis distintamente à fala e à escrita (Favero; Andrade; Aquino, 2000). Contudo, não se bastam nisso, haja vista que muito das relações a serem definidas são da ordem exclusiva dos estados representacionais específicos da cognição humana.

Conclusões inconclusivas

A descentração de subjetividades que marca a sociedade contemporânea exige redefinir o texto e a leitura como objetos fenomenológicos da cognição humana, no interior da qual tudo se individualiza. Não bastasse esse custo para as ciências da linguagem, a ele acresce o fato de que a descentração aliou-se às novas tecnologias para autorizar práticas públicas absolutamente alheias à formação científico-cartesiana da cultura, provocando uma verdadeira revolução no modo como se passam a processar os estados de leitura em contextos formais de educação. Mesmo que se parta do pressuposto de que a leitura é um processo inferencial - o que, por si, já é uma revolução interna na cultura científica –, os estados hipertextuais de leitura obrigam a ir além das categorias discursivo-textuais que se aplicam na investigação das propriedades do comportamento do leitor. Uma vez subordinados aos modos do pensamento humano, tais categorias devem avançar no sentido de romper definitivamente a barreira da cultura científica e apresentar elementos com que se possa estabelecer um vínculo conceitual entre estados narrativos e estados científicos de leitura de mundo.

A inserção de categorias dessa natureza nas sistemáticas de avaliação de textos utilizados em EaD torna-se, mais que desejável, necessária, na medida em que as propriedades subjacentes às práticas narrativas e científicas de leitura são traços essenciais que descrevem os modelos de leitores usuários do sistema de ensino não presencial. Desse modo, sua não observância no planejamento do texto pode resultar em prejuízos graves para a comunicação entre o professor e seus alunos, falhando-se, portanto, no processo de mediação que, em contextos presenciais, torna significativas as relações inferenciais da leitura a partir das interações subjetivas.

12

O computador na escola

modos de leitura e mídias hipertextuais

Andrea de Farias Castro

das tecnologias digitais contemporâneas revo-lucionou os modos de interação com o espaço e com a sociedade, repercutindo, consequente e irrecorrivelmente, no contexto educacional. Diante do fato de que a cultura informática já se impõe sobre o ambiente escolar através do cotidiano social, torna-se um desafio para o professor a utilização de computadores como ferramenta no processo educacional de forma diferente daquela com que muitas vezes se utilizou o livro texto. Mas

Andrea de Farias Castro é doutora em Educação, professora do Colégio Pedro II e da Secretaria Municipal de Educação do Rio de Janeiro.

A evolução das tecnologias digitais contemporâneas revolucionou os modos de interação com o espaço e com a sociedade, repercutindo, consequente e irrecorrivelmente, no contexto educacional. Diante do fato de que a cultura informática já se impõe sobre o ambiente escolar por meio do cotidiano social, torna-se um desafio para o professor a utilização de computadores como ferramenta no processo educacional de forma diferente daquela com que muitas vezes se utilizou o livro-texto. Mas qual a significação atribuída ao livro-texto pelo professor? E qual a significação que vem recebendo o computador na prática docente?

Considerado um especialista no saber relacionado à disciplina que ministra, o professor é, antes de tudo, um orientador que busca dar acesso ao conhecimento científico na área em que se especializou. É dele, portanto, a tarefa de **decodificar** (no sentido de "traduzir") o que de mais importante há em termos de saber científico para o ambiente escolar. Segundo Bertrand Russell, desde a época dos árabes, a ciência teve duas funções: "a primeira delas, capacitar-nos para **conhecer** coisas e a segunda, capacitar-nos para **fazer** coisas" (Russell, citado por Rodrigo e Arnay, 1998, p. 39, grifo nosso). Torna-se necessário ao professor, então, conjugar a essa concepção acerca do conhecimento científico sua prática de educação, a qual, conforme Kant (1996), é a forma de um homem tornar-se homem. Entretanto, qual a maneira de levarmos o conhecimento científico para dentro das escolas hoje, sem reduzi-lo apenas ao aprendizado de saberes previamente definidos pelo crivo do professor? Como transpormos os limites que a cultura escolar nos vem imputando historicamente, com base em um modelo de ensino-aprendizagem centrado nos saberes de cada disciplina, e não no conhecimento que dá corpo ao homem cultural?

É possível avançar em novas alternativas para a educação a partir de um estudo crítico acerca dos modos como o professor se apropria do livro-texto – ou, mesmo, de como este se apropria daquele. Depois de Gutemberg, passamos a utilizar o texto impresso em larga escala, o que ampliou a possibilidade de divulgação dos conhecimentos registrados em livros e, praticamente ao mesmo tempo, inaugurou uma era em que a educação teria por base a decifração do saber impresso. Tendo se tornado o primeiro meio de comunicação para a divulgação do pensamento científico (Parente, 1999, p. 84), o livro, incorporado aos processos educacionais, torna-se, a partir de então, o suporte material para que tivéssemos acesso às informações sobre conceitos científicos.

No *campus* escolar, cada professor elege para sua disciplina o livro-texto mais adequado para cumprir, entre outras funções, a de divulgador das informações científicas.

O que ainda não soubemos aproveitar completamente dos livros é a sua estrutura recheada do que Parente (1999, p. 86) chama de **dispositivos de leitura artificial,** ou seja, "sumário, index, notas e tudo o que nos livros, nos dicionários e enciclopédias auxilia o leitor a estruturar o texto para além de sua linearidade."* Para Rodrigo e Arnay (1998, p. 46), o desenvolvimento de uma "cultura científica" e os processos de ensino-aprendizagem estariam sendo dificultados desde as "próprias concepções docentes sobre a disciplina que ministra, à superabundância de conteúdos, passando por uma divulgação da ciência como reflexo da **suposta** linearidade do progresso científico" [grifo nosso]. Na mesma obra, os autores apontam, conforme pesquisas, que na escola muitos professores elaboram a organização do conteúdo disciplinar e do planejamento pedagógico tomando como "fonte de ideias o livro-texto do aluno, o guia do professor ou diversos guias de planejamento" (Rodrigo e Arnay, 1998, p. 56).

No contexto escolar, os conhecimentos científicos ficam, assim, estratificados e isolados em volumes diferentes (o livro-texto de Ciências, o de Matemática etc.), que serão abertos e folheados em momentos distintos e nunca intercambiáveis, pois que, lamentavelmente, ainda são raras as iniciativas escolares para ultrapassarmos a estrutura disciplinar e seguirmos em direção a uma atuação interdisciplinar.

Para dar corpo à construção de um conhecimento científico contextualizado, é preciso identificar, numa perspectiva

* Para o autor, esta é uma das sementes do hipertexto. Sugerimos, então, a possibilidade de incluirmos as imagens dos livros nesse contexto como fonte inesgotável de relações que podem ser estabelecidas pelo leitor, seja ele o professor, seja ele o aluno.

pós-moderna de currículo, a complexidade do pensamento humano e, com isso, construir formas de interação com o conhecimento que vão além daquelas oferecidas pela escola do século XIX, estabilizadas com a generalização da impressão (Lévy, 1993). Somente desse modo podemos promover o aproveitamento da experiência de vida do aluno sem tornar a escola e os conhecimentos nela adquiridos como apenas adjuvantes da formação geral dos sujeitos. Lévy (1993) apresenta-nos as tecnologias intelectuais como passíveis de ser potencializadas pela informática, mas como um campo aberto para além do computador. Assim dizendo, remete-nos ao que chama de "progressão multiforme das tecnologias da mente e dos meios de comunicação", que podem, segundo o autor, ser interpretadas como um processo contínuo de "relações entre sujeitos individuais, objetos e coletivos", em que "o contexto é o próprio alvo dos atos de comunicação". Essa imagem nos aponta diretamente para o sujeito pós-moderno, ou aquele que traz dos diferentes contextos do cotidiano, das interações com outros sujeitos a matéria para o seu conhecimento, numa troca permanente com sua cultura e seus saberes.

O que interrogamos é se a escola está organizada para promover o desenvolvimento de um sujeito civilizado, informado, criativo, crítico e participativo, "que se sente à vontade na instabilidade" (2000, p. 16); se está atuando com novas metodologias para o desenvolvimento do conhecimento científico por meio da exploração da capacidade de leitura e produção de conhecimento com a utilização de diferentes mídias (valorizando a criatividade e a interatividade) ou se permanece utilizando antigas estratégias, ainda que possuindo novas ferramentas. Estaríamos percorrendo os melhores caminhos em termos de aproveitamento do conhecimento da experiência humana e sendo capazes de impregná-la com conhecimento científico significativo? O que a escola brasileira tem demonstrado na prática é que os conteúdos científicos ainda são considerados mais importantes para a formação dos sujeitos, tendo maior valor do que os conhecimentos oriundos da experiência.

O que se apresenta como um problema para Morais (1998) não é propriamente o "conteúdo" científico que será apresentado, mas a linguagem que será utilizada para sua comunicação. Conforme nos ensina Bakhtin, citado por Rodrigues (2002, p. 73), falando sobre a linguagem: "os indivíduos não recebem a linguagem pronta para ser usada; eles penetram na corrente da comunicação verbal; ou melhor, somente quando mergulham nessa corrente é que sua consciência desperta e começa a operar".

Esperamos, portanto, da escola que, em face de uma evolução tecnológica que se atualiza incessantemente, estabeleça uma arquitetura para os processos educacionais diferente daquela que vem sendo utilizada desde a introdução dos livros-texto e que possa, então, oferecer aos seus alunos um modo de compreensão amplificado; que na incorporação de múltiplas mídias seja criada uma possibilidade de produção de sentidos em que a palavra impressa se "reencante" na polissemia das múltiplas linguagens que constituem a cultura na qual a escola e o aluno estão inseridos.

O que vemos, no entanto, é que muitas vezes o livro significa para o professor a sua própria voz, apresentando-se como o próprio discurso pedagógico - aquele cuja verdade é incontestável e fala por si mesma. Conforme vêm sendo conduzidas, as práticas de leitura na escola têm, ao longo do tempo, determinado um modo específico de comportamento do leitor frente ao livro. Quando, por exemplo, orientado a fazer a chamada **leitura silenciosa**, o estudante estabelece com o livro a única interlocução possível, uma vez que o professor, nesse momento, exime-se do diálogo. Tal estratégia de ensino coloca o livro como intermediário entre o conhecimento que o professor representa e o desconhecido pelo aluno, expondo a assimetria da relação professor-aluno. Nessas condições, o que se oferece ao aprendiz é apenas a imposição de saberes preconcebidos, o que para Wolpert, citado por Rodrigo e Arnay (1998, p. 37), irá se traduzir no aluno de forma alienada e ilegítima: "muitas pessoas aceitam as ideias da ciência porque lhes disseram que são certas, e não porque as compreendam".

Percebemos então que o livro-texto representa, para muitos professores, a própria estrutura organizacional das aulas e do conhecimento linearmente ordenado. Nessa representação, verificamos que tanto o professor quanto o livro servem apenas ao repasse de informações de cunho científico. Do outro lado da sala de aula, conforme Senna*, "formado à luz de um modelo novo de pensamento científico, pós-moderno, dirigido ao mundo em devir – assequencial e histórico", encontra-se um sujeito leitor de hipertextos, socialmente orientado para lidar com a não linearidade.

É necessário, nos termos de Behrens (2000), rompermos com o conservadorismo e levarmos em consideração, além da linguagem oral e da linguagem escrita, a linguagem digital. Para Lévy (1993), essa operação se representa pelo que chama de um **jogo de produção de sentidos,** que ativa na mente dos sujeitos uma rede de conceitos e modelos, influenciada pelo ambiente e, ainda, repleta de sons, imagens, sensações e afetos. Behrens (2000, p. 75) diz que, "neste processo de incorporação, é preciso propor novas formas de aprender e de saber meios para facilitar a aprendizagem". À escola cabe, então, adotar uma postura em que professores e alunos possam aprender juntos, rompendo-se a ideia convencional de que o professor deve ter todo o conhecimento para, somente em seguida, transmiti-lo ao aluno. Todo o sistema educacional aprende fazendo. Na Modernidade contemporânea, voltamo-nos a uma visão de

---

* Conforme Capítulo 1.

que qualquer conhecimento advém de uma integração eclética, em que dialogam a experiência humana e as crenças construídas historicamente pela ciência, o que Sancho (1998b, p. 16) chama de construção de uma "urdidura que devolva ao conhecimento a essência perdida ao transformar-se em conteúdo de um currículo".

A proposição dessa tessitura pressupõe que devamos considerar o acesso a diferentes verdades, por meio de diferentes mídias, elaboradas em tempos distintos, como uma forma atual de contribuir para uma formação científica em que se priorizem a construção do conhecimento e, ainda, a construção da identidade dos sujeitos.

Quanto maior a oferta de mídias, maior a possibilidade de que sujeitos de diferentes culturas tenham acesso a novos dados e possam, a partir de diferentes formas de expressão, tornar-se usuários de cada uma delas, particularizando formas de representação justamente pelo fato de não se imporem barreiras de acesso às diversas culturas e aos dados que concorrem para a desterritorialização do conhecimento. Segundo Lévy (1998b, p. 23), "temos observado a eliminação da distinção entre espectador e criador de imagens". A tecnologia informática, por exemplo, permite que possamos lidar com a informação de forma revolucionária. Passamos a ter a possibilidade de manusear a ferramenta eletrônica com desconhecimento de algoritmos utilizando-nos do que Lévy (1998b, p. 23) chama de "efeito de potencialidades, de lógicas de construção de imagem predefinidos pelos conceptores do sistema". E por isso fazemos a transferência não só dos aparatos tecnológicos como também de tecnologias intelectuais, já que "teoricamente, a interatividade pode ser levada tão longe quanto se quiser" (Lévy, 1998b, p. 22).

Nesse processo identificamos a necessidade de que a escola venha a oferecer, pelo uso diversificado de mídias, ainda que postas sob um suporte único*, "um espaço que proporciona às pessoas a experiência de pensar cientificamente o contexto hipertextual onde vivem".**

Mencionar modos diferentes pelos quais os sujeitos atribuem sentidos possíveis às suas práticas nos possibilita,

> *analisar os mecanismos que permitem que, em meio a muitos sentidos possíveis, um seja mais lido que os demais (...) justamente em função do compromisso da educação institucionalizada, socialmente promovida, com os sentidos legitimados, é fundamental a compreensão dos mecanismos por meio dos quais é travada a luta pela legitimidade dos diferentes sentidos.* (Barreto, 2002, p. 20-21)

A constituição do sujeito social é permeada por um processo de criação de significados construídos na interação do homem com a cultura da qual faz parte. Portanto, a valorização da informática pela sociedade faz desta um objeto cultural que funciona como mediador, para os sujeitos, dos processos de organização de sua experiência no mundo, de seu conhecimento sobre ele e, ainda, como elemento motivador do estabelecimento de trocas entre esses mesmos sujeitos, potencializando sua vocação para ultrapassar os limites praticados pela cultura científica, na qual se envolve a escola.

---

* Lévy é quem, originariamente, identifica o computador como um suporte único capaz de comportar múltiplas mídias.

** Conforme Capítulo 1.

E o computador? Que significação vem recebendo do professor na prática docente?

A questão da significação do computador para o professor será tratada aqui a partir de dois eixos distintos. O primeiro deles diz respeito ao uso do computador como uma sofisticada máquina de escrever e cujo aprendizado se processa à maneira de um treinamento. O segundo trata do uso do computador, no contexto educacional, como ferramenta multimidiática capaz de proporcionar a alfabetização digital de alunos e professores, favorecendo o estabelecimento de uma relação dialógica entre ambos.

A utilização do computador como uma sofisticada máquina de escrever implica uma aprendizagem dirigida por um instrutor. Sua utilização, via de regra, destina-se a finalidades meramente editoriais, servindo para elaboração de provas - para o professor - e para digitação de trabalhos - para o aluno. A partir de tal tipo de concepção, podem se desenvolver crenças de que para se utilizar o computador:

- todo o conhecimento acerca do uso da máquina está reservado aos especialistas;
- são necessários livros e apostilas para a obtenção e a fixação do conhecimento sobre a forma correta de funcionamento da máquina e sua utilização;
- deve ser cumprido rigorosamente um conjunto de instruções metódicas sobre o uso de cada ferramenta, de forma mecânica e sem que exista necessidade de compreender a natureza das operações executadas pela máquina;
- não deve ser explorado o potencial das ferramentas oferecidas no computador, pois isso não só provoca "erro", como pode "danificar" a máquina.

O computador torna-se, desse modo, uma caixa-preta, um monolito hermeticamente lacrado e, consequentemente, aprisionado entre limites de interação determinados pelo mesmo modo como o sujeito escolar interage com o livro didático: silenciado pela voz de alguém que detém o conhecimento, neste caso, o especialista em informática.

Para darmos um corpo pedagógico à informática na escola, é preciso, necessariamente, identificarmos seu papel na formação do aluno, que já é um sujeito social informático. Por outro lado, é preciso, ao mesmo tempo, que identifiquemos os aspectos específicos dessa formação na conduta cotidiana dos profissionais da educação, a fim de que não se apropriem do computador do mesmo modo como se apropriam do livro didático. Somente dessa maneira podemos promover o ingresso da informática na estrutura curricular da escola, sem torná-la um adjuvante do ensino tradicional ou um objeto de treinamento desvinculado de todo o trabalho com a formação geral do aluno. É de fundamental importância, então, compreendermos o significado atribuído ao uso do computador pelo professor.

As distorções quanto à situação do computador na escola trazem algumas consequências ao aprendiz, conforme nos apresenta Valente:

> *O resultado desta abordagem educacional é um aprendiz passivo, sem capacidade crítica e com uma visão de mundo de acordo com o que foi transmitido. Ela terá muito pouca chance de sobreviver na sociedade do conhecimento que estamos adentrando. De fato, o ensino tradicional, ou a sua informatização produz profissionais obsoletos.* (1999, p. 107-108)

É dentro dessa estrutura de escola tradicional que mais encontramos uma forte tendência ao **treinamento** aplicado ao uso da informática. Para distinguir, então, o que chamamos de

uso adequado e de **uso inadequado** do computador na escola é que defendemos a noção de **processo de alfabetização digital** (Castro, 2001), discutindo as condições em que o indivíduo constrói um comportamento ativo de interação com a máquina e, a partir daí, a forma como tal comportamento passa a intervir em suas relações com a sociedade informatizada.

Para o professor, o computador é nada mais do que um recurso que contém uma quantidade muito maior de informações acadêmicas do que o livro didático e, assim, ele o utiliza em suas aulas como uma grande "biblioteca". Dessa forma, acredita ser necessário haver entre o aluno e o computador a figura de um "tutor" que oriente a utilização da máquina como fonte de informações, dirigindo as ações do aluno para aquilo que pretende seja útil à formação em sua disciplina. Tutelando a atuação do aluno frente ao computador, o professor determina a forma de leitura que deve ser feita no uso da máquina. A informática, na escola tradicional, acaba por sofrer o mesmo tipo de utilização do livro-texto e, em consequência disso, do saber que persiste preponderando sobre as práticas de construção de conhecimento.

Em que pesem os aspectos relacionados aos costumes prevalecentes na estrutura da escola tradicional, tanto o livro como as ferramentas de informática podem contribuir mutuamente no processo de ensino-aprendizagem, à luz do que nos esclarece Vygotsky (2000a) quanto à aproximação dos sistemas de expressão. Segundo as bases do sociointeracionismo, não sendo independentes e encontrando-se em constante processo de aproximação, os sistemas de comunicação e seus usos refletem os padrões de uma ou mais culturas e se contaminam mutuamente.

É possível compreendermos a atividade de interpretação de textos como uma sucessão de operações de associações. Dar sentido a um texto é associar o sentido de um ponto a outro do mesmo texto, ou relacioná-lo a outros textos (verbais e não verbais), ligando-os, portanto, em um movimento de leitura que institui um hipertexto. Para Lévy (1993), tal atividade caracteriza uma prática de leitura não linear, não sequencial, na qual se veem manifestos os processo mentais de base narrativa.

Embora a hipertextualidade não tenha sido inventada com o advento da informática, foi por ela potencializada, na medida em que permitiu ao homem transpor os limites planos e fechados do texto escrito em suporte de papel. As consequências dos suportes de leitura hipertextual vão, todavia, muito além. A possibilidade de relacionar conhecimento por meio de diferentes canais, de diferentes mídias postas sobre um mesmo suporte transforma o sentido do ato de ler, dando-lhe a feição de um **processo criativo e único** para cada sujeito. Não há um único caminho a seguir, mas informações a contextualizar segundo critérios e circunstâncias que variam caso a caso, momento a momento.

O hipertexto faz-se texto a partir das associações que os leitores, individualmente, realizam, de modo que se torna impossível prescrever o seu significado. O leitor contemporâneo (Senna, 2001b, p. 2286-2289) tende a posicionar-se frente a qualquer experiência de mundo interpretando-a hipertextualmente, fato este que se assevera tanto pela natureza individualizante das subjetividades pós-modernas quanto pelo sentimento de autoridade para utilização do modo narrativo do pensamento. Toda experiência de mundo apresenta-se ao leitor como um leque de textos coordenados entre si, mas não vinculados, de modo que se fazem significados potenciais, a suscitar leituras.

Indicando que a experiência de texto possa ser compreendida como uma metáfora, Lévy (1993) lembra que há nesse episódio um conjunto de atores de comunicação ou de elementos de mensagem postos em relação que constroem e remodelam o universo de sentidos, revelando um mundo de significações que chama de **hipertextos**.

Percebendo que o computador disponibiliza uma experiência com características muito próximas da simultaneidade do mundo real, o usuário o toma como um hipertexto e vai construindo novos sentidos e significados à medida que interage com a máquina. Seja pela leitura das imagens, seja pela leitura das palavras ou sons, o sujeito participa, dessa forma, como um cidadão da cultura da sociedade informática, um leitor proficiente e intuitivamente orientado a experienciar a máquina segundo seus próprios interesses. Ninguém precisa de um tutor para usar um computador - basta explorá-lo como se explora o mundo.

A finalidade da informática na escola básica não é a de se tornar um livro didático de luxo, tampouco uma oficina instrumentalizante. Ao contrário, a intenção é a de assegurar, de acordo com o paradigma semiótico de alfabetização, que, uma vez a informática tendo sido inserida no contexto da escola construtivista, possa o sujeito usuário ampliar o domínio sobre o seu emprego, para que desenvolva sua capacidade de interagir com a experiência hipertextual de mundo. A alfabetização digital passa a ser um processo que resulta do desejo do homem de incluir-se em um grupo que interpreta e constrói experiências metafóricas, de criar vínculos culturais, de apropriar-se de novos artefatos da cultura e reinventá-los.

Ao cidadão, membro da sociedade informática, deve ser dada a chance de alfabetizar-se nas diferentes tecnologias, tanto a escrita quanto as demais, digitais e hipertextuais. Uma vez alfabetizado digitalmente, o sujeito se capacita a reconhecer na linguagem informática, contida no suporte computador, uma nova utilização dos recursos da língua escrita, das representações de imagens, das matemáticas ou de todas elas simultaneamente. A habilidade no manuseio dos sistemas informáticos tornou-se, hoje, um componente essencial da nossa cultura. Portanto, contribuir para o desenvolvimento desse novo saber, que inclui a síntese das múltiplas linguagens, deve ser, também, um compromisso da escola.

No que diz respeito ao melhor uso do computador, a escola vem tentando descobrir um sentido para o seu emprego que vá além do apelo ao "modernoso". Ademais, sendo a escola um lugar onde se projetam os desejos reflexos da subjetividade social, constroem-se expectativas sobre o sentido e as possibilidades de uso da tecnologia informática. Inserida no corpo da sociedade e reconhecendo a informatização social como uma necessidade, a escola vem adotando diferentes formas de utilização do computador no seu cotidiano, muitas vezes, porém, desconhecendo os processos hipertextuais que podem contribuir para que os sujeitos, em sua singularidade, apropriem-se dessa ferramenta tecnológica.

E no computador, como é lido o texto?

Convocado a fazer a "leitura silenciosa", o aluno, apesar do aparente isolamento em que se encontra, inicia, independente da abordagem desejada pelo professor, a estabelecer com o livro uma interlocução que o torna autor de um novo texto, pois que "toda leitura modifica seu objeto" (Parente, 1999, p. 90). Nessas condições, haverá sempre um novo texto, construído pelas múltiplas significações criadas pelo leitor. Assim, para além do uso que é feito do livro e da função a ele atribuída pelo professor, é o próprio texto quem se oferece ao aprendiz como ponte para tantos outros textos. Espaço desterritorializado, onde o que é linear tende a perder a estrutura "começo, meio e fim", o computador é capaz de potencializar essas múltiplas leituras quando se materializa o texto no suporte informatizado. "Se Gutemberg criou um meio de reproduzir, a partir de um texto, milhares de fac-símiles, as tecnologias eletrônicas oferecem meios de criar variações infinitas a partir de um mesmo material" (Parente, 1999, p. 84).

O que afirmamos, no entanto, é que somente uma nova prática pedagógica será capaz de favorecer, em face das mudanças sociais ocorridas com o desenvolvimento tecnológico, aplicações significativas, tanto para o livro quanto para o computador no contexto escolar.

O que foi apontado por Parente como "dispositivos de leitura artificial" é também reconhecido por Foucambert (1997), quando aponta para as "notas e remissões ao pé da página" como "modos de circulação pelo texto". Para ambos, essas novas condições de leitura não implicam a perda da unidade do texto em si, apenas rompem sua sequencialidade. O autor aponta, ainda, para o interesse pedagógico que essa nova forma de uso do texto poderia provocar. Ele explica que sugerir aos alunos a produção de um texto nesses moldes implica solicitar-lhes que "desnudem o significado do texto; imaginem obstáculos para leitores menos experientes; redijam textos em rede em torno do texto principal; estabeleçam relações eruditas e diversificadas com a escrita para prever as perguntas de um 'leitor modelo" (Foucambert, 1997).

O artefato tecnológico, já inserido na escola, que agiliza esse tipo de produção é o computador. Ele caracteriza-se como suporte de diferentes linguagens, formas legítimas de expressão do pensamento, "representações produzidas ou impressas na realidade concreta" (Senna, 1999), capazes de constituir-se "como experiência de aprendizagem e, sobretudo, como experiência de desenvolvimento da habilidade cognitiva de leitura" (Senna, 1999, p. 229). Seu ingresso na escola passa a ter caráter relevante, devendo sua integração se dar numa perspectiva de experiência curricular, uma vez que a informática oportuniza a incorporação de múltiplas mídias com a possibilidade da interatividade, permitindo a troca do modelo passivo de aprendizagem pelo estado interativo. No computador o texto se materializa na forma de um hipertexto, ou seja, como um esquema dinâmico de acesso a dados que podem configurar-se por meio de múltiplas mídias. Para Parente (1999, p. 89), se "ontem o texto era escolar, hoje ele é a sociedade mesma. Ele tem forma urbanística, industrial, comercial, televisiva ou hipertextual". E acrescenta, ainda, a ideia de que o "hipertexto digital" incorpora ferramentas de busca de informação já conhecidas (a lista, o índex, a bibliografia) com ganhos de automatização, agilidade e precisão.

Assim, as relações associativas que podem ser estabelecidas no processo de leitura do texto impresso em comparação com o texto no computador amplificam-se pelo redimensionamento das possibilidades que a informática oferece, por meio dos sempre novos avançados recursos de tecnologia.

Renovada a materialidade do texto e compreendida sua potencialidade para o processo ensino-aprendizagem, temos então a possibilidade de favorecer novas relações entre os atores do cenário pedagógico. A partir dessas considerações, passamos a perceber a possibilidade de que professores e alunos sejam sujeitos capazes de estabelecer uma relação dialógica dentro do processo ensino-aprendizagem. Reconhecendo o leitor como um novo autor do texto, em qualquer suporte em que este se encontre, podemos deslocar o foco da figura do professor e do seu porta-voz, o livro, como o centro de onde emana todo o conhecimento científico no ambiente educacional. Trazemos, assim, o aluno para ocupar uma nova posição no processo pedagógico, acreditando que entre eles (professor e aluno) se tenha estabelecido, então, uma nova forma de apropriação do conhecimento científico, capaz de capacitar ambos para **conhecer** e **fazer** coisas novas.

O sujeito pós-moderno não se deixa reduzir a um conceito único de verdade. Sua postura é a do sujeito criativo, semelhante ao artista da pop art, que, apropriando-se das inúmeras linguagens oferecidas pelas diferentes mídias disponíveis no seu tempo, busca contextualizar cada novo elemento para construir seus próprios significados. Assim fazendo, considera-se incluído no mundo, sentindo-se capaz e conhecedor, pois atua à maneira definida por Morin (1999c, p. 33), quando este diz que "a necessidade vital da era planetária, do nosso tempo, é um pensamento capaz de unir e diferenciar".

Esse conhecimento contextualizado (que une e diferencia) é o que reivindica o homem da atualidade. A escola, ainda absorvida por um modelo de conhecimento científico próprio do século XIX, encontra-se em crise, uma vez que as bases tradicionais da própria ciência encontram-se, elas mesmas, em crise. A dinâmica social, no entanto, sempre nos apresentará, pelos seus movimentos peculiares, de ordem social, política ou artística, os caminhos que podemos tomar para uma reorientação menos incerta. Ainda que o homem construa possibilidades de ser e estar no mundo por meio de diferentes vertentes, numa temporalidade como a nossa, que se liga ao instantâneo, é possível à escola envolver-se nessa nova dinâmica, orientando-se por uma oferta de conhecimento que vá além do científico, um conhecimento da experiência, uma vez que são os interesses dos humanos que os prendem aos processos.

A sociedade informática demanda tecnologia para desenvolver-se, mas precisa, também, de um homem capacitado para interagir com a máquina, capaz de, com ela, gerar novas soluções para si mesmo e para a comunidade em que vive.

O que devemos prover ao aluno da Pós-Modernidade estende-se, então, a uma alfabetização digital midiática que o habilite a ler (Kellner, 1995) todas as formas culturais da atualidade. Kellner (1995, p. 109) explica que a aprendizagem dessa leitura crítica implica "decodificar e interpretar imagens, analisando tanto a **forma** como elas são construídas e operam em nossas vidas quanto o **conteúdo** que elas comunicam em situações concretas".

O conjunto de questões aqui tratadas indica que o homem está constantemente em busca de si mesmo enquanto sujeito ativo e partícipe do mundo, utilizando-se de todos os elementos que se lhe oferecem por meio das mais variadas formas de linguagem, em contínuas criações e recriações, buscando significar tudo aquilo que conhece. Em sua trajetória, aprende a partir da experiência, entendendo que, ao compreender os significados dos elementos da cultura, incluindo aí suas tecnologias, é capaz de adaptar-se ao mundo à sua maneira. No entanto, toda a sua linguagem e a sua produção somente se constituem na interação com o mundo e, por isso, não deve abrir mão das trocas. Os aparatos da tecnologia têm, ainda, proporcionado aos homens um lançar-se ao mundo hipertextualmente, percorrendo territórios inimagináveis pelo homem da era do papel, ampliando seus espaços a ponto de desterritorializá-los. Por esse motivo, a escola não deveria permanecer oferecendo apenas um conhecimento estratificado, que se isola em volumes de livros-texto, cuja estrutura (imagem-texto) impede que dialoguem, entre si ou com os elementos tecnológicos da cultura.

13

A visão de mundo e sua representação

a propósito da trilogia "clínica, cultura e fracasso escolar"

Viviam Kazue Andó Vianna Secin

entre as áreas da Educação e Saúde costuma estar centralmente baseada nas já conhecidas relações entre a inteligência e a biologia humana, segundo bases traçadas pioneiramente na teoria de Jean Piaget e, mais tarde, em estudos avançados em Neurofisiologia e áreas afins. Desta já histórica parceria resultaram um sem número de contribuições à área de ensino-aprendizagem, produtos dos mais varia-dos estudos e pesquisas científicas. Todavia, por outro lado, a vincula-ção

Viviam Kazue Andó Vianna Secin é ortoptista, mestre em Educação e professora do Instituto Brasileiro de Reabilitação.

A parceria entre as áreas de educação e saúde costuma estar centralmente baseada nas já conhecidas relações entre a inteligência e a biologia humana, segundo bases traçadas pioneiramente na teoria de Jean Piaget e, mais tarde, em estudos avançados em neurofisiologia e áreas afins. Dessa já histórica parceria resultou um sem número de contribuições à área de ensino-aprendizagem, produtos dos mais variados estudos e pesquisas científicas. Por outro lado, a vinculação da inteligência humana a uma perspectiva biológica e restrita a um único modelo de mente, igualmente motivado pela biologia do sujeito cartesiano, resultaria na crença de que o fracasso escolar tivesse origem, indistintamente, em distúrbios de natureza biológica. Não tardaria até que se desenvolvesse toda uma cultura de **medicalização do fracasso escolar**, a qual, na maioria dos casos, contribuiu em muito para os mecanismos de segregação social por meio da exclusão escolar.

A partir do momento em que não se estabelece um compromisso entre os diferentes agentes de integração social de uma sociedade, em especial os agentes das diferentes áreas da saúde, visando a uma atuação em parceria com o objetivo de intervir nos mecanismos de perpetuação dos paradigmas sociais da cultura moderna, cada qual segue interferindo sobre o sujeito social como se este fosse tão somente uma entidade universal, biologicamente concebida para se desenvolver e agir dentro de certos parâmetros de normalidade. O problema, entretanto, é que, entre os "padrões de normalidade" biológica, encontram-se inúmeros fatores que são determinados culturalmente, sempre à luz da cultura científica, de modo que a intervenção clínica sobre o sujeito social pode tanto pré-qualificá-lo como doente por apresentar padrões de comportamento não reconhecidos como normais, quanto qualificá-lo fisicamente dentro dos supostos padrões de normalidade, sem que isso resulte em mudança de comportamento na sua vida cotidiana. Tanto num caso como no outro, os agentes de saúde acabam por tornar socialmente inócua sua própria intervenção terapêutica.

Discute-se aqui a situação da prática clínica ortóptica nessa relação com a educação, com o objetivo de apresentar o profissional ortoptista e repensar sua atuação como agente social informal da educação, um novo sentido de sua prática clínica na área de saúde binocular, a fim de construir um conceito social de intervenção terapêutica e de torná-lo consciente de seu papel no processo de letramento.

Para o entendimento dessa proposta, o presente trabalho apresentará, inicialmente, os conceitos de visão binocular e ortóptica, suas relações com a discriminação detalhada de imagem, mais especificamente a atenção visual focada no particular, utilizada no dia a dia escolar. A partir daí se fará uma exposição das características próprias visuais dos diferentes sujeitos que fazem parte do universo da escola, de acordo com o tipo de cultura a que pertencem, cultura escrita ou cultura oral.

No momento seguinte se abordará o tipo de conduta terapêutica usualmente empregada na clínica ortóptica pelos profissionais que atuam na área de reabilitação da visão binocular, os ortoptistas, demonstrando sua participação na equipe de saúde visual, em parceria com o médico oftalmologista.

Ao final se fará uma proposta de construção de um conceito social de intervenção terapêutica ortóptica, objetivando repensar o sentido da prática desse profissional da saúde, de forma a tornar-se um parceiro, um agente social informal da educação.

Visão binocular e a ortóptica

A visão é uma função perceptiva importantíssima para o desenvolvimento normal do indivíduo. Segundo Von Noorden (1974), os dois olhos com seus anexos e suas conexões com o sistema nervoso central integram uma indivisível entidade, com os objetivos de receber a informação visual, mantê-las no campo visual, fixá-las em atenção para sua discriminação e interpretá-las associando-as às demais informações sensoriais.

As informações presentes no meio ambiente, capazes de ser percebidas pelo olho humano, proporcionam uma interpretação do mundo que rodeia o indivíduo, fator importantíssimo no desenvolvimento infantil.

Segundo Lancaster (1951), o olho humano possui dois processos distintos em sua evolução: o crescimento das estruturas anatômicas e o desenvolvimento das funções visuais monoculares e/ou binoculares. Na presença de uma deficiência visual, o uso inadequado das funções visuais durante o crescimento traz prejuízos ao desenvolvimento funcional normal da visão. Portanto, quanto mais precocemente é detectado e tratado o distúrbio, melhor o prognóstico.

Ao nascer, a criança apresenta uma visão ainda rudimentar, percebendo apenas imagens com grandes contrastes. Essa visão vai se desenvolvendo, a partir da experiência visual, até que atinja seu máximo desempenho ao redor dos sete anos de idade. Todavia, isso só ocorrerá de forma satisfatória se a criança possuir normalidade anatômica nos dois olhos e puder criar uma perfeita relação entre as imagens captadas por ambos os olhos, integrando-as ao nível de córtex visual. A visão monocular que cada olho fornece se torna então visão binocular.

A visão binocular possui características sensoriais superiores, pois permite a detecção visual em uma área visual maior, pela superposição dos dois campos visuais fornecidos pelos olhos individualmente, além de prover informações visuais tridimensionais, a estereopsia, possibilitando ao indivíduo estimar de forma acurada as relações espaciais de distanciamento dos objetos do ambiente em relação ao observador.

Para se manter o perfeito alinhamento dos olhos no ato visual, de forma a obter-se uma visão binocular normal, é necessário fazer um controle constante de seus posicionamentos e ajustes precisos a todo instante, mantendo uma harmonia de movimentos.

Para realização dos movimentos binoculares nas ações visuais do dia a dia, o indivíduo deve fazer adequado uso de certos músculos. Em cada olho, são seis músculos que permitem ao olho executar rotações em diferentes direções e três músculos que atuam no controle da iluminação (pelo aumento e redução do diâmetro da pupila) e no ajuste de foco (acomodação). Quando não há uma harmonia entre os movimentos de ambos os olhos, a binocularidade é prejudicada, assim como as demais funções a ela associadas.

O equilíbrio sensorial e motor ocular é fator relevante na função visual, pois distúrbios geradores de disfunção binocular geram sintomas de cansaço visual conhecidos por **astenopia** (cefaleia, sonolência, embaralhamento de letras, confusão visual, embaçamento etc.), capazes de transformar o ato de leitura em uma desagradável tarefa, podendo reduzir a motivação de crianças e adultos.

Os transtornos da binocularidade podem se dar por diferentes causas, tais como estrabismos, insuficiência de convergência, transtornos acomodativos, entre outros, interferindo não somente em atividades visuais escolares, como também em atividades profissionais que utilizam a visão discriminativa (usuários de computadores, arquitetos, dentistas, pintores, bordadeiras, artesãos etc.).

Ortóptica é um termo de origem grega que significa "olhos corretos" (*ortho* – corretos; *optikus* – olhos), "olhos alinhados ou harmoniosos". A ortóptica é a área da reabilitação visual que estuda a visão binocular em seus aspectos sensoriais e motores, diagnosticando seus transtornos e atuando terapeuticamente por meio de sessões de estimulação sensoriais e motoras, ou seja, por meio do tratamento ortóptico.

O ortoptista é o profissional da área da saúde visual que atua no diagnóstico e no tratamento de distúrbios da visão binocular. A equipe de saúde ocular é composta pelo médico oftalmologista e pelo profissional de reabilitação visual, o ortoptista. O oftalmologista atua clínica e/ou cirurgicamente nas patologias oculares e o ortoptista, na reabilitação das funções binoculares pela estimulação sensorial e motora (condicionamento muscular).

O teste ortóptico consiste na avaliação sensório-motora das funções visuais, monoculares e binoculares, buscando evidenciar a presença ou não de distúrbios vergenciais e/ou acomodativos, a estabilidade ou não do olho referência no ato binocular, a definição da dominância óculo-manual, a presença de estrabismos latentes ou manifestos, da supressão, da ambliopia etc.

É grande o número de crianças encaminhadas aos setores de ortóptica cujos primeiros sinais do transtorno foram notados por professores. Uma vez que os distúrbios da motilidade ocular ocasionam a astenopia, levando a criança a sentir cefaleia e outros sintomas visuais de fadiga oculomotora, ela passa a não conseguir focar a atenção na visão em detalhe.

O desconforto visual pode ser, em muitos casos, o fator inicial de uma desatenção, de um comportamento inadequado, de uma aversão à leitura, que podem ser confundidos com transtornos de outras ordens.

Godts et al. (2000) apresentaram uma pesquisa no Congresso Latino-Americano de Estrabismo, realizado em São Paulo, em 2000, no Centro de Reabilitação de Crianças com Problemas de Comunicação do Hospital Universitário da Antuérpia (Bélgica), tendo sido avaliadas 330 crianças (209 do sexo masculino e 121 do sexo feminino) com faixa etária entre 6 e 15 anos (média de 8,8 anos) e dificuldade de leitura. Foram realizados exames oftalmológicos e ortópticos. Do total de crianças avaliadas, 54,2% apresentaram algum grau de disfunção visual.

A pesquisa demonstrou que crianças que são encaminhadas ao Centro de Reabilitação para Crianças com Problemas de Comunicação podem apresentar disfunções visuais que podem exacerbar suas dificuldades. Sugeriram-se, então, investigações oftalmológicas e ortópticas prévias às intervenções voltadas aos cuidados dos seus transtornos de leitura e aprendizagem, permitindo otimizar as condições visuais de forma a facilitar o processo de leitura numa abordagem multidisciplinar.

Características visuais dos diferentes sujeitos da escola

O Brasil da cultura indígena, há pouco mais de cinco séculos, inicia um processo de transfiguração pela fusão de uma diversidade de etnias e culturas que passam a coabitar no País. São índios, brancos, negros, amarelos, e tantos outros, em um verdadeiro arco-íris de raças e culturas, sujeitos aos modelos "civilizados" de agrupamento social. Todavia, nasce uma sociedade portadora de uma identidade própria em eterno conflito com os sujeitos porta-vozes da cultura branca hegemônica.

Na educação, essa sociedade dicotomizada encontra em seus contrastes outras visões e valores, dificultando a formulação de um sentido geral para o educar. São sujeitos com diferentes culturas, com diferentes visões de mundo, vivendo em uma nação marcada pelas assimetrias sociais de um mundo globalizado.

Um indivíduo inserido em um mundo cartesiano é solicitado a todo instante, desde a tenra infância, a fazer uso de uma visão detalhada, principalmente focada no particular. Com isso, desde cedo, aprende a buscar em seu mundo dados mais específicos, particularizados, permitindo maior discriminação de suas características.

Seu pensamento passa a ser linear, sequencial, desenvolvendo dia a dia o conceito de visão social libertadora, pois entende a visão como um instrumento de aquisição de conhecimentos, úteis a sua vida.

Na prática ortóptica, observam-se sinais e sintomas característicos de seres incluídos em uma cultura cartesiana. São adultos, jovens e crianças que, ao fazerem uso de seus olhos em atividades visuais discriminativas, como ler, assistir a aulas, usar computadores, elaborar planilhas etc., apresentam desagradáveis sintomas de fadiga visual, denominados **astenopia**.

A astenopia forma um conjunto de sintomas que reflete um estado de inadequação do aparato visual às demandas visuais do sujeito. Compõe-se de cansaço visual, dor de cabeça (cefaleia) de localização frontalizada, embaralhamento de letras, embaçamento de imagens, dificuldade em manter a atenção no texto, frequência em pular linhas, lacrimejamento, vermelhidão dos olhos etc.

Ao perceberem suas dificuldades visuais e reconhecerem a necessidade de se ter pleno domínio dessa função em seu mundo regido pela cultura escrita, os sujeitos buscam uma intervenção terapêutica ortóptica, de modo a retomar a prontidão binocular. Os jovens e os adultos buscam-na diretamente, e as crianças, indiretamente, pela preocupação de seus pais ou responsáveis. Inicialmente se dirigem a um médico oftalmologista, sendo encaminhados então aos setores de ortóptica.

Quando a criança nasce em um mundo regido pela cultura oral, seu modo de pensamento é narrativo, não linear, não sequencial. Sua visão passa a ser globalizada, dando mais atenção ao todo e não às partes. Focalizar a atenção no particular não é tarefa habitual. Portanto, o conceito de visão é modificado, não se vendo sentido em alcançar uma visão discriminativa, útil à experiência de mundo do sujeito cartesiano.

Esse sujeito construirá, então, uma diferente visão de mundo, válida para seu meio oral, mas inadequada para sobreviver sob as regras do mundo da cultura escrita. Quando passa a fazer parte da escola, sofre um processo de afastamento pelo sentimento de inadequação, baixa autoestima e não pertencimento, ou seja, exclusão.

As diferentes visões de mundo e suas representações, próprias a cada sujeito, cartesiano ou oral, são fatores relevantes de manutenção de mecanismos de segregação social. Para o sujeito da cultura escrita, a escola é libertadora e, para o sujeito da cultura oral, é aprisionadora e sem sentido.

Sentido da intervenção ortóptica clínica

Segundo o paradigma da complexidade (Morin, 2001), conhecer a complexidade humana é relevante ao conhecimento da condição humana e a educação deverá responder aos desafios da globalidade em seus aspectos bio-sócio-político-culturais.

A criança cresce e se desenvolve a partir de suas potencialidades e de suas relações com o mundo. Necessita de uma mediação ao longo de sua evolução, a fim de maximizar seu aprendizado e permitir a construção de suas funções mentais e seu conhecimento.

Assim, diferentes fatores podem exercer influência (culturais, sociais, biológicos etc.) e diferentes mediadores podem atuar na educação da criança, tais como os familiares, os colegas, os professores, os terapeutas, os médicos etc., cada um contribuindo com uma parcela significativa para o desenvolvimento global do indivíduo. Como defende Morin (2001), "todo indivíduo, mesmo o mais confinado na mais banal das vidas, constitui em si mesmo um cosmo".

Os profissionais da área de ortóptica possuem, usualmente, um sentido de intervenção clínica de base preventiva e terapêutica. Sua preocupação maior é a de atuar na detecção precoce das alterações das funções binoculares, visando a uma ação habilitadora ou reabilitadora.

Ao final do século passado, o profissional de ortóptica passa a considerar o paciente não mais como apenas um par de olhos, mas um ser global, dotado também de olhos para conhecer o mundo e a si próprio. A crescente adesão ao pensamento interdisciplinar permitiu ao ortoptista ampliar a percepção de sua intervenção, cada vez mais próxima das demais especialidades, assim como permitiu olhar mais adiante, repensando as relações entre essa visão, sua prontidão e a vida desse ser complexo, inserido em um mundo globalizado.

Não se trata mais de apenas condicionar músculos extrínsecos e intrínsecos oculares pela terapia ortóptica, mas de pensar o ortoptista como agente social com funções mais amplas, ou seja, de repensar o sentido dessa intervenção terapêutica.

Construção de um conceito social de intervenção terapêutica ortóptica em cooperação com a educação

A educação de concepção civilizatória que deveria pressupor um projeto de ordem social e não particular deve ser questionada quanto à identificação de seus agentes, de seu sentido e de sua razão.

É um desafio na contemporaneidade saber agir de forma a vencer a verdadeira miopia do educando quanto ao papel que a escola representa em sua vida, miopia que se deve talvez à sua incerteza com relação a alcançar a felicidade e a prosperidade por meio do modelo social da cultura científica moderna, em seus processos educacionais, além de sua percepção de que, apesar de inadequado para uma educação cartesiana, é tão hábil em seu mundo de cultural oral.

Fazer ver em crianças e jovens os objetivos da educação é tarefa não somente para a escola. Emerge a necessidade de imputar a todos os membros de uma sociedade a tão difícil arte de educar, em uma intenção coletiva, buscando-se no entorno dos processos educacionais estabelecer as bases de um projeto político-pedagógico da educação. Em uma sociedade, são inúmeros os agentes formais ou informais contribuindo para promover a educação no outro.

A palavra **educação**, de origem latina (*educatione*), refere-se não somente ao ato ou efeito da educação, mas também a todo um processo de desenvolvimento de capacidades que levem o indivíduo à sua melhor integração individual e social. Mas é a sociedade que estabelece os valores e define as ações e os efeitos dessa educação.

Os diferentes agentes sociais, sendo o ortoptista um deles, devem convergir em uma mesma intencionalidade educativa, para permitir uma melhor visibilidade aos sujeitos que ingressam na escola, de forma a se identificarem e desejarem integrar-se a ela, deixando-se educar.

É importante, ainda, deixar permear essa visibilidade para além dos muros da escola, de forma que a educação formal passe a ser objeto de desejo para os excluídos dela, reconhecendo nela o papel de transformação humana e de relevância para suas vidas.

Considera-se, então, fundamental situar o profissional da ortóptica nessa fração informal da educação, como um agente social a quem também necessariamente se deve imputar tal responsabilidade, de forma a contribuir para o entendimento do sentido da educação na sociedade brasileira pós-moderna, refletindo a respeito de seu papel no ensino e na aprendizagem.

Na prática ortóptica, a criança é diagnosticada e tratada terapeuticamente de modo a reabilitar funções binoculares, a fim de tornar a visão discriminativa mais confortável. Todavia, não há qualquer preocupação quanto à investigação de caráter social desse paciente, para se avaliar o tipo de pensamento utilizado em seu cotidiano. Com isso, após a terapia, os olhos, agora aptos à função discriminativa, são devolvidos aos seus mundos de origem, restando a dúvida quanto à utilidade de olhos com tamanha prontidão em uma cultura oral. Haverá uma utilidade?

Repensar a atuação do ortoptista a partir da criação de um conceito social de intervenção terapêutica, passando esse profissional não somente a executar a reabilitação funcional da visão binocular, mas também a participar na construção de um conceito de visão social, lançando mão de atitudes de reconhecimento da necessidade cotidiana de uma visão discriminativa, particularizada, poderá fazer desse profissional da saúde mais um agente social, aliado na educação de um ser incluído e consciente de seu papel na sociedade atual.

Nessa nova perspectiva, educação e ortóptica passarão a desempenhar ações conjuntas e conscientes, em uma parceria fundamental para a superação de barreiras, permitindo a construção de sujeitos sociais de natureza plural, capazes de produzir conhecimento, dentro ou fora dos parâmetros da cultura dominante.

Referências

ALVAREZ, A.; DEL RIO, P. Cenários educativos e atividade: uma proposta integradora para o estudo e projeto do contexto escolar. In: COLL, C. et al. **Desenvolvimento psicológico e educação**: psicologia evolutiva. Porto Alegre: Artes Médicas, 1995.

ALVES, N. **Trajetórias e redes na formação de professores**. Rio de Janeiro: DP&A, 1998.

ANDRÉ, M. **Etnografia da prática escolar**. Campinas: Papirus, 1995.

ANTUNES, C. **A memória**. Petrópolis: Vozes, 2002.

ARAÚJO FILHO, C. F. **Nephilim**. Rio de Janeiro: Razão Cultural, 2000.

ARAÚJO FILHO, L. C. **Currículo interdisciplinar na formação de docentes para os anos iniciais do ensino fundamental**. 304 f. Dissertação (Mestrado em Educação) – Universidade do Estado do Rio de Janeiro, Rio de Janeiro, 2002.

ARDUINI, J. Educação antropogenética. **Vida Pastoral**, Belo Horizonte, n. 199, p. 11-16, mar./abr. 1998.

ARISTÓTELES. **A ética**. Rio de Janeiro: Codecri, [s.d.].

AURAUX, S. **A revolução tecnológica da gramatização**. Campinas: Ed. da Unicamp, 1992.

AZEVEDO, J. C. Bondade do Poder Público. **Jornal do Brasil**, Rio de Janeiro, 6 jun. 2002. p.11.

BACHELARD, G. **Ensaio sobre o conhecimento aproximado**. São Paulo: Contraponto, 2004.

BAKHTIN, M. **Marxismo e filosofia da linguagem**. São Paulo: Hucitec, 1995.

BARRETO, R. G. **Formação de professores, tecnologias e linguagens**. São Paulo: Edições Loyola, 2002.

BEHRENS, M. A. Projetos de aprendizagem colaborativa num paradigma emergente. In: MORAN, J. M.; MASETTO, M. T.; BEHRENS, M. A. **Novas tecnologias e mediação pedagógica**. Campinas: Papirus, 2000.

BENJAMIN, W. **Magia e técnica, arte e política**: ensaios sobre literatura e história da cultura. São Paulo: Brasiliense, 1994. v. 1.

BERTICELLI, I. **A origem normativa da prática educacional na linguagem**. Ijuí: Ed. da Unijuí, 2004.

BEZERRA, A. Analfabeto é quem? Proposta. **Cadernos de Educação Popular da Fase**, Rio de Janeiro, v. 54. 1991.

_____. **Recolocando as ideias sobre alfabetização digital**. Rio de Janeiro: Sapé - Centro de Estudos sobre Alfabetização de Jovens e Adultos e as Novas Tecnologias de Informação, 2003. Mimeografado.

BLOOMFIELD, L. Um conjunto de postulados para a ciência da linguagem. In: DASCAL, M. (Org.). **Fundamentos metodológicos da linguística**. São Paulo: Global Univ., 1978. (Concepções Gerais da Teoria Linguística, v. 1).

BOUL, M. et al. **Essais de logique naturelle**. Berne: P. Lang, 1988.

BRANDÃO, C. R. (Org). **A questão política da educação popular**. São Paulo: Brasiliense, 1987.

BRASIL. Ministério da Educação. Secretaria de Educação Básica. **Parâmetros Curriculares Nacionais do Ensino Médio**. Brasília, 2000. Disponível em: <http://portal.mec. gov.br/seb/arquivos/pdf/blegais. pdf>. Acesso em: 31 jul. 2012.

BRINHOSA, M. A função social e pública da educação na sociedade contemporânea. In: LOMBARDI, J. C. (Org.). **Globalização, pós-modernidade e educação**: história, filosofia e temas transversais. Campinas: Autores Associados, 2002.

CAGLIARI, L. C. A respeito de alguns fatos do ensino e da aprendizagem da leitura e da escrita pelas crianças na alfabetização. In: ROJO, R. (Org.). **Alfabetização e letramento**: perspectivas linguísticas. Campinas: Mercado de Letras, 1998.

CALHÁU, M. S. M. et al. Reflexões sobre a migração da prática educativa com jovens e adultos para sistemas informatizados. **Cadernos do IME/UERJ**, Rio de Janeiro, p. 96-101, 2002.

CALHÁU, M. S. M. et al. **Eu tô virando outro**. 1994. Dissertação (Mestrado em Educação) - Pontifícia Universidade Católica do Rio de Janeiro, Rio de Janeiro, 1994.

_____. Falando em métodos e metodologias. **Revista do Ceap**, Salvador, v. 7, n. 26, 1999.

CALVINO, I. **As cidades invisíveis**. São Paulo: Cia. das Letras, 1990.

CANDAU, V. Formação continuada de professores: tendências atuais. In: CANDAU, V. (Org.). **Magistério**: construção cotidiana. Petrópolis: Vozes, 1997.

CAPRA, F. **O ponto de mutação**. São Paulo: Cultrix, 1992.

CARRAHER, T.; CARRAHER, D.; SCHLIMANN, A. L. **Na vida dez, na escola zero**. São Paulo: Cortez, 1998.

_____. _____. São Paulo: Cortez, 2001.

CARSTON, R. Language and Cognition. In: NEWMEYER, F. (Ed.). **Linguistics**: The Cambridge Survey. Cambridge: CUP, 1988. v. 3.

CASE, R. Mudanças nas visões do conhecimento e seu impacto sobre as pesquisas e a prática educacional. In: OLSON, D. R.; TORRANCE, N. (Ed). **Educação e desenvolvimento humano**. Porto Alegre: Artmed, 2000.

CASSIN, B. **Identidade e catástrofe ou como o cisne se torna elefante**. São Paulo: Siciliano, 1990.

CASTORIADIS, C. **As encruzilhadas do labirinto I**. Rio de Janeiro: Paz e Terra, 1987.

CASTORIADIS, C. **As encruzilhadas do labirinto III**: o mundo fragmentado. Rio de Janeiro: Paz e Terra, 1992.

CASTRO, A. de F. **Alfabetização digital**: uma necessidade social no contexto escolar. Dissertação (Mestrado em Educação) - Universidade do Estado do Rio de Janeiro, Rio de Janeiro, 2001.

_____. Informática educativa, educação, artes, cognição e currículo. **Revista Electrónica Iberoamericana sobre Calidad, Eficacia y Cambio en Educación**, v. 3, n. 1, 2005. Disponível em: <http://www.ice.deusto.es/rinace/reice/vol3n1_e/deFarias.pdf>. Acesso em: 30 nov. 2006.

CASTRO, A.; SENNA, L. A. G. O computador na escola: modos de leitura e prática pedagógica. In: CONGRESSO DE LEITURA DO BRASIL, 14., 2003, Campinas. **Anais...** Campinas: ALB/Unicamp, 2003. Disponível em: <http://www.google.com/url?sa=t&rct=j&q=castro%2C%20a.%20o%20computador%20na%20escola%3A%20modos%20de%20leitura%20e%20pr%C3%A1tica%20pedag%C3%B3gica&source=web&cd=1&ved=0CFIQFjAA&url=http%3A%2F%2Falb.com.br%2Farquivo-morto%2Fedicoes_anteriores%2Fanais14%2FSem06%2FC06007.doc&ei=-vDVT4X-M9H46QGOiPn2Ag&usg=AFQjCNFvPAzNL4SI6zyy021vhYdjTp7qXA&cad=rja>. Acesso em: 11 jun. 2012.

CHAUÍ, M. **Convite à filosofia**. Rio de Janeiro: Ática, 1998.

CHOMSKY, N. **Aspectos da teoria da sintaxe**. Coimbra: A. Amado, 1978.

_____. **Estruturas sintáticas**. Lisboa: Ed. 70, 1977.

_____. **Linguística cartesiana**. Petrópolis: Vozes, 1972.

_____. **O conhecimento da língua**: sua natureza, origem e uso. Lisboa: Caminho, 1986.

___. **Reflexões sobre a linguagem**. São Paulo: Cultrix, 1980.

_____. **Regras e representações**. Rio de Janeiro: Zahar, 1980.

COLE, M. **Cultural Psychology**: A Once and Future Discipline. Cambridge: The Belknap Press of Harvard University Press, 1998.

COSTA, M. V. Poder, discurso, e política cultural: contribuições dos estudos culturais ao campo do currículo. In: MACEDO, E.; LOPES, A. C. (Org). **Currículo**: debates contemporâneos. São Paulo: Cortez, 2002.

COSTA, R. S. N. **Pressupostos de uma proposta de letramento para o povo brasileiro**: o professor como mediador. 250 f. Dissertação (Mestrado em Educação) - Universidade do Estado do Rio de Janeiro, Rio de Janeiro, 2003.

COSTA, V. L. **A construção do aluno-leitor do pensamento científico**: a quem compete tal desafio? 380 f. Dissertação (Mestrado em Educação) - Universidade do Estado do Rio de Janeiro, Rio de Janeiro, 2003.

COUTO, M. J. **Psicanálise e educação**. São Paulo: Avercamp, 2003.

DESCARTES, R. **O discurso do método**. Rio de Janeiro: Tecnoprint, 1637.

DIAZ, J. P.; DIAS, C. de S. **Estrabismo**. São Paulo: Santos, 2002.

DOLL JUNIOR, W. **Currículo**: uma perspectiva pós-moderna. Porto Alegre: Artes Médicas, 1997.

DONALDSON, M. **A mente humana**. São Paulo: M. Fontes, 1996.

DUARTE, N. A anatomia do homem é a chave da anatomia do macaco: a dialética em Vygotsky e em Marx e a questão do saber objetivo na educação escolar. **Educação & Sociedade**, São Paulo, v. 21, n. 71, jul. 2000.

DUNLOP, P. Development of Dominance in the Central Binocular Field. **British Orthoptic Journal**, London, n. 49, 1992.

DURAND, G. **A imaginação simbólica**. São Paulo: Cultrix, 1988.

FAVERO, L. **As concepções linguísticas no século XVIII**: a gramática portuguesa. Campinas: Ed. da Unicamp, 1996.

FAVERO, L.; ANDRADE, M.; AQUINO, Z. **Oralidade e escrita**. São Paulo: Cortez, 2000.

FERNANDEZ, A. **A inteligência aprisionada**. Porto Alegre: Artes Médicas, 1991.

FERNANDEZ, M. A. **Ressignificando o conceito de educação a distância na formação continuada de professores**. 116 f. Dissertação (Mestrado em Educação) - Universidade do Estado do Rio de Janeiro, 2003.

FERREIRA, A. **Dicionário da língua portuguesa**. Rio de Janeiro: Nova Fronteira, 1986.

FERREIRO, E. **A atualidade de Jean Piaget**. Porto Alegre: Artmed, 2001.

_____. **Alfabetização em processo**. São Paulo: Cortez, 1986.

_____. **Reflexões sobre a alfabetização**. São Paulo: Cortez, 1987.

FERREIRO, E.; GOMES PALÁCIO, M. (Org.). **Os processos de leitura e escrita, novas perspectivas**. Porto Alegre: Artes Médicas, 1990.

FERREIRO, E.; TEBEROSKY, A. **A psicogênese da língua escrita**. Porto Alegre: Artes Médicas, 1985.

FODOR, J. **Semántica**: teorias del significado en la gramática generativa. Madrid: Cátedra, 1985.

_____. Some Reflections on L. S. Vygotsky's Thoughts and Language. **Cognition**, v. 1, p. 83-95, 1972.

FODOR, J. A. et al. Against Definitions. **Cognition**, v. 8, p. 263-367, 1980.

FONTANA, R. A. C. A constituição social da subjetividade: notas sobre Central do Brasil. **Educação & Sociedade**, São Paulo, v. 21, n. 71, jul. 2000.

_____. **Mediação pedagógica na sala de aula**. Campinas: Autores Associados, 1996.

FOUCAMBERT, J. **A criança, o professor e a leitura**. Porto Alegre: Artes Médicas, 1997.

_____. **A leitura em questão**. Porto Alegre: Artes Médicas, 1994.

FREIRE, P. **A importância do ato de ler**: em três artigos que se completam. São Paulo: Cortez, 1992.

_____. **Pedagogia da autonomia**: saberes necessários à prática educativa. São Paulo: Paz e Terra, 1996.

FREITAS, M. **História, antropologia e a pesquisa**. São Paulo: Cortez, 2001.

FREUD, S. **Algumas reflexões sobre a psicologia escolar**. Rio de Janeiro: Imago, 1998.

FRIDMAN, L. C. **Vertigens pós-modernas**: configurações institucionais contemporâneas. Rio de Janeiro: Relume Dumará, 2000.

GARDA, C. O Brasil sem nome nem sobrenome. **Jornal do Brasil**, Rio de Janeiro, 27 jan. 2002.

GARDNER, H. **Estruturas da mente**: a teoria das inteligências múltiplas. Porto Alegre: Artes Médicas, 1994.

GARIN, E. **Ciência e vida civil no renascimento italiano**. São Paulo: Ed. da Unesp, 1996.

GEERTZ, C. **A interpretação das culturas**. Rio de Janeiro: LTC, 1989.

GERALDI, J. W. O ensino das diferentes instâncias de uso da linguagem. In: _____. **Linguagem e ensino**: exercício de militância e divulgação. Campinas: Mercado de Letras; ALB, 1996.

_____. Paulo Freire e Mikhail Bakhtin: o encontro que não houve. In: FERREIRA, N. (Org.). **Leituras em cons/certo**. Campinas: ALB, 2003.

GIDDENS, A. **As consequências da Modernidade**. São Paulo: Ed. da Unesp, 2000.

GIDDENS, A.; BECK, U.; LASH, S. **Modernização reflexiva**. São Paulo: Ed. da Unesp, 1997

GIORDAN, A.; VECCHI, G. **As origens do saber**: das concepções dos aprendentes aos conceitos científicos. Porto Alegre: Artes Médicas, 1990.

GIROUX, H. A. Pedagogia crítica, política cultural e o discurso da experiência. In: _____. **Os professores como intelectuais**. Porto Alegre: Artes Médicas, 1997.

GNERRE, M. **Linguagem, escrita e poder**. São Paulo: M. Fontes, 1991.

GODTS, D. et al. The Incidence of Visual Dysfunction in Children with Reading Problems. Free Paper Abstract. In: CONGRESSO DO CONSELHO LATINOAMERICANO DE ESTRABISMO, 14., 2000, São Paulo. **Anais...** São Paulo: [s.n.], 2000.

GOERGEN, P. A crítica da Modernidade e a educação. **Proposições**, Campinas, v. 7, n. 2, 1996.

GÓES, M. C. R. A formação do indivíduo nas relações sociais: contribuições teóricas de Lev Vygotsky e Pierre Janet. **Educação & Sociedade**, São Paulo, v. 21, n. 71, jul. 2000.

GONÇALVES, D.; HILSDORF, M. L. S. **Brasil 500 anos**: tópicos em História da Educação. São Paulo: Edusp, 2001.

GUIMARÃES, C. **Percepção e consciência**. João Pessoa: Persona, 1996.

HABERMAS, J. **Theorie des kommunikativen Handelns**. Frankfurt: Suhrkamp, 1981.

HABILIDADES BÁSICAS DO HACKER. **Dossiê hacker**: a verdade que eles não querem que você saiba. Disponível em: <http://www.criptowall.hpg.ig.com. br/habilidades_basicas_do_ hacker.htm>. Acesso em: 15 jul. 2003.

HALL, S. **A identidade cultural na pós-modernidade**. Rio de Janeiro: DP&A, 2002.

HAWKINS, J. (Org.). **Explaining Language Universals**. Cambridge: Basil Blackwell, 1988.

HEIDEGGER, M. **Nietzsche**: metafísica e niilismo. Rio de Janeiro: Relume Dumará, 2000.

HUNNEX, M. **Filósofos e correntes filosóficas**. São Paulo: Vida, 2003.

IANNI, O. **A era do globalismo**. Rio de Janeiro: Civilização Brasileira, 1999.

JANTSCH, A. P.; BIANCHETTI, E. L. **Interdisciplinaridade**: para além da filosofia do sujeito. Petrópolis: Vozes, 1995.

JAPIASSU, H. **Introdução ao pensamento epistemológico**. Rio de Janeiro: F. Alves, 1984.

JONES, V.; DOHRN, B.; SHEHNAN, L. **Creating Effective Programs for Students with Emotional and Behavior Disorders**: Interdisciplinary Approaches for Adding Meaning and Hope to Behavior Change Interventions. Boston: Allyn & Bacon, 2001.

KANT, I. **A crítica da razão prática**. Rio de Janeiro: Codecri, [s.d.].

_____. **Sobre a pedagogia**. Piracicaba: Ed. da Unimep, 1996.

KATO, M. A. **No mundo da escrita**: uma perspectiva psicolinguística. São Paulo: Ática, 1986.

_____. **O aprendizado da leitura**. São Paulo: M. Fontes, 1995.

KATZ, J. (Org.). **The philosophy of linguistics**. Cambridge: MIT, 1985.

KELLNER, D. Lendo imagens criticamente. In: SILVA, T. T. **Alienígenas na sala de aula**. Petrópolis: Vozes, 1995.

KHOL, M. **Vygotsky**: aprendizado e desenvolvimento - um processo sócio-histórico. São Paulo: Scipione, 1993.

KOCHI, V. **O texto e a construção de sentidos**. São Paulo: Contexto, 2000.

KRAMER, S. **Alfabetização, leitura e escrita**: formação de professores em curso. São Paulo: Ática, 2001.

KRUG, A.; AZEVEDO, J. Século XXI: qual conhecimento? Qual currículo? In: SILVA, L. (Org.). **Qual conhecimento? Qual currículo?**. Petrópolis: Vozes, 1999.

KRUGER, A. C.; TOMASELLO, M. Aprendizagem cultural e cultura da aprendizagem. In: OLSON, D. R.; TORRANCE, N. (Ed.). **Educação e desenvolvimento humano**. Porto Alegre: Artmed, 2000.

KUHN, T. S. **The Structure of Scientific Revolutions**. Chicago: University of Chicago Press, 1962.

KUMAR, K. **Da sociedade pós-industrial à pós-moderna**: novas teorias sobre o mundo contemporâneo. Rio de Janeiro: J. Zahar, 1997.

LABOV, W. **Sociolinguistics Patterns**. Philadelphia: University of Pennsyvania Press, 1972.

LAJOLO, M. Da ciência à poesia e vice-versa. In: MARTINS, M. H. (Org.). **Questões de linguagem**. São Paulo: Contexto, 1993.

LANCASTER, J. E. **A Manual of Orthoptics**. Springfield: Charles C. Thomas Publisher, 1951.

LASH, S. A reflexividade e seus duplos: estrutura, estética, comunidade. In: GIDDENS, A.; BECK, U.; LASH, S. **Modernização reflexiva**: política, tradição e estética na ordem social moderna. São Paulo: Ed. da Unesp, 1997.

LEFEBVRE, H. **Lógica formal e lógica dialética**. São Paulo: Civilização Brasileira, 1995.

LÉVY, P. **A inteligência coletiva**: por uma antropologia do ciberespaço. São Paulo: Loyola, 1998a.

_____. **A máquina universo**: criação, cognição e cultura informática. Porto Alegre: Artes Médicas, 1998b.

_____. **As tecnologias da inteligência**: o futuro do pensamento na era da informática. São Paulo: Ed. 34, 1993.

_____. **Cibercultura**. São Paulo: Ed. 34, 2000.

LEWIS, M. **Alterando o destino**: por que o passado não prediz o futuro. São Paulo: Moderna, 1999.

LEWIS, R. B.; DOORLAG, D. H. **Teaching Special Students in General Education Classrooms**. New York: Prentice Hall, 1966.

LIMA, E. **Avaliação**. São Paulo: Sobradinho, 2000.

_____. **Quando a criança não aprende a ler e a escrever**. São Paulo: Sobradinho, 2002.

LINHARES, C.; FAZENDA, I.; TRINDADE, V. (Org.). **Os lugares dos sujeitos na pesquisa educacional**. Campo Grande: Ed. da UFMS/Inep, 2001.

LOPES, E. T.; MENDES FILHO, L. F.; VEIGA, C. G. (Org). **500 anos de educação no Brasil**. Belo Horizonte: Autêntica, 2001.

LÖWY, M. **As aventuras de Karl Marx contra o Barão de Münchhausen**. São Paulo: Cortez, 1994.

LUCK, H. **Pedagogia interdisciplinar**: fundamentos teóricos e metodológicos. Petrópolis: Vozes, 1994.

LÜDKE, M. Formação inicial e construção da identidade profissional de professores de primeiro grau. In: CANDAU, V. (Org.). **Magistério**: construção cotidiana. Petrópolis: Vozes, 1997.

LYONS, J. **Semantics**. Cambridge: CUP, 1977.

LYOTARD, J. F. **A condição pós-moderna**. Lisboa: Gradiva, 1996.

MACHADO, N. J. **Epistemologia e didática**: as concepções de conhecimento e inteligência e a prática docente. São Paulo: Cortez, 2000.

_____. **Matemática e língua materna**: análise de uma impregnação mútua. São Paulo: Cortez, 1993.

MAGALHÃES, J. P. **Alquimias da escrita**: alfabetização, história, desenvolvimento no mundo ocidental do antigo regime. Bragança Paulista: Ed. da USF, 2001.

MANGUEL, A. **Lendo imagens**. São Paulo: Cia. das Letras, 2001.

MARCUSCHI, L. A. Leitura como processo inferencial num universo cultural-cognitivo. **Leitura: Teoria e Prática**, Porto Alegre, v. 5, p. 21-44. 1985.

MARIMON, M. M. Uma teoria da mudança: os modelos organizadores. In: MARIMON, M. M. et al.

Conhecimento e mudança: os modelos organizadores na construção do conhecimento. Campinas: Ed. da Unicamp, 1999.

MARQUES, M. O. **A escola no computador**: linguagens rearticuladas, educação outra. Ijuí: Ed. da Unijuí, 1999.

MATTOS, C. L. G. de. A abordagem etnográfica na investigação científica. **Espaço Informativo Técnico do Ines/MEC**, Rio de Janeiro, v. 5, n. 16, p. 53-58, 2001.

MITTLER, P. **Educação inclusiva.** Porto Alegre: Artmed, 2003.

MORAIS, R. **Filosofia da ciência e da tecnologia**. Campinas: Papirus, 1998.

MORATO, E. M. Vigotski e a perspectiva enunciativa da relação entre linguagem, cognição e mundo social. **Educação & Sociedade**, São Paulo, v. 21, n. 71, jul. 2000.

MORIN, E. **A cabeça bem-feita.** Rio de Janeiro: Bertrand, 2001.

_____. **A natureza da natureza.** Lisboa: Publicações Europa-América, 1986a. (Coleção O Método. v. 1).

_____. **A vida da vida**. Lisboa: Publicações Europa-América, 1986b. (Coleção O Método. v. 2).

_____. **As ideias**: a sua natureza, vida, habitat e organização. Lisboa: Publicações Europa-América, 1991. (Coleção O Método. v. 4).

_____. **Ciência com consciência.** Rio de Janeiro: Bertrand, 1996.

MORIN, E. **Le paradigme perdu**: la nature humaina. Paris: Ed. du Seuil, 1973.

_____. **O conhecimento do conhecimento.** Porto Alegre: Sulinas, 1999a. (Coleção O Método. v. 3).

_____. **Os sete saberes necessários à educação do futuro**. São Paulo: Cortez, 1999b.

_____. Por uma reforma do pensamento. In: PENA-VEJA, A.; ALMEIDA, E. P. **O pensar complexo**: Edgar Morin e a crise da modernidade. Rio de Janeiro: Garamound, 1999c.

NASCIMENTO, M. A alfabetização como objeto de estudo: uma perspectiva processual. In: ROJO, R. (Org.). **Alfabetização e letramento**: perspectivas linguísticas. Campinas: Mercado de Letras, 1998.

NÓVOA, A. Formação de professores e profissão docente. In: NÓVOA, A. (Org.). **Os professores e sua formação.** Lisboa: Publicações Dom Quixote, 1997.

NUNES SOBRINHO, F. N.; NAUJORKS, M. I. (Org.). **Pesquisa em educação especial**: o desafio da qualificação. Bauru: Edusc, 2001.

OLIVEIRA, M. B.; OLIVEIRA, M. K. **Investigações cognitivas**: conceitos, linguagem e cultura. Porto Alegre: Artmed, 1999.

OLIVEIRA, M. K. O pensamento de Vygotsky como fonte de reflexão sobre a educação. **Caderno Cedes**, Campinas, n. 35. 2000.

OLIVEIRA, M. K. O problema da afetividade em Vygotsky. In: LA TAILLE, Y.; OLIVEIRA, M.; DANTAS, H. **Piaget, Vygotsky e Wallon**: teorias psicogenéticas em discussão. São Paulo: Summus, 1992.

OLSON, D. R.; BRUNER, J. Psicologia popular e pedagogia popular. In: OLSON, D. R.; TORRANCE, N. (Ed). **Educação e desenvolvimento humano**. Porto Alegre: Artmed, 2000. p. 21-55.

OLSON, D. R.; TORRENCE, N. **Educação e desenvolvimento humano**. Porto Alegre: Artmed, 2000.

_____. **Mudanças nas visões do conhecimento e seu impacto sobre as pesquisas e a prática educacional**. Porto Alegre: Artmed, 2000.

ONU - Organização das Nações Unidas. **Resoluciones**. 28ª reunión. Paris, 1996. (Actas de la Conferencia General, v. 1). Disponível em: <http://unesdoc.unesco.org/images/0010/001018/101803s.pdf>. Acesso em: 30 ago. 2006.

_____. **Conferência Mundial de Direitos Humanos**: Declaração e Programa de Ação de Viena (1993). Disponível em: <http://www.oas.org/dil/port/1993%20Declara%C3%A7%C3%A3o%20e%20Programa%20de%20Ac%C3%A7%C3%A3o%20adoptado%20pela%20Confer%C3%AAncia%20Mundial%20de%20Viena%20sobre%20Direitos%20Humanos%20em%20junho%20de%201993.pdf>. Acesso em: 2 nov. 2006.

ONU - Organização das Nações Unidas. **Informe definitivo del relator especial de la comisión de desarrollo social sobre la supervisión de la aplicación de las normas uniformes sobre la igualdad de oportunidades para las personas com discapcidad**. Disponível em: <http://www.un.org/esa/socdev/enable/dismsrs7.htm>. Acesso em: 6 jun. 2003.

ORLANDI, E. P. Funcionamento do discurso. In: _____. **A linguagem e seu funcionamento**. Campinas: Pontes, 1987.

OTTE, M. **O formal, o social e o subjetivo**: uma introdução à filosofia e à didática da matemática. São Paulo: Ed. da Unesp, 1993.

PALANGANA, I. C. A função da linguagem na formação da consciência. **Educação & Sociedade**, São Paulo, v. 21, n. 71, jul. 2000.

PALMERINI, M. **O debate entre Noam Chomsky e Jean Piaget**. São Paulo: Cultrix, 1986.

PARENTE, A. **O virtual e o hipertextual**. Rio de Janeiro: Pazulin, 1999.

PAREYSON, L. **Os problemas da estética**. São Paulo: M. Fontes, 1986.

PENNAC, D. **Como um romance**. Rio de Janeiro: Rocco, 1994.

PETRAGLIA, I. C. **Complexidade e auto-ética**. Disponível em: <http://www.geocities.com/complexidade/izabel.html>. Acesso em: 26 dez. 2002.

PIAGET, J. **Seis estudos de psicologia**. Rio de Janeiro: Forense Universitária, 1995.

PINO, A. O social e o cultural na obra de Vygotsky. **Educação & Sociedade**, São Paulo, v. 21, n. 71, jul. 2000.

POPPER, K. R. **A lógica da pesquisa científica**. São Paulo: Cultrix, 1975.

QUEIRÓS, B. C. de. Carta Poética. **Revista Fazendo Escola**, Uberaba, ano 3, n. 6, 1988. Carta enviada por Bartolomeu Campos Queirós, conhecido autor de livros infantis, a Vânia Resende. p. 2.

RAMAL, A. Invenções. In: RAMAL, A. **Educação na cibercultura**: hipertextualidade, leitura, escrita e aprendizagem. Porto Alegre: Artmed, 2002.

RAPOSO, E. **Teoria da gramática**. A faculdade da linguagem. Lisboa: Caminho, 1992.

REIG, D.; GRADOLÍ, L. A construção humana através da zona de desenvolvimento potencial. In: MINGUET, P. **A construção do conhecimento na educação**. Porto Alegre: Artes Médicas, 1998.

RIBEIRO, D. **O povo brasileiro**: a formação e o sentido do Brasil. São Paulo: Cia. das Letras, 1995.

RIBEIRO, J. et al.. A linguagem científica nas culturas orais. In: EDUCACIÓN Y DESARROLLO PARA EL FUTURO DEL MUNDO, 1., 2002, Vera Cruz. **Atas...** Vera Cruz/MX: Fesi, 2002.

RODRIGO, J. M.; ARNAY, J. (Org). **Conhecimento cotidiano, escolar e científico**: representação e mudança. São Paulo: Ática, 1998. (Coleção A Construção do Conhecimento Escolar, v. 1).

RODRIGUES, C. L. F. **O leitor e o professor**: um encontro nas histórias de leitura. São Paulo: Altana, 2002.

ROJO, R. Palavra e gênero em práticas alfabetizadoras. **Revista Intercâmbio**, São Paulo, v. 12, p. 165-173, 2003.

ROUSSEAU, J. J. **Discurso sobre a origem e os fundamentos da desigualdade entre os homens**. São Paulo: M. Fontes, 1999.

SACRISTAN, J. G.; GÓMEZ, A. I. P. **Compreender e transformar o ensino**. Porto Alegre: Artes Médicas, 1996.

SANCHO, J. M. O currículo e os temas transversais: misturar água e azeite ou procurar uma nova 'solução'? **Revista Pátio**, Porto Alegre, v. 5. 1998a.

_____. **Para uma tecnologia educacional**. Porto Alegre: Artes Médicas, 1998b.

SANTOMÉ, J. **Globalização e pensamento interdisciplinar**: o currículo integrado. Porto Alegre: Artes Médicas, 1998.

SANTOS, G. A. (Org.). **Universidade, formação, cidadania**. São Paulo: Cortez, 2001.

SAUL, A. M. **Avaliação emancipatória: desafio à teoria e à prática** de avaliação e reformulação de currículo. São Paulo: Cortez, 1998.

SAUSSURE, F. **Curso de linguística geral**. São Paulo: Cultrix, 1977.

SAVIANI, D. et al. **Filosofia da educação brasileira**. Rio de Janeiro: Civilização Brasileira, 1998.

SEARLE, J. **Atos de fala**: um estudo sobre filosofia da linguagem. Coimbra: Almeidina, 1984.

RIO DE JANEIRO (Estado). Secretaria Municipal de Educação. **Multieducação**: Núcleo Curricular Básico. Rio de Janeiro: Secretaria Municipal de Educação, 1996.

SENNA, L. A. G. Aspectos cognitivos e culturais do processo de leiturização na escola fundamental. **Cadernos de Linguística Aplicada**, Campinas, v. 33. 1999.

_____. La educación brasileña y sus multiples supuestos. **Revista de Educación**, Madrid: Ince, n. 321, p. 187-198, 2000.

_____. **O currículo na escola Básica**. Rio de Janeiro: Dunya, 1997.

_____. **O pensamento em Piaget e Vygotsky**. Aulas proferidas no Mestrado em Educação na UERJ. 2001a.

_____. O perfil do leitor contemporâneo. In: SEMINÁRIO INTERNACIONAL DE EDUCAÇÃO, 1., 2001, Cianorte. **Anais...** Cianorte: UEM, 2001b.

_____. O planejamento no ensino básico e o compromisso social com o letramento. **Educação & Linguagem**, São Paulo, v. 7. 2003a.

_____. **Orientações para elaboração de projetos acadêmicos de pesquisa-ação em Educação**. Rio de Janeiro: Papel & Virtual, 2003b.

SENNA, L. A. G. Por una ciencia multicultural: la verdad como lenguaje proximal. In: ZARATE, J. **Edicación y desarrollo para el futuro del mundo**. Vera Cruz, MX: Fesi, 2002a.

_____. Psicogênese da língua escrita, universais linguísticos e teorias de alfabetização. **Revista Alfa**, São Paulo: Ed. da Unesp, v. 39, 1995.

_____. **Seminário de consolidação temática**: a escola e os modos do pensamento. Aulas proferidas no Mestrado em Educação na UERJ. 2002b.

SENNA, L. A. G.; CASTRO, A.; COSTA, V. A tecnologia e a escola: conflitos e tendências. In: SEMINÁRIO INTERNACIONAL DE EDUCAÇÃO, 1., 2001, Cianorte. **Anais...** Cianorte: UEM, 2001.

_____. A educação brasileira e seus múltiplos imaginários: desafios à educação multicultural. In: LEME, M. T.; BARROS, S. E. **Memória, representações e relações interculturais na América Latina**. Rio de Janeiro: UERJ/Nuseg, 1998.

_____. **Bases e orientações para projetos**: exercício sistemático para elaboração de Trabalho Final de Curso. Rio de Janeiro: UERJ, 2000.

_____. Letramento y desarrollo humano en contextos educativos interculturales: desafíos a la educación intercultural. In: CONGRESSO INTERNACIONAL

DE PSICOLOGÍA EDUCATIVA, 1., 2001, Espanha. **Anais...** Espanha: Universidad de las Islas Balares, 2001.

SENNA, L. A. G.; CASTRO, A.; COSTA, V. Linguagem, cognição e interatividade informática. In: SIMPÓSIO BRASILEIRO DE INFORMÁTICA NA EDUCAÇÃO, 10., 1999, Curitiba. **Anais...** Curitiba: UFPR, 1999, p. 224-231.

_____. **Linguagem e processos educacionais**: visões de uma área de pesquisa em Educação. Rio de Janeiro: Papel & Virtual, 2002.

_____. Modelos mentais na linguística pré-chomskyana. **Delta**, São Paulo, v. 10, n. 2, p. 339-372, 1994.

SILVA, M. **Sala de aula interativa**. Rio de Janeiro: Quartet, 2000.

SILVA, S. L. Razão instrumental e razão comunicativa: um ensaio sobre duas sociologias da racionalidade. **Cadernos de Pesquisa Interdisciplinar em Ciências Humanas**, Florianópolis, n. 18., 2001. Disponível em: <http://www.cfh.ufsc.br/~dich/>. Acesso em: 15 jul. 2003.

SILVA, T. T. Nascem os estudos sobre currículo. In: _____. **Documentos de identidade**: uma introdução às teorias do currículo. Belo Horizonte: Autêntica, 1999.

SMITH, F. **Compreendendo a leitura**: uma análise psicolinguística da leitura e do aprender a ler. Porto Alegre: Artes Médicas, 1989.

SMOLKA, A. **A criança na fase inicial da escrita**: alfabetização como processo discursivo. São Paulo: Cortez, 2001.

_____. A memória em questão: uma perspectiva histórico-cultural. **Educação & Sociedade**, São Paulo, v. 21, n. 71, jul. 2000.

SOARES, M. **Letramento**: um tema em três gêneros. Belo Horizonte: Autêntica, 1998.

SOUZA, D.; FERREIRA, R. (Org.). **Formação de professores na UERJ**: memória, realidade atual e desafios futuros. Rio de Janeiro: Quartet, 2001.

SOUZA, S. J. **Infância e linguagem**: Bakhtin, Vygotsky e Benjamin. Campinas: Papirus, 1994.

STRECH, D. Pedagogia no encontro de tempos: ensaios inspirados em Paulo Freire. Petrópolis: Vozes, 2001.

TARDIF, M.; LESSARD, C.; LAHAYE, L. Os professores face ao saber: esboço de uma problemática do saber docente. **Revista Teoria e Educação**, Porto Alegre, v. 4, 1991.

TEIXEIRA, M. C. S. **O imaginário como dinamismo organizador e a educação como prática simbólica**. Disponível em: <http://www.cice.pro.br/textos/cecilia_ brasilia.doc>. Acesso em: 26 dez. 2002.

TFOUNI, L. V. **Adultos não alfabetizados**: o avesso do avesso. Campinas: Pontes, 1998.

_____. **Letramento e alfabetização.** São Paulo: Cortez, 2002.

TURNBULL, A. P. et al. **Exceptional Lives**: Special

Education in Today's Schools. New York: Prentice Hall, 1999.

UNESCO - Organização das Nações Unidas para a Educação, a Ciência e a Cultura. (Org.). **A leitura e os leitores**. Campinas: Pontes, 1998.

_____. **Declaración de Salamanca y marco de acción para las necesidades Educativas especiales**. Washington/DC: Unesco, 1984.

_____. _____. Washington/DC: Unesco, 1994.

VALENTE, J. (Org). **O computador na sociedade do conhecimento**. Campinas: Ed. da Unicamp, 1999.

VALLE, L. **A escola imaginária**. Rio de Janeiro: DP & A, 1997.

_____. A educação como enigma. **Revista Saúde, Sexo e Educação**, Rio de Janeiro, v. 8, n. 21, 2000.

VAUGHN, S.; BOS, C. S.; SCHUMM, J. S. **Teaching Exceptional, Diverse, and At-risk Students in the General Education Classroom**. Boston: Allyn & Bacon, 2002.

VILLARDI, R. **Ensinando a gostar de ler e formando leitores para a vida inteira**. Rio de Janeiro: Dunya, 1997.

VOLTAIRE. **Cândido ou o otimismo**. São Paulo: Nova Alexandria, 1995.

VON NOORDEN, G. K. **Binocular Vision and Ocular Motility**: Theory and Management of Strabismus. St. Louis: Mosby, 1974.

VYGOTSKY, L. **A formação social da mente**. São Paulo: M. Fontes, 2000a.

_____. **Pensamento e linguagem**. São Paulo: M. Fontes, 1993.

_____. Psicologia concreta do homem. **Educação & Sociedade**, São Paulo, v. 21, n. 71, jul. 2000b.

WADSWORTH, B. J. **Inteligência e afetividade da criança na teoria de Piaget**. São Paulo: Pioneira, 1997.

WEEDWOOD, B. **História concisa da linguística**. São Paulo: Parábola, 2002.

WERTHEIM, M. **Uma história do espaço de Dante à internet**. Rio de Janeiro: J. Zahar, 2001.

WILDEN, A. **System and Structure**: Essays in Communication and Exchange. London: Tavistock Publications, 1972.

WILSON, M. D. (Ed.). **The Essential Descartes**. New York: Penguin Group, 1976.

WITTGENSTEIN, L. **Gramática filosófica**. México: Unam, 1992.

_____. **Philosophische Untersuchungen**. Oxford: B. Blackwell, 1968.

Índice onomástico

Índice temático

Sobre o autor

Luiz Antonio Gomes Senna é doutor em Linguística Aplicada pela Pontifícia Universidade Católica do Rio de Janeiro (PUC-Rio), tendo se especializado ao longo de sua carreira no estudo dos problemas teórico-descritivos relacionados à representação mental do processo de letramento.

Na condição de professor adjunto da Faculdade de Educação da Universidade do Estado do Rio de Janeiro (Uerj), atua como docente e pesquisador do Programa de Pós-Graduação em Educação e é líder do Grupo de Pesquisa Linguagem, Cognição Humana e Educação Inclusiva, no qual foram empreendidos os estudos que resultaram na produção desta obra.

Os papéis utilizados neste livro, certificados por instituições ambientais competentes, são recicláveis, provenientes de fontes renováveis e, portanto, um meio responsável e natural de informação e conhecimento.

FSC
www.fsc.org
MISTO
Papel | Apoiando o manejo florestal responsável
FSC® C103535

Impressão: Reproset
Agosto/2023